세계문화관광

World Culture Tour

안종수 저

BAEKSAN Publishing Co.
백산출판사

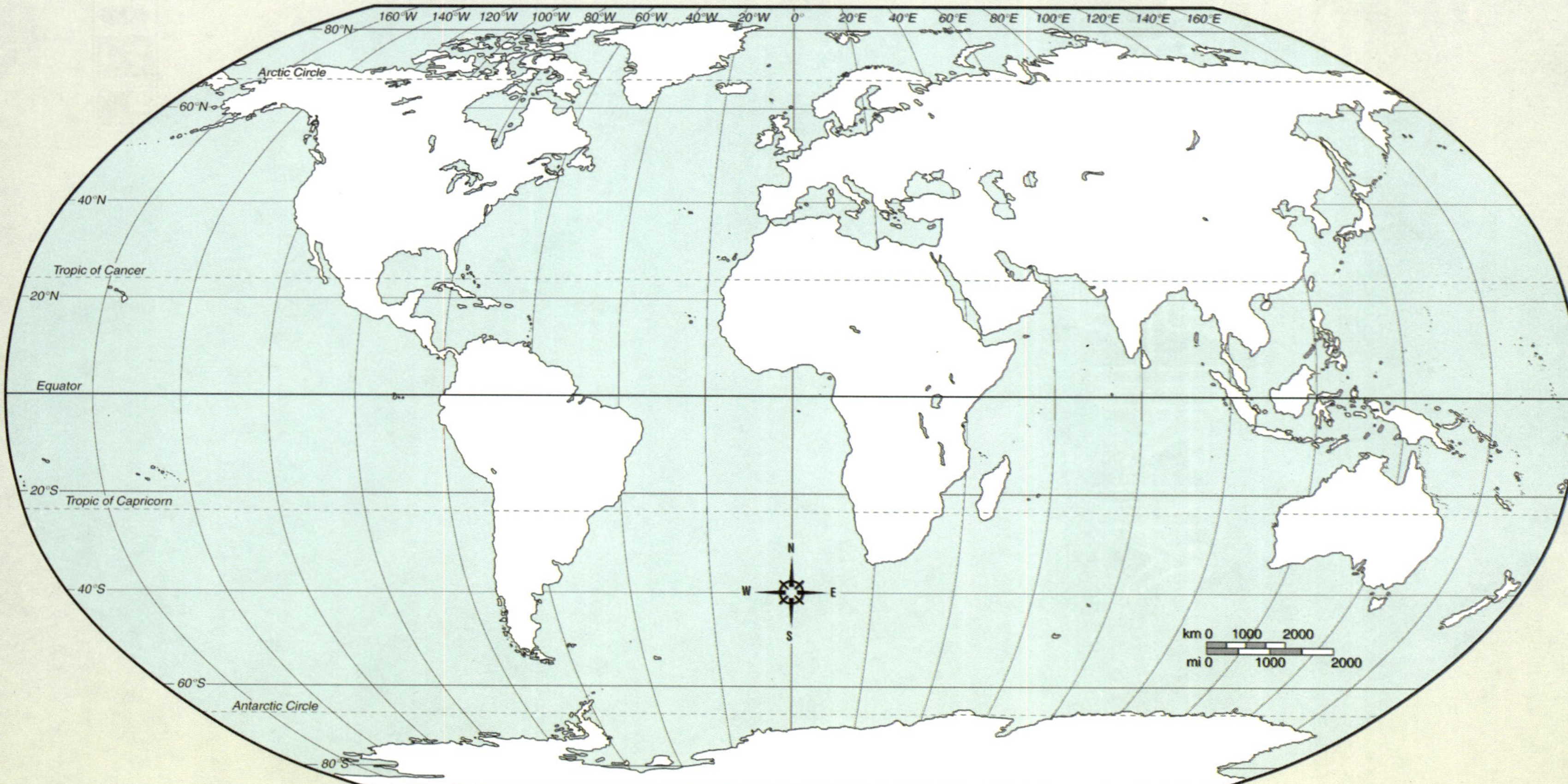
160°W
140°W
120°W
100°W
80°W
60°W
40°W
20°W
0°
20°E
40°E
60°E
80°E
100°E
120°E
140°E
160°E
80°N
Arctic Circle
60°N
40°N
Tropic of Cancer
20°N
Equator
20°S
Tropic of Capricorn
40°S
60°S
Antarctic Circle
80°S
N
W
E
S
km 0 1000 2000
mi 0 1000 2000

머리말

예부터 관광(볼 觀 빛 光)은 나 아닌 남은 어떤 환경에서 어떻게 살고 있는가 라는 문화적 호기심이 중요한 출발점이었다.

문화는 각 국민이 살고 있는 지역의 자연환경과 그들이 엮어온 역사적 결과물이다.

관광을 통해 이웃나라를 진정으로 이해하려면 우선 목적 국가의 환경과 역사의 학습이 필요하다.

우리는 관광을 통해서 국가간 경쟁보다는 이해와 우의를 중시하며 평화의 비둘기가 온 지구를 나를 수 있도록 해야 한다.

이 책은 강의실에서 학생들과 같이 연구하고 발표한 자료를 다듬어 주요 관광국가의 역사와 문화적 관광정보를 제공하고자 기획하였다. 주요내용은 각국의 자연환경·역사·전통·음식·이벤트 그리고 주요 세계문화 유산을 간결하게 정리하였다.

저자가 이미 출판한 '세계관광'은 각국의 주요 매력자원에 관심을 두고 기술하였으며 이 책은 각국의 역사와 문화적 배경에 무게를 두고 있다.

우매한 저자가 책을 기획하다 보니 내용에 큰 오류가 없는지 걱정이 앞선다. 다만, 이 책이 세월이 갈수록 독자들의 사랑을 받게끔 지속적으로 보완하겠다는 다짐을 한다.

문화관광은 이제 관광에 관심이 있는 사람들이 세계를 이해하는 창(窓)의 역할을 할 것이다.

2007. 9

서봉동 연구실에서

저자 안종수

Contents

제5장 유럽

제6장 지중해 · 아프리카

제7장 아메리카

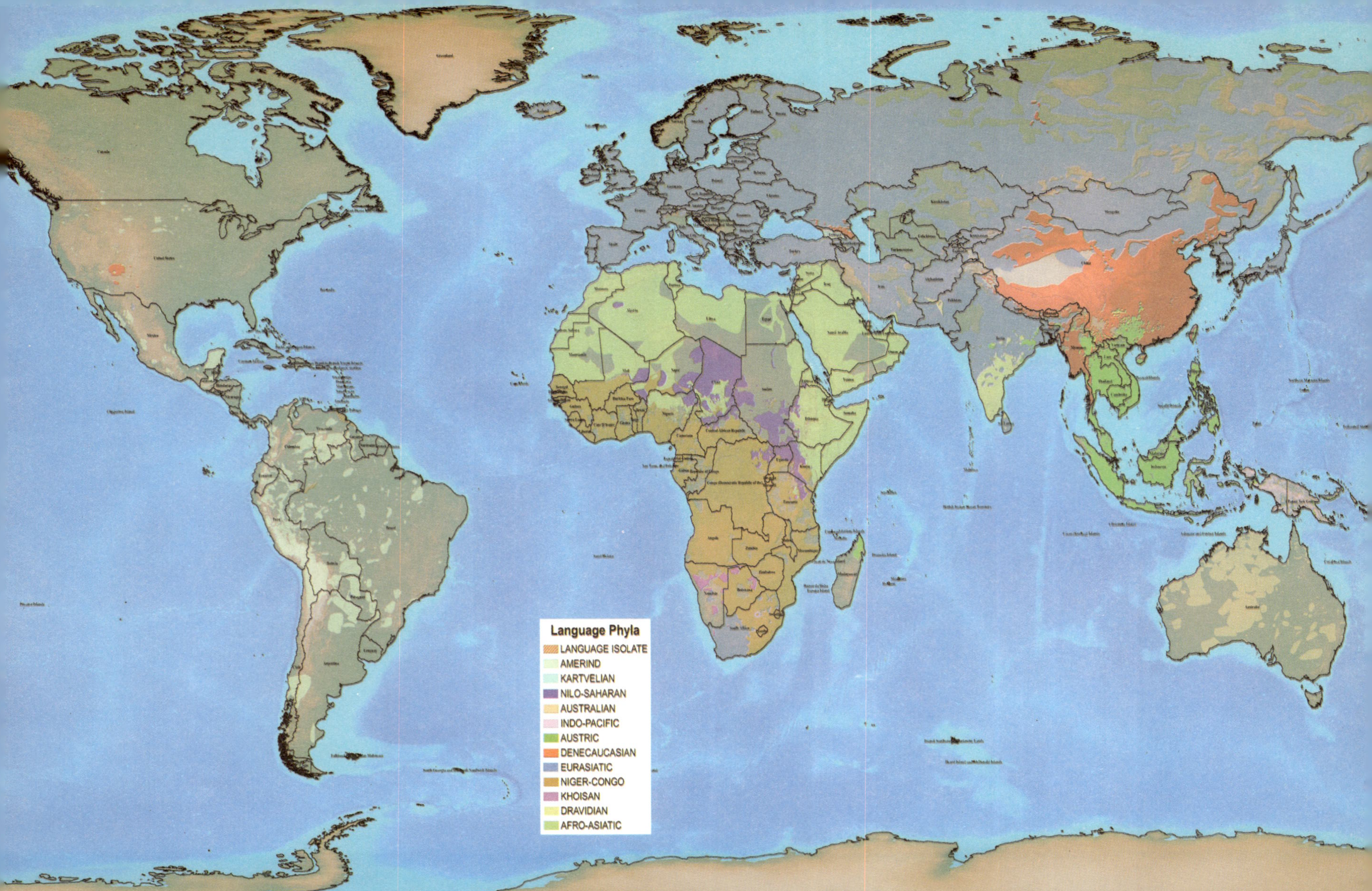

The World's Language Phyla

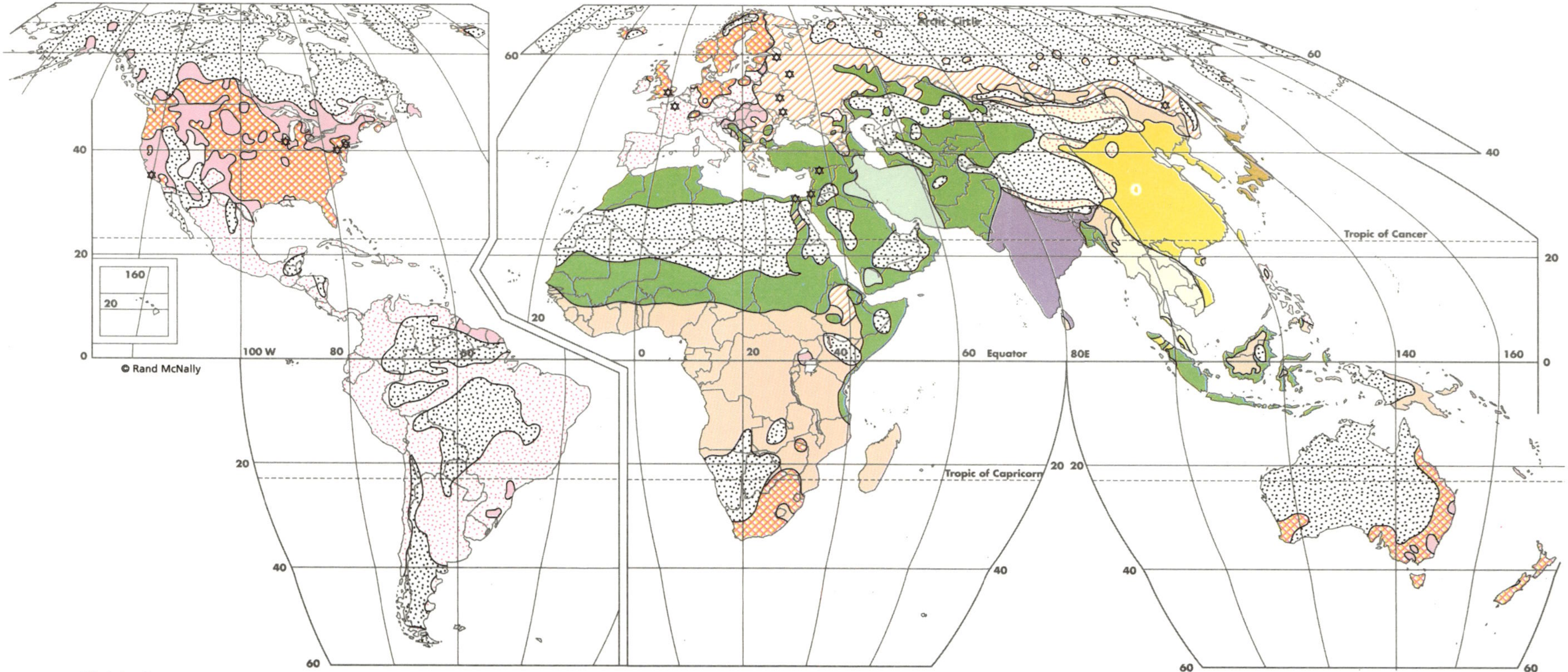

Christianity

- Roman Catholic *(Western Rite)*
- Eastern Churches *(Orthodox, Armenian, Copt, Jacobite, Nestorian and Roman Catholic of Eastern Rites.)*
- Protestantism
- Mormonism
- Christianity, sect not distinguished
- Southern Buddhism
- Chinese Religion *(Confucianism, Taoism and Buddhism, superimposed and more or less fused)*
- Japanese Religion *(Shinto and Buddhism superimposed)*
- Islam: Sunni Muslims
- Islam: Shiah Muslims
- Lamaism *(Northern Buddhism)*
- Hinduism
- Tribal Religions
- ✡ Judaism *(Important minorities, chiefly in cities)*
- Religions Undifferentiated

The Religions of World Atlas

The Political World Atlas

제1장

세계의 문화

1. 문 화
2. 인종과 종교

世界文化觀光

세계의 문화

1. 문화

현대 사회에도 국가와 지역에 따라 독특한 문화가 존재하고 있다.

① 칠레파푸아종족의 일부다처제 이야기

남미의 칠레에 파푸치 종족사회는 아직도 일부다처제가 사회의 불문율이다.

경제능력에 따라서 남자가 여섯 명 이상의 아내를 거느리기도 한다. 파푸치 사회가 일부다처제를 이루게 된 것은 남자들이 전쟁으로 인해 죽기 때문에, 전정에서 이기고 돌아온 승자들이 많은 여자들을 부양하게 되었다.

한 남자가 여러 아내를 거느리지만 가족간에는 대대로 내려오는 불문율이 있다. 첫 번째 아내가 낳은 아들이 반드시 장자가 되는 특권이 있으며, 남편이 죽으면 첫 번째 아내는 자유의 몸이 되지만 다른 아내들은 장자의 유산으로 되고 장자가 없으면 죽은 남편의 재산이 된다.

② 초승달과 이슬람 이야기

터키, 타키스탄, 북아프리카 등 회교 국가 국기에는 초승달이 많이 표시되고 있다. 과거 이 지역 병사들이 무기는 반월도이고, 초승달 무늬의 빵도 원래 이슬람에서 전해졌다 한다.

그 의미를 보면 '진리의 시작'을 의미하며 마호메트가 하느님 알라 신으로부터 최초의 계시를 받을 때 초승달과 샛별이 떠 있었다고 한다. 그래서 그 후부터 하나님의 진리가 인간에게 전해지기 시작했다는 의미로 초승달 징표를 중요시 한다.

마호메트가 코란을 계시 받은 달로 이슬람력 9월을 의미하는 라마단 기간에 회교도들은 새벽부터 해질 때까지 먹지도 마시지도 않고 심지어 남녀간의 성행위도 피한다.

③ 유럽여행과 식사이야기

유럽여행 중 영국에서의 음식은 맛이 없기로 정평이 나있고 가짓수도 다양하지 못하다. 이런 평가에도 불구하고 영국인들은 보통 하루에 네 번 식사(breakfast, lunch, tea, dinner)를 하는데 아침 식사와 오후의 차(차와 함께 드는 식사)는 아주 영국의 전형적인 식사이다. 유럽인들은 아침식사(대륙식)를 커피와 토스트로만 간단히 먹는데, 영국인들은 과일쥬스, 시리얼(우유에 볶은 곡류를 타서 마시는 것), 베이컨과 달걀 혹은 소시지와 달걀에 토마토를 후라이 한 것, 또는 훈제한 청어와 토마토, 요구르트와 과실, 커피 또는 홍차가 있는 거창한 아침식사(English breakfast)를 한다.

그래서 웃는 말로 영국에서는 아침식사를 프랑스에서는 점심식사를 그리고 이탈리아에서는 저녁식사를 하면 가장 이상적이라는 이야기가 있다.

사람들은 주어진 자연환경에 적응하면서 오랫동안 자연을 이용하고 변형시키면서 살아오는 동안에 타 집단과는 다른 독특한 생활양식을 만들어 내게 된다. 인간이 만들어 낸 생활양식을 넓은 의미의 문화라고 한다. 농경 중심으로 하는 농경문화, 유목을 생업으로 삼는 유목문화가 각각 그 내용이 다르고, 같은 동양에 있어서도 한국, 중국, 일본의 문화는 그 내용이 일치하지 않는다.

문화의 내용을 문화 속성(cultural trait)이라고 한다. 문화속성은 언어, 종교, 제도, 풍속 등과 같은 비물질적인 것과 가옥구조, 경지유형, 농기구 등과 같은 물질적인 속성으로 나눌 수 있다. 문화속성들은 다른 문화속성과 서로 밀접한 관계를 맺고 있다. 이렇게 관련되는 여러 개의 문화속성이 합쳐서 어떤 종합된 특성을 가지게 될 때에 이것을 문화복합(cultural complex)이라 한다.

문화속성은 인구의 이동이나 문화교류를 통해서 다른 지역으로 전파된다. 오늘날 중국 일본을 비롯한 동남아를 휩쓸고 있는 한국의 문화(韓流)는 전파매체를 통해 빠른 속도로 각국에 퍼져나가고 있다. 문화속성은 단독으로 전파되는 것보다도 그것과 관련된 속성이 같이 전파되며, 이것을 받아들이는 집단에 따라 선택적이기도 하다.

1) 문화권

지구상에는 자연이나 인간활동이 서로 똑같은 곳은 없다. 그러나 지구에 나타나는 자연현상, 또는 문화적인 현상이 유사한 지역을 다른 지역과 구별할 수는 있다. 즉, 같은 불교를 믿는 지역, 같은 농작물을 주로 재배하는 지역 등으로 구분할 수 있으며, 그 분류기준을 문화적인 특색에 둘 때 이것을 문화권(cultural area) 또는 문화지역(cultural region)이라고 하고, 지역구분의 기준을 자연 현상의 특징에 둘 때 자연지역(physical region)이라고 한다.

문화권의 구분은 학자에 따라서 다르다. 러셀과 니펜은 세계를 북극, 유럽, 건조, 아프리카, 동양, 아메리카, 태평양의 7개 문화권으로 구분하고 있다. 브로크(Broke, J. O. E, 1968)는 러셀과 니펜의 분류와 유사하나, 아메리카 문화권을 유럽 문화권의 일부로 본 결과, 북극 문화권을 따로 독립시키지 않는 점이 다르다. 브로크의 분류에 의하면 다음과 같다.

브로크의 세계문화 분류

주 문화권(major realms)	
Ⅰ. 서양 문화권(occidental)	
1. 해양 유럽	
a. 지중해 유럽	a_1 라틴 아메리카
b. 북서 유럽	b_1 앵글로 아메리카
	b_2 남아프리카
	b_3 오스트레일리아-뉴질랜드
2. 내륙 유럽	
c. 중앙 유럽	
d. 러시아	d_1 북 및 중앙아시아
Ⅱ. 이슬람 문화권	
Ⅲ. 인디아 문화권	
Ⅳ. 동부 아시아 문화권	
2차적 문화권	
Ⅴ. 동남아시아 문화권	
Ⅵ. 중앙아프리카	
Ⅶ. 남태평양 문화권	

러셀(Russel)과 니펜이 구분한 7대 문화권을 살펴보자.

(1) 동양 문화권

동양 문화권은 황하, 양쯔 강 유역의 문화지역과 인더스, 갠지스 강 유역의 인도 문화지역, 그리고 인도차이나 반도에서 말레이 반도, 필리핀에 걸친 동남아시아 문화 지역으로 구성되어 있다.

중국대륙은 지형적으로 보아 인디아 반도와 명확하게 구분할 수는 없지만, 중앙아시아의 광활한 사막, 고원, 그리고 험한 산맥이 외부와의 접촉을 방해하여 인도 문화권과는 다른 독특한 문화권이 형성, 보존되었다. 중국의 문화는 인도의 문화와 비교하여 매우 다르다. 인도의 문화는 내세적이나, 중국의 문화는 현세적이며, 특히 중국의 문화는 인간관계를 중시하고 있다. 한편, 국가권력은 신성 불가침한 것으로 여겨 종교도 국가권력 아래에 있을 정도이다.

서부 인더스 하류에 발달한 인도문화 지역은 인종과 언어가 대부분 유럽계에 속하고 있음에도 불구하고 유럽문화와는 다른 독특한 특색을 지니고 있다.

그리고 동남아시아 문화지역은 인도차이나 반도, 말레이시아, 필리핀에 걸치는 동남아시아 전역이 포함된다. 이 지역은 중국문화 지역과 인도문화 지역과는 전혀 다른 독특한 문화지역을 형성하고 있다기보다는 인도문화와 중국문화를 합친 혼합 또는 점이적 문화의 특색을 가지고 있는 지역이다.

가. 중국문화권(동북아문화권)

과거중국중심의 중국문화권을 오늘날 한국과 일본문화의 새로운 흐름이 가세된 동북아문화권으로 발전해가고 있다.

중국문화는 원래 황하의 위수 분지 일대에서 밭농사 중심으로 발달해서 화북 평야로 확대되었고, 그것은 다시 화이허, 양쯔 강 유역의 논농사 지대로 발전하였다.

초창기 중국문화는 서남부 아시아로부터 많은 것이 수입되었으

나, 후에는 독창적인 문화로 발전되었고, 한(漢)나라 시대에 들어와서는 현재의 중국과 거의 비슷한 문화영토를 가지게 되었다. 거의 2000년 동안 계속된 민족의 통일은 정치제도와 사회질서의 안정 및 동질성을 이루는데 큰 힘이 되었다. 중국문화 지역은 북방의 유목민족으로부터 끊임없는 침입을 받았고 때로는 점령을 당하기도 하였다. 그러나 북방 민족은 오히려 중국문화에 동화되었으며, 중국문화의 내용을 확충하는데 지나지 않았다.

중국문화는 북쪽으로 내몽고, 만주지방으로, 동쪽으로는 한국과 일본으로, 또 친링 산맥을 넘어 쓰촨 분지를 지나 남으로 전파되었으며, 일부는 동남아시아로 점차 세력을 확대해 나갔다.

중국문화 지역의 중심인 중국과 한국, 일본 등에서는 유교적인 가치관과 불교를 기초로 하는 종교적 공통성이 문화의 바탕이 되고 있다. 그 뿐만 아니라, 중국에서 발달하여 전파된 한자는 한국어와 일본어 어휘의 중요한 부분을 이루고 있다. 세분된 토지를 집약적으로 이용하는 이른바 원경(園耕) 또한 이 지역 문화의 특색이며, 가장 오랜 지력(地力) 보충의 역사도 이 지역에서 찾을 수 있다.

전통적으로 문화의 이동이 중국에서 한국과 일본으로 이동되어 왔으나 20세기를 전후해서는 이동방향이 차츰 바뀌지고 있다. 즉 한국과 일본의 문화가 중국으로 퍼져나가고 있다. 특히 2040~2050년이면 동북아가 세계문화의 중심지역이 될 것으로 예측하고 있다.

나. 인도 문화지역

인더스강 유역에서 발달하기 시작한 인도문화는 갠지스강 상류지방으로 확대된 후 점차 갠지스강 유역과 데칸 고원으로 전파되었다. 인도문화 지역은 북서부는 중앙아시아, 서남아시아의 건조문화권과 접촉하고 있다. 인도문화의 중심은 종교이며, 힌두교와 불교의 교리는 이 지역의 생활방식을 결정짓는 중요한 요인이 되었다. 중생의 무리에서 해탈한 승려와 성직자는 높이 추앙되었다. 인도문화는 정신문화로서 개인의 영적인 목적은 가족생활, 사회생활, 카스트의 조직 내에서 추구되었다. 중국문화와는 달리 강력한 중앙집권적인 국가권력이 계승되지 않아 정권자는 때로는 견제, 또는 1인 독재를 휘두르는 것이 예사였다. 또한, 정치행정조직의 약화는 국가의 안정된 사회질서의 촉구를 방해했다.

인도에서 탄생한 불교문화는 중앙아시아, 동부아시아, 동남아시아 전역에 전파되었지만, 해외에 분포되어 있는 인도인들은 19세기에 강제 차출된 노동자들이 대부분을 차지하고 있다.

토지가 비옥한 갠지스강 유역은 오랜 역사를 통하여 여러 번 외부의 침입을 받았다. 예를 들면, 인도 아리안족의 침입, 로마군의 내습, 모슬렘 교도의 침입, 영국의 인도 점유 등이 그것인데, 이로 인하여 이 지역의 언어, 종교, 인종 등의 내용은 세계 어느 지역보다도 복잡, 다양하게 되었다. 인도의 이러한 문화적인 복잡, 다양성은 민족국가 발달에 지장을 주고 있으며, 아직도 후진 지역을 면하지 못하게 하는 한 원인이 되고 있다.

그러나 향후 인도의 전망은 밝다. 오랫동안 영어를 공용어로 사용해 왔기 때문에 서구 문명과 지식을 쉽게 받아들여 의료, 전자, IT분야가 매우 발달하여 22세기 후반에는 경제적으로 문화적으로 세계적 강국이 될 것으로 예측한다.

다. 동남아시아의 문화지역

동남아시아 문화지역은 말레이시아, 필리핀, 인도네시아가 중심을 이루고 있다. 이 지역은 중국문화권도 아니고, 인도문화권이나 이슬람 문화권도 아니며, 이 모든 것이 복합된 혼합문화 지역이다. 인도차이나 반도와 말레이 제도 및 필리핀 제도를 포함하는 동남아시아는 아시아 대륙과 오세아니아를 잇는 중간 지역인 동시에 태평양과 인도양을 연결하는 교통요지이기도 하다. 오랜 역사를 통한 인류의 이동과 더불어 중국, 인도, 해양도서 지방의 문화가 이로 인해서 이 곳에서 혼합되어 동남아시아의 독특한 복합문화가 형성되었다.

인종적으로도 황인종, 백인종, 흑인종이 공존 또는 혼혈되어 있는 곳이지만, 황인종계가 그 주류를 이룬다. 뉴기니 섬, 다망 제도에는 피그미 계통의 네그리토(Negrito)가 남아 있으며, 아직도 가장 원시적인 생활을 계속하고 있다.

말레이, 필리핀, 인도네시아 언어의 유사성 때문에 독특한 소 문화 지역으로 구분될 수 있으리라 믿으나, 실제는 서로 대화가 통하지 않으며, 또한 말레이사아는 영국에, 필리핀은 미국에, 인도네시아는 네덜란드에 오랫동안 지배를 받아 더욱 이질적인 문화형태로 발전되었다. 언어도 자세히 살펴보면 매우 다양하다. 말레이시아의 예를 들면, 말레이어가 가장 많은 인구를 차지하고 있으나, 중국어와 남부인디아에서 사용되는 타밀어도 상당한 부분을 차지하고 있다.

종교관계를 보면, 베트남, 라오스, 캄보디아, 타이, 버마는 불교 국이고, 말레이시아에서 인도네시아에 걸친 지역에는 이슬람교가 보급되었다. 현재, 크리스트교가 주요 종교인 필리핀도 한때 이슬람교 지역이었다.

이 지역은 문화전달 지역이라기보다는 문화의 수수 지역으로서, 항상 문화적으로 받아들이는 지역이었다. 이 지역은 최근까지 영국, 프랑스, 미국, 네덜란드 등의 지배하에 있었다. 그러나 서양 지배에서 벗어나자 최근에 인도와 중국문화가 다시 침투해 새로운 도전이 예상되는 지역이다. 또한 인도양과 대서양의 가교적 위치에 있는 이 지역은 희박한 인구 밀도와 풍부한 자원이 외부 강대국들에게 큰 관심거리가 되고 있어 정치, 경제, 문화적으로 아직 불안정한 지역이다.

(2) 건조문화권

유럽문화와 동양문화권의 중간인 고비 사막에서 중앙아시아, 서남아시아를 거쳐 사하라 사막에 이르는 세계 최대의 건조지역문화권이다. 이 지역은 대부분이 연 강수량이 500mm이하로 오아시스를 제외하면 농사를 지을 수 없고, 유목생활을 할 수 있는 초원과 유목도 어려운 사막으로 구분된다.

문화적으로 외몽고에서 중앙아시아를 거쳐 터키에 이르는 외몽고, 터키 문화지역과 서남아시아에서 아프리카 북부에 걸치는 아랍, 베르베르 문화지역으로 구분된다. 이들은 강수량이 풍부한 지역에 발달한 유럽 문화지역, 동양문화지역, 아프리카 문화지역과는 다른 독특한 특성을 지니고 있다. 그리고 같은 건조문화권이라도 지역에 따라 서로 다른 특색을 가지고 있지만, 그 공통된 특징은 주민들의 대부분이 오아시스 농업에 종사하거나 초원을 찾아서 이동하는 유목생활을 생업으로 하고 있는 점이다.

인종은 흑인종, 백인종, 황인종이 이 지역에 모두 나타난다. 흑인종은 사하라 남부의 수단지방에 나타나고, 사하라 이북과 서남아시아 지방은 백인종, 몽고, 중앙아시아 지역은 황인종이 주로 분포한다. 언어도 매우 복잡한 편이나, 외몽고, 터키문화지역은 주로 우랄 알타이어가 중심이고, 아랍-베르베르 문화지역은 셈-햄 어가 주가 되고 있다. 이외에 인도-유럽 어에 속하는 페르시아어, 푸시투어 등이 이란과 아프가니스탄 등지에서 사용된다.

종교는 아랍-베르베르 지역이 주로 이슬람교 지역에 속하고, 외몽고, 터키 지역은 불교의 일종인 라마교와 이슬람교 혼합 지역이다. 건조지역은 크리스트교, 이슬람교, 유대교, 배화교(拜火敎)의 발생지에 해당하므로, 더 자세히 보면 복잡한 종교 분포를 이루고 있다. 즉, 모로코, 알제리, 튀니지에 가톨릭교, 그리스 정교가 애나토울리아와 러시아 접경지대에 분포하고 있다.

가. 외몽고, 터키 문화지역

터키·이란·아프가니스탄의 고원과 중앙아시아의 고비사막지역이다.

이 지역은 옛날에 아시아와 동남부 유럽을 연결하는 교통로로 큰 역할을 하였다. 내륙지방의 주민들은 중앙아시아에 펼쳐져 있는 대상로(낙타 길)를 따라 이란 고원 또는 소아시아를 지나 유럽으로 이동하였다. 소아시아를 거쳐 북위 40°를 지나는 서부의 통로는 무역 또는 침략을 목적으로 사용되었다. 그러나 현재 이들 대상 교통로는 쇠퇴하였다.

이 지역은 민족구성이 복잡하고 민족 간의 생활양식 또한 다양하나, 그 중에 몽고인, 티베트인, 터키인이 주요 구성을 이루고 있다. 몽고인과 티베트인은 라마교, 터키인은 이슬람교를 믿고 있으며, 이 지역 주요 언어인 우랄 알타이어도 몽고어, 티베트어, 터키어로 구분된다.

이 지역은 종래 유목과

오아시스 농업지역이었는데, 근래 중앙아시아에는 관개농업이 이루어져 주목을 끌고 있다. 터키는 풍부한 광산자원을 가지고 있는 외에, 현재는 공업화로 크게 발전하여 동양문화와 서양문화권의 점이적 위치를 벗어나 유럽문화권에 가까워지고 있다. 그러나 남부 및 중부 지방은 아직까지도 유럽 생활양식과는 다른 고유한 건조문화적 특색을 견지하고 있다.

외몽고는 과거에는 중국과 소련과의 차 수출을 위한 대상의 중심지였으나, 트랜스 시베리아 철도가 가설된 이후부터는 쇠퇴하였다. 그리고 흙을 다치지 말라는 터부우(taboo) 때문에 좋은 농경지에서도 농업의 발달이 저조하였고, 때로는 광업의 발달까지도 저해함은 물론, 시체의 매장까지도 금하는 습관을 조성하기도 했으나, 현재는 많은 변화가 이루어지고 있다.

티베트는 전 국토의 3/4 이상이 3000m 이상의 고지로 이루어진 지역으로서, 지형관계로 기온 차이가 심한 곳이다. 이 지역은 문화적인 관점에서 볼 때, 건조문화권과 동양문화권의 점이적인 특성이 뚜렷한 지역이다.

나. 아랍-베르베르 문화지역

아라비아 반도와 북부 아프리카지역이다. 이 문화지역은 대체로 1월 평균 기온 0℃선을 경계로 하여 외몽고, 터키 문화지역과 구분되고, 온대 초원의 남쪽 한계선을 경계로 하여 아프리카 문화권과 나누어진다. 이 지역은 하계 고온, 동계 온난한 지역이다.

이 지역의 동부는 고대문명의 발생지인 이집트, 바빌로니아 등과 같이 역사적으로 가장 오랜 지역의 하나로서, 본래 동방(orient)으로 통칭되던 지역이다. 아랍민족이 중심이며, 이 곳 문화의 기반을 이루고 있는 것은 이슬람교이고, 한때 이

지역에 널리 분포되었던 햄 어도 대부분이 셈 어인 아랍어로 대체되었으며, 서부 사하라에 있는 베르베르 어가 햄 어의 명맥을 유지하고 있는 정도이다. 티그리스, 유프라테스 강 유역에 발달한 오아시스 농업은 아랍문화의 전파와 더불어 북부 아프리카와 수단지방에 전달되었고, 낙타와 대추야자는 이 지역의 공통된 경관을 이룬다.

(3) 아프리카 문화권

아프리카 문화권은 흑인(Negro) 문화권이다. 아프리카 문화권은 사하라 이남의 지역을 차지하며, 유목민족인 아랍문화와 구분된다. 아랍 인들은 건조지역의 초원에 익숙한 생활양식을 가지고 있기 때문에 열대 초원인 사바나 지역에는 침투하지 못했다. 아프리카 문화권은 동부 수단의 초원과 에티오피아의 아비시니아 고원을 제외한 아프리카의 약 2/3를 차지하는 지역이다.

아프리카의 문화는 고립되어 발달된 것은 아니다. 북쪽에서 건조지역의 문화속성을 많이 받아들였다. 경작식물과 가축, 가옥구조 등의 문화속성은 동남아시아의 그것과 유사한 점이 많다. 동부 아프리카의 소와 마다가스카르의 벼농사와 그 경작법은 남부 및 동남아시아의 교류를 말해 주고 있다. 이러한 문화적인 도입은 아프리카 인들의 문화에 융합되어 그들 나름대로의 문화를 형성하였다. 유럽이나 동양의 문화수준에서 볼 때, 흑인문화는 아직 원시적(primitive)이라는 평을 받기는 하나, 그들 나름대로 그들의 환경에 적응하면서 생활양식을 발달시켰다.

아프리카 문화는 다양한 내용을 가지고 있다. 아직도 수렵과 채집생활을 하는 콩고 분지에 산재해 있는 피그미 족이 있는가 하면, 수단 지방의 유목생활을 주로 하는 흑인들도 있다. 그러나 아프리카지역의 바탕을 이루고 있는 생업은 괭이를 주요 농구로 하는 초경(hoe culture)이다.

근세에 이르러 유럽인들은 다투어 식민지를 건설하여 유럽화(Europeanization)하는데 힘썼다. 그러나 남아프리카공화국을 제외하면 원주민의 문화를 근본적으로 변화 또는 말살시키고 새로운 문화 지역을 만든 곳은 없다.

아프리카에 거주하는 흑인은 그 특징에 따라 아프리카 니그로, 나일로틱 니그로(Nilotic-negro), 네그리토(Negrito)로 크게 나누어진다. 아프리카 니그로는 일반적으로 반투 니그로(Bantu negro)라고 불리우며, 신체가 강건하며 기네아 만 연안을 중심으로 수단, 콩고 분지 및 건조지역을 제외한 남부 아프리카에 널리 분포한다. 이들은 혼혈이 안된 순수 니그로에 속하며, 아메리카 남부의 니그로는 이에 속한다. 나일로틱 니그로는 동부 수단 및 나일강 상류에 분포하며, 세계에서 가장 키가 큰 종족에 속한다. 이들은 니그로와 지중해 종족의 혼혈이라고 생각되고 있다. 네그리토는 피그미(Pygmy)라고 불리는 키가 매우 작은 종족으로, 콩고 분지의 적도 아프리카에 산재해 있으며, 동남아시아, 태평양 제도에도 분포한다. 아프리카 남서부의 건조지역에는 부시맨(Bushman) 호텐토트(Hottentot)족들이 살고 있다. 이들도 피그미와 같이 체구가 작은 종족으로, 여러 종족이 혼혈된 것으로 믿고 있다.

원주민들의 언어는 매우 다양하나, 아직 체계적인 연구는 되어 있지 않다. 반투어는 가장 넓은 분포를 보이는 것으로, 수단 남쪽에서 동부 고지와 남서부 건조지역을 제외한 아프리카 전역에 분포한다. 부시맨, 호텐토트 어는 남서부 건조지역에 분포하고, 말레이, 폴리네시아 어는 마다가스카르에 국한되어 있으며, 동부와 서부 수단지방에서는 햄 어가 사용된다.

아프리카 문화지역은 아직 잘 연구되어 있지 않으나, 미국의 인류학자 헤르스코비츠(Herskovits, M. J., 1895~1963)에 의하면, 부시맨 지역, 혼텐토트지역, 동부 아프리카 목축지역, 기네아-콩고 지역, 서부 수단지역, 마다가스카르 지역으로 나누고 있다.

부시맨지역은 남서 아프리카지역으로서 대부분 건조지역이며, 부시맨과는 언어상으로는 비슷하나 문화적으로는 매우 다르다. 주민은 소를 키우며, 우유와 쇠고기가 주식이다. 촌락은 집촌이며, 주위는 가시 울타리로 보호되고 있다.

동부 아프리카의 목축 지역은 이디오피아의 아비시니아 고원으로부터 남아프리카 동부에 이르는 고원 지대에 해당되며, 경제생활은 농업과 목축업에 의해 이루어진다. 가축으로는 개, 양, 닭, 소 등이 있고, 호미 등의 철제 농기구가 농사에 쓰인다.

기네아 만 연안과 콩고지역은 기네아 만 연안으로부터 콩고강 유역이 해당되며, 기후적으로 아프리카 열대 우림에 속한다. 주민은 흑인, 피그미 등이 대부분이며, 햄 족, 아랍 족 등이 적은 이유는 말라리아모기, 채채파리 등과 같은 풍토병을 옮기는 해충들이 많기 때문이다. 화전이 주요 경제생활이며, 바나나, 양, 콩, 사탕수수, 야자 등 주요 식품이다.

서부 수단지역은 북부 아프리카의 남서부지역이 분포되며, 흑인 아프리카 문화권 중에서 가장 진보된 지역이다. 외부의 압력과 위협을 수차 받았으나, 아직까지도 고유 언어와 문자를 간직하고 있는 지역이다. 농업, 목축, 상업이 주된 경제생활이며, 수수, 면화, 바나나 등이 주이고, 이 밖에 옥수수, 카사바, 쌀, 고구마 등이 재배된다. 일상생활 필수품은 매일 서는 장에서 교환된다.

마다가스카르는 지리적으로는 아프리카의 일부이고, 인종은 몽고계보다는 아프리카계에 가깝고, 언어는 말레이, 폴리네시아 어이며, 문화적으로 동양문화권의 말레이 문화지역의 일부로 보는 것이 타당할 것이다.

(4) 유럽문화권

유럽문화권은 북극해 연안을 제외한 유럽 전부와 시베리아를 포함한다. 인종적으로 대부분이 백인종이며, 인도-유럽 어족에 속하는 언어를 쓰고, 크리스트교를 믿는다는 점에서 공통성을 가졌다.

유럽문화권의 대부분을 차지하는 백인종은 다시 그 신체적인 특징에 따라 지중해족, 북부 유럽족, 알프스족의 3종족으로 분류된다. 지중해족은 지중해 연안 주변지역과 영국 등지에 분포되어 있는 종족으로서, 중간키에 올리브색 피부와 흑갈색 또는 갈색의 머리카락을 가지고 있다. 북부 유럽족은 스칸디나비아, 아이슬란드, 영국, 네덜란드, 벨기에 등지에 분포되어 있는 종족으로서, 큰 키에 약간 붉은색 피부와 엷은 갈색 또는 노랑색 머리카락을 가지고 있다. 알프스족은 프랑스로부터 동부로 뻗어 있는 고원지대를 따라 분포하며, 중간키에 북부 유럽인보다는 진한 얼굴에 밤색 또는 검은색 머리털을 가지고 있다. 오랫동안의 인구이동과 혼혈에 의하여 북부 유럽족, 알프스족, 지중해족의 분포는 복잡해졌으나, 북서 유럽은 북부 유럽족, 지중해 지역은 지중해족, 알프스와 동부 유럽은 알프스족이 그 주축을 이루고 있다.

언어 분포를 보면 더욱 복잡하다. 일반적으로 유럽의 언어는 기원전 1500~1800년경에 서부아시아에서 발생한 인도-유럽어에 속한다. 인도-유럽어는 다시 게르만어, 라틴어, 슬라브어, 켈트어로 크게 분류된다.

게르만어는 북서 유럽의 대부분의 민족에게 쓰이는데, 주요 국가는 스웨덴, 덴마크, 노르웨이, 독일, 네덜란드, 영국, 아이슬란드 및 폴란드 지방이다. 라틴어는 지중해 연안지역의 프랑스, 스페인, 포르투갈, 이탈리아, 루마니아에서 쓰인다. 슬라브어는 러시아, 불가리아, 체코슬로바키아, 폴란드, 리투아니아 등 북부 유럽지역에서 쓰이며, 켈트어는 북서 유럽의 일부인 브레튼, 에이레, 웨일즈 등지에서 쓰여지고 있다. 두 번째 중요한 언어는 우랄 알타이어인데, 이 중에서 피노우그리안(Finno-Ugrian)은 핀란드, 에스토니아, 마자르, 랩 등지에서 쓰이고 있다. 이 밖에 샘어, 바스크어 등이 일부에서 쓰인다.

기독교가 중심인 유럽일지라도 종교의 분포는 복잡하다. 일반적으로 종교의 분포는 인종과 민족의 분포와 비슷한 분포를 보여주고 있다. 게르만 어를 쓰는 북부 유럽족은 신교를 믿고, 라틴어를 쓰는 지중해족은 로마 가톨릭교, 슬라브어를 쓰는 알파인족은 그리스 정교를 믿고 있다.

이 밖에, 에이레는 로마 가톨릭을, 알바니아 주변 지역은 이슬람교를 그리고 유대교는 서부 유럽 전 지역에 산재해 왔다.

한편, 도시보다는 농촌지역에서 종교의 분포가 비교적 동질적이다.

유럽인들은 세계에서 가장 먼저 산업혁명에 성공하여 무역활동과 식민지 건설에 착수하였으며, 이에 따라 그들의 문화를 세계에 널리 전파시켰다. 그리하여 유럽 문화의 특징인 공업화, 도시화, 산업 분화 등도 19세기 이후 세계적으로 전파되었으며, 그들의 언어와 종교도 그 분포범위를 넓혔다. 유럽문화지역은 지역적 특성에 따라 북서 유럽문화지역, 남부 유럽문화지역, 동부 유럽문화지역으로 세분할 수 있다.

북서 유럽문화지역은 북해 주변을 중심으로, 주로 게르만족, 켈트족, 라틴족의 거주지역으로서, 스칸디나비아의 스웨덴, 노르웨이, 덴마크, 아이슬란드, 독일, 베네룩스 3국, 에이레, 영국, 프랑스, 스위스 등이 이에 속한다. 그 중 프랑스와 스위스는 남부 유럽문화와 북서 유럽문화의 점이 지대에 속한다. 북서 유럽은 산업혁명의 발상지로서, 공업화와 산업의 분화가 가장 일찍이 이루어진 곳이며, 북서 유럽

문화는 앵글로 아메리카, 오스트레일리아, 뉴질랜드, 남부 아프리카 지역에 확산되었다.

남부 유럽문화지역은 이베리아 반도의 스페인, 포르투갈, 이탈리아, 그리스 등이 포함되며, 유럽문화의 요람지이다. 이 곳의 라틴문화는 멕시코 이남의 이른바 라틴아메리카에 전파되었다.

동부 유럽문화지역은 슬라브족의 거주지역으로, 동부 유럽과 러시아를 포함한다. 동부 유럽은 민족, 언어, 종교적으로 복잡하여 종래 불안정 상태를 면하지 못하였다. 특히, 핀란드로부터 폴란드, 체코슬로바키아, 알바니아에 이르는 지역은 예로부터 러시아와 오스트리아 제국의 지배 하에 있었으나, 제1차 세계대전을 고비로 독립되었다. 최근 유럽은 정치・경제의 통합을 목표로 EU를 창설하여 경제적으로는 통일된 대외 정책을 표방하고 있다.

(5) 아메리카 문화권

아메리카 문화권은 극지방을 제외한 북아메리카와 남아메리카를 포함한다. 이 지역은 원래 아메리칸 인디언들의 세계였고, 콜럼버스의 신대륙 도착 이전에 아즈텍, 마야, 잉카문명이 이곳에 발달했었다.

아메리카 대륙이 유럽세계에 알려진 것은 15세기 이후이다. 즉, 콜럼버스가 1942년 산살바도르 섬에 도착한 이래 카브랄(Cabral, P. A., 1460~1526)은 브라질 해안에, 발보아(Balboa, V. N. de, 1475~1519)는 파나마 해협을 횡단(1513)했다. 마젤란은 브라질 해안을 거쳐 마젤란 해협을 발견(1519)했다. 그리고 피자로가 1533년 페루를 침략함에 따라 16세기 말에는 라틴 아메리카 대륙이 유럽인에게 완전히 알려졌다.

한편, 앵글로 (북)아메리카는 라틴 (남)아메리카보다 늦게 알려졌다. 캐버트(Cabot)는 1500년경에 허드슨 해협을 탐험했고, 카르티에이(Cartier)는 16세기 중에 오늘날 카나다의 센트로렌스강으로부터 몬트리올에 이르는 지역을 답사하였고, 허드슨은 허드슨강 유역(1600)을, 샘플레인(Champlain)은 몬트리올 남동쪽에 위치하는 샘플레인 호까지 답사하고, 오타와강을 거쳐 5대호에 이르는 통로를 개척했다. 이어 17세기 초에 이르러 비로소 앵글로 (북)아메리카가 유럽인들에게 자세히 알려졌다.

유럽인의 초기 아메리카 정착은 스페인 사람들에 의해 이루어졌다. 나중에 쿠바를 중심한 서인도 제도에 이어 멕시코와 페루에 정착하기 시작했다. 포르투갈 사람들이 동인도 제도에서 시작하여 브라질의 살바도르, 상파울로, 레시페 등에 정착하기 시작했다.

앵글로 아메리카의 초기 개척자도 역시 스페인 사람들인데 플로리다, 텍사스, 리오그란데 지역, 캘리포니아 등지를 개척하였으며, 1565년에는 현재의 플로리다주의 세인트오거스틴에 초기 정착이 시작되었다. 한편, 프랑스인은 1604년 캐나다 동부의 노바스코시아에 정착하기 시작했고, 1608년에는 퀴벡에 정착함으로써 프랑스의 캐나다 건설 기반을 닦았다. 영국은 1607년에 미국동부의 제임즈타운에 정착하여 버지니아 개척의 거점이 되고, 뉴잉글랜드 지방에는 1620년에 플리머드(Plymouth)에 정착함으로써 개척이 시작되었다. 한편, 러시아인들은 1734년에 베링해협을 건너 북동부 태평양 해안 지역에 정착하기 시작하였으나, 미국의 알래스카 매입으로 계속되지 못하였다.

가. 앵글로 (북)아메리카 문화지역

이곳은 영국계 이민을 주축으로 프랑스, 네덜란드, 독일계 이민과 제1차 세계대전 이후의 슬라브계 이민들이 합류하여 이룬 문화지역이다. 이 지역은 오랫동안 영국의 식민통치하에 있었던 관계로 영국문화의 영향이 가장 커서 영어는 이 지역을 통합하는 중요한 구실을 해 왔다. 17세기 초에 버지니아에 정착한 영국계 이민은 미국의 남부 대서양 연안과 오하이오 강 이남의 남부 농업지대를 개척하였다. 그리고 보스턴 부근의 플리머드에 정착한 영국계 이민들은 미국의 동북부와 오하이오강 이북의 중서부 공업지역을 개척하는데 주축이 되었다.

한편, 퀴벡과 루이지애나의 프랑스계 이민들은 그 지역에 언어, 경지구획, 건축양식 등에 특색을 남겼다. 미국 남부의 농업지대와 북부의 공업도시에 집중되어 있는 흑인들도 일종의 독특한 문화집단을 이루고 있으며, 지금까지도 백인들과 잘 융화되지 못하고 있다.

앵글로 아메리카 문화의 특징은 자유, 근면, 효율을 바탕으로 하여 새로운 것은 좋은 것이라는 사고방식이 농후하다. 특히 제2차 세계대전 이후 미국이 세계의 정치, 군사, 과학면에서 지도적인 위치에 서게 되자 미국문화는 유럽에 많은 영향을 끼쳤고, 또 세계 각지에 확산되는 역류상태가 되었다.

나. 라틴 (남)아메리카 문화지역

멕시코 이남의 신대륙은 스페인과 포르투갈계 이민들에 의하여 개척된 지역이다. 따라서 이 지역은 언어, 종교, 생활풍습 등에 있어서 라틴 문화의 속성을 지녀 라틴 아메리카 문화지역이라고 부른다.

유럽인이 침입하기 이전에 인디언의 대부분은 멕시코와 안데스 고지에 집중하여 살았기 때문에, 현재도 이 지역에 인디언들이 많아 흔히 아메리칸 인디언이라고도 불린다. 그뿐만 아니라, 이른바 메스티조(Mestizo)라고 불리는 인디언과 백인의 혼혈족이 이 지역에 많은 것도 원래 이

곳에 인디언이 많았기 때문이다.

라틴 아메리카는 앵글로 아메리카에 비교하면 같은 유럽문화의 배경을 가지고 있으면서도 근대 상공업의 발달에 뒤지고 있으며, 1차 산업의 비중이 아직 높고 도시화율이 낮은 편이다. 이러한 남북의 차이는 앵글로 아메리카에 비교하여 라틴 아메리카는 열대, 아열대지방이 넓은 면적을 차지하여 인간활동에 불리한 자연조건이 영향을 끼친 점도 있으나, 더 중요한 것은 주민들의 문화적 · 역사적인 배경의 차이 때문이라고 생각된다.

(6) 오세아니아 문화권

오세아니아 문화권은 영국의 식민지였던 오스트레일리아와 뉴질랜드, 태평양에 산재해 있는 여러 섬들이다. 넓은 바다에 산재하는 태평양 제도(제도 : 여러 개의 섬)는 크게 멜라네시아, 미크로네시아, 폴리네시아로 구분되며, 그들의 문화도 다양하다. 현재의 오스트레일리아와 뉴질랜드는 문화적으로 태평양 제도와 많은 차이가 있으나, 편의상 이들을 같은 문화권으로 다루고 있다.

오스트레일리아와 뉴질랜드는 앵글로 아메리카와 마찬가지로 원주민의 문화를 거의 말살하고 유럽문화를 기초로 한 새로운 문화가 건설된 지역이다. 즉, 유럽인들이 자신의 농작물과 가축 등을 도입하여 과거 200여년 동안에 새로운 인문경관을 만들어 낸 지역이다. 삼림이 경지가 되고, 초지는 경지와 대규

모 방목지대로 변하였다. 아직도 유럽이나 앵글로 아메리카에 비교하면, 1차산업이 높은 비중을 차지하나, 인구의 대부분은 도시에 집중되어 있다.

태평양 제도의 원주민은 아직 원시적인 농경과 어로에 의존하고 있으나, 최근의 항공기 발달과 전략적인 위치로 인한 유럽, 미국의 영향이 증가되고 있다.

이 지역의 인종분포는 매우 복잡하여 네그리토족, 멜라네시아족, 파푸아족, 태즈메니아족, 오스트레일리아족, 폴리네시아족, 말레이-인도네시아족으로 구성되어 있다. 네그리토족은 뉴기니의 내륙 산간 지역에, 파푸아족은 뉴기니의 서부와 남서부에, 멜라네시아족은 뉴기니의 북부와 북동부에, 그리고 피지 섬 동부에 분포되어 있다. 오스트레일리아족은 오스트레일리아 주변지역에, 폴리네시아 족은 하와이, 뉴질랜드, 이이스터 섬 등지에, 말레이-인도네시아족은 미크로네시아 지역에 분포하고 있다. 태즈메니아족은 태즈메니아 섬에 주거하고 있었으나 1876년에 멸종하였다.

(7) 북극 문화권

북극 문화권은 북극해 연안의 툰드라지역이며, 유라시아지역과 아메리카지역으로 나누어진다. 유라시아의 툰드라에 살고 있는 랩, 사모예드, 퉁구스, 야쿠트, 유카기르, 축지 등은 순록의 유목이 주업이고, 하천에서 어로 작업으로 식량의 일부를 보충한다.

북 아메리카의 그린란드의 툰드라에 살고 있는 에스키모인들은 물개 잡이가 주업이고, 야생동물의 사냥이 부업이다. 북극 문화지역이 유럽에 알려지기는 그리스 시대로부터 비롯되나, 유

럽인의 정착은 서기 795년 이전에 에이레인이 아이슬란드에 도착한 것이 처음이었고, 9세기에는 스칸디나비아인이 극지방에 서부 유럽의 문화를 전달했다.

그 후, 극지방이 알려지기 시작한 것은 동부아시아에 이르는 통로를 찾으려는 의도에서 극지역 탐험으로부터 시작했다. 그들은 인도항로 외에 북아메리카 대륙의 북부 해안을 거쳐 극동지방에 달할 수 있는 북서 항로와, 유라시아 대륙의 북극해 연안을 따라 극동에 이르는 북동항로를 개척하는데 노력하였다.

북극해 경유의 항로개척의 역사는 16세기 중엽부터 영국에 의해서 시작되었으나, 그 후 네덜란드, 러시아, 스칸디나비아 제국, 미국 등이 참가했다. 이 항로의 개척은 약 3세기에 걸친 간헐적인 노력의 결과로 스웨덴 인 누르덴셜드(Nordenskjold, N. A. E., 1832~1901)에 이르러 성공하게 되었다. 누르덴셜드의 탐험선 베가(Vega)는1878~1879년에 북동항로 개척에 성공했고, 1903~1906년에 걸쳐 아문젠은 북서항로를 개척했다.

북극권은 제2차 세계대전 이후 북극항로, 자원개발, 어로권 문제, 군사적인 전략적 기지문제 등으로 새로운 관심을 끌게 되었다. 이러한 새로운 변화는 원주민들의 생활양식에 많은 변화를 주게 되었다.

2. 인종과 종교

1) 인종

인종은 인간의 신체적인 특징에 의해서 구분한 분류이다. 현존 인류의 특징은 다양하여 뚜렷한 구분을 하기는 곤란하나 피부색, 머리털, 두개골의 모양 등을 기준으로 하여 구분할 수 있다. 따라서 인종의 분류는 기준을 무엇으로 하느냐에 따라 여러 가지로 구분할 수 있으나, 현재 널리 쓰이고 있는 분류는 피부색을 기준으로 하는 황인종(黃人種), 백인종(白人種), 흑인종(黑人種)으로 나누는 방법이다. 부르는 명칭은 황인종을 몽골로이드(Mongoloid), 백인종을 코카소이(Caucasoid), 흑인종을 니그로이드(Negroid)라고도 부른다. 여기서 'oid'라는 말은 그리스말(Greek)로서, 같은 형태를 가졌다는 뜻이다. 즉, 몽골로이드는 몽고인과 같은 형태를 가진 사람이라는 뜻이다.

위에서 말한 3대 인종의 분류 외에 한동안 황인종, 백인종, 흑인종, 홍인종, 회색 인종의 5대 인종으로 분류한 적도 있다. 홍인종은 아메리칸 인디언을 말하고, 회색 인종은 말레이제도와 폴리네시아 사람들을 뜻하고 있었다. 그러나 그 후의 연구로 아메리칸 인디언은 황인종에 속하게 되었고, 말레이와 폴리네시아인들은 독립된 인종이 아니고 혼혈된 2차적인 집단으로 생각하게 되었다.

2) 민족

인종은 인간의 신체적인 특징으로 구분하고 민족은 언어, 종교, 생활양식과 같은 문화적인 특성에 따라서 구분한 것이다. 민족은 오랫동안 같은 지역에서 생활하는 동안에 문화적인 동질성 의식이 바탕이 되어 있다. 인종과 민족은 그 분류기준이 다르기는 하나, 실질적으로는 신체적 특징이 같은 인종이 문화적인 차이에 따라서 세분된 인류 집단이라고 볼 수 있다. 특수한 경우를 제외하면, 같은 황인종이면서 한국민족, 중국민족, 일본민족으로 나누어지는 것은 신체적인 차이에서가 아니고, 그들의 문화적 특성과 민족적 의식에 의하여 이루어지는 것이다.

같은 민족은 대체로 통일된 국가를 형성하는 경우가 많다. 그러나 같

은 민족이면서 여러 국가로 나누어진 예도 적지 않다. 아랍민족이 여러 나라로 분리되어 있고, 독일민족이 독일과 오스트리아 등으로 분리되어 있다.

아직도 통일을 못 본 우리나라의 경우도 같은 민족이면서 아직 통일된 국가를 이루지 못한 예이다.

생활양식과 민족의식은 자기들의 국가에서 떨어져 나가 다른 민족 집단 속에서 생활하면서도 오랫동안 유지되는 경우도 있다. 세계 각지에 퍼져 있는 유대인과 화교(華僑)들은 오랫동안 다른 문화집단에 살고 있으면서도 그들의 민족의식을 상실하지 않고 언어, 종교 등을 유지하고 있다. 이러한 소수 집단은 각지에서 사회적인 문제가 되고 있다.

3) 언어

■ 어족

기원이 같은 언어의 집단을 어족(語族)이라고 한다. 같은 어족에 속하여 있는 언어는 구조, 발음체계, 의미, 문법, 어휘면에서 서로 유사하다. 영어를 예로 들어 설명하면, 영어는 세계 각지에서 3억 2천만의 인구가 사용하는 언어로서, 국가별로 표준말이 다르고 방언이 다양하여 Cockny, Brooklynese, 남아메리카의 영어, 스코틀랜드어 등을 가지고 있다. 영어는 독일어, 스웨덴어, 네덜란드어, 덴마크어와 함께 인도-유럽 어족에 속한다. 인도-유럽 어족 이외에 세계의 주요 어족은 중국-티베트 어족, 알타이 어족, 셈-햄 어족, 오스트로네시아 어족 등이 있다.

세계 주요 언어

(단위 : 백만)

언 어	인 구 (백만)	주요 지역
중국어	1500	중국 · 동남아
영 어	500	영국, 미국, 남아프리카, 캐나다, 오스트레일리아, 자메이카
힌두어	450	인디아, 파키스탄
스페인어	300	스페인, 라틴 아메리카
러시아어	200	러시아 국가연합
포르투갈어	150	포르투갈, 브라질
벵골어	130	방글라데시, 서 벵골
일본어	130	일본
독일어	120	독일, 오스트리아, 룩셈부르크
프랑스어	90	프랑스, 벨기에, 아이티, 캐나다 일부, 스위스 일부
한국어	70	한국
이탈리아어	60	이탈리아, 스위스
우크라이나어	50	우크라이나
마라티어	50	마하라쉬트라(인디아)
편잡어	50	편잡(인디아)
페르시아어	35	이란

(1) 인도-유럽 어족

인도-유럽 어족은 유럽과 유럽인이 점유하고 있는 지역과 남부 및 서남아시아에 분포한다. 인도-유럽 어족은 서방계통으로 그리스어, 로마어(이탈리아 어), 켈트어, 독일어, 아나톨리아어를 포함하고, 동방계통으로 인도-아리아어, 이란어, 아르메니아어, 알바니어, 볼트 · 슬라브어를 포함한다. 이들은 동일한 언어에서 생성하여 발전하여 왔다. 인도-유럽어는 소, 양, 돼지, 쟁기, 곡식 등과 같은 단어를 가지고 있는 것으로 미루어, 이 언어를 사용하던 사람들은 이러한 것들과 관련이 있는 농업에 종사하던 농민들이었을 것이다.

인도-유럽어는 발생 초기에는 유럽의 동부와 중부에 연속적으로 광범위하게 분포하고 있었다. 기원전 2000년경에 인도-유럽어의 사용자들은 사방으로 퍼져 나가서 현재와 같이 유럽의 대부분과 중동지방 및 인디아의 북부에까지 그 세력을 뻗쳤다. 인도-유럽어는 1500년대 이후에 유럽인이 식민지를 확대함에 따라 남북아메리카, 오스트레일리아, 아프리카 등지에 퍼지게 되어 현재는 세계 인구의 1/3이 이 언어를 사용한다.

(2) 중국-티베트 어족

세계 최대의 사용인구를 가진 중국어는 중국인들 간에도 의사소통이 안될 정도로 여러 갈래로 분화되었다. 즉, 베이징 중심의 중국어를 사용하는 중국인과 남부의 광동어를 사용하는 중국인은 서로 의사소통이 불편할 정도이다.

(3) 셈-햄 어족

북부아프리카와 서남아시아에 분포되어 있는 어족으로 아랍어, 히브리어, 베르베르어, 차드어 등이 이 어족에 속하며, 약 1억 8천만의 인구를 차지하고 있다. 특히 아랍어는 북부아프리카의 대부분과 서남아시아의 유프라테스강 유역, 아프가니스탄의 몇몇 지방에 걸쳐 사용되어 왔다. 이 지방은 고대의 여러 가지 종류의 셈-햄어를 사용하였고, 다만 아리비아 반도에 국한되어 있었다.

중세에 아랍인이 서남아시아지방 일대에서 정복자로 군림하면서 아랍어가 코란 언어로 사용됨에 따라 아랍어가 이 지역의 모든 언어를 구축하였다.

그리하여 지금은 햄어가 단지 북부 아프리카와 나일강의 분수령 이남에서 소수의 인구에 의하여 사용되고 있을 뿐이다.

4) 종 교

세계적인 주요 종교는 서남아시아와 인더스, 갠지스강 유역에서 발생했다. 힌두교는 인디아의 서북부에서, 그리고 힌두교에서 파생된 불교는 인디아의 북부에서 시작되었다. 유대교와 크리스트교는 모두 팔레스타인에서, 이슬람교는 서부 아라비아에 그 기원지를 가지고 있다. 조상숭배와 도덕적인 규범을 바탕으로 하는 동양의 유교는 중국에서 시작되었다.

종교의 기원지는 고대문명의 요람지와 같은 지역에 속하고 있다. 양자 간의 어떤 인과관계를 설명하기는 어려우나, 밀접한 상호관계가 있다고 추측할 수 있다. 고대문명은 모두 건조지역 하류의 충적 평야에서 발생하였다.

이 지역에서는 물의 관리와 이용이 중요한 일이었고, 주민의 집단적인 노력이 필요하였다. 집단적인 노력에 의한 관개시설은 농산물의 증산을 가져 왔고, 노동의 분업과 도시의 발달을 보게 되었다. 또, 사회적인 변화는 부족적인 종교에서 점차 초부족적이고 초민족적인 종교로 전환될 사회적인 요인의 일부를 마련하였다.

(1) 불 교

불교의 창시자 붓다가 기원전 566년에 지금의 네팔지역인 히말라야의 남쪽 산록, 갠지스강 하류의 조그마한 왕실에서 태어나 부다가야에서 해탈함으로써 생긴 종교이다. 불교는 카스트 제도를 바탕으로 하는 인도의 민족종교인 브라만교에서 파생된 종교로서, 브라만 계급이 독점하던 특권을 만민에게 개방하고자 보편적 종교로 창시된 것이다.

불교는 한때 인디아 전역과 동남아시아, 중앙아시아에까지 전파되었다. 불교는 아소카(Asoka) 왕 이후 쇠퇴하여 교리해석의 차에 따라 자기 해탈을 가르치고 있는 금욕적 소승불교와 토착의 주술과 이교의 사상을 허락하는 대승불교로 나누어지게 되었다.

소승불교는 스리랑카, 버마, 타이, 라오스, 캄보디아 등지에 전파되어 현재도 이들 지역의 정치, 경제, 사회, 문화 등 모든 분야에 깊은 관여를 하고 있다.

대승불교도 기원전 2세기경에 옛 통상로를 따라서 중앙아시아에 도입되었고, 5세기경에는 이미 중국 본토의 보편적 종교가 되었으며, 고구려 소수림왕 때에 우리나라에 전파되고, 눌지왕 때에 백제에, 그리고 법흥왕 때에는 신라에 전파되었으며, 6세기경에는 일본에 전파되었다.

동부아시아의 불교는 전파과정에서 그 지역의 유교, 도교, 원시적인 자연 종교 등과 혼합되어 이중 또는 삼중의 종교적인 복합체를 이루고 있다. 우리나라의 경우 조상에 제사를 지내면서 불교사원에 불공을 드리는 예나, 재래의 샤머니즘의 바탕이 남아 있는 시골에서 불공을 드리거나 제사를 드리는 경우가 그 예이다. 중국에는 유교, 도교, 불교가 같이 공존하고 있고, 일본에서는 신도와 불교가 같이 공존하고 있다. 근세에 들어와서 서양문명과 같이 도입된 크리스트교가 그 표면을 덮고 있을 때도 있어 복잡한 종교적 분포를 보이고 있다.

티베트 지방에는 위에서 말한 대승불교와 소승 불교가 같이 도입되어 독특한 라마교가 형성되었다. 라마교는 주로 중국의 신장 지방과 몽고지방에 분포하고 있다.

(2) 이슬람교

이슬람교는 사막지대의 오아시스 도시인 메카에서 시작된 종교이며, 유일신인 알라(Allaha)를 믿는 종교이다. 이슬람교는 아랍민족의 원시신앙과 유대교 및 크리스트교적인 요소를 가지고 있다. 600년경에 교주 모하메드(Mohammed)가 창시한 이슬람교는 정치, 군사적인 정복과 밀접한 관계를 가지고 포교하였기 때문에 그 전파는 세계의 어느 종교보다도 단시일에 넓은 지역을 점유하였다. 모하메드 생전에 이미 아라비아 반도 전역을 정복했다. 모하메드의 사후 약 100년 안에 서쪽은 북부 아프리카를 거쳐 스페인에 이르렀고, 동쪽은 인디아의 국경선에까지 이르렀다.

11세기에서 18세기에 이르는 동안에 이슬람교는 중앙아시아 북부, 인디아, 인도네시아 북부, 중국에까지 그 세력을 확대하였다. 파키스탄과 방글라데시는 지금도 주민의 대부분이 이슬람교도이고, 말레이시아와 인도네시아는 동남아시아에서 이슬람교의 섬을 이룬다.

이슬람교의 분포지역은 연 강수량 500mm 이하의 건조지역과 밀접한 관계를 가지고 있다. 이것은 이슬람교의 교리가 건조지역의 자연환경에 잘 맞기 때문이다. 그러나 실제적으로는 이슬람교 인구의 1/2은 습윤 열대지역에 분포하고 있다. 이슬람교의 분포를 설명하는 다른 요인으로 아랍인들의 통상로를 드는 수가 많다.

북부 아프리카, 중앙아시아의 이슬람교 지역은 중세의 아랍상인들의 통상로를 따라 이루어졌고, 동남아시아는 그들 해상통상로와 관계가 깊다. 그러나 이것도 예외가 없

는 것은 아니다. 아랍상인들은 중세에 중국과 우리나라에도 진출한 바 있었으나, 이슬람교 전파에는 이르지 못했다. 동남아시아에서도 8세기부터 아랍상인들의 왕래가 있었으나, 이 지역의 힌두교와 불교가 붕괴하기 시작하는 14세기경에야 이슬람교의 영향을 받게 되었다.

이슬람교는 종교적인 면 외에도 그 지역의 법, 언어, 알파벳, 음식물, 건축양식 등에 영향을 끼쳤다. 터키는 1920년대에 서부 유럽 제도를 받아들일 때까지 모슬렘 법을 썼으며, 아랍 알파벳을 사용하였고, 인도네시아와 말레이시아는 아직도 아랍 알파벳을 계속 사용하고 있다.

(3) 크리스트교

크리스트교는 로마제국의 압정에 시달리던 팔레스타인 지역에서 예수 크리스트에 의해 시작되었다. 크리스트교는 유대교의 형식주의와 편협한 선민주의에 반대하고, 신분과 민족을 초월한 사랑과 믿음의 내면적 충실을 설교하였다. 신분과 민족을 초월한 보편적인 초기의 크리스트교는 그리스와 로마 문화권의 그들의 통상로를 따라 지중해 연안에까지 전달되었다.

크리스트교는 4세기 초에 로마제국의 승인을 받게 되고, 그 후 국교가 됨에 따라 조직적인 전파가 시작되었다. 로마제국이 갈라진 후 그리스 정교와 가톨릭교로 나뉘었다. 동방교회 또는 그리스 정교는 발칸반도와 러시아지역으로 확대되었고, 서쪽의 가톨릭교는 서부 유럽으로 그 세력을 폈다.

그리스 정교는 가톨릭교와 같이 조직된 통일성이 희박했고, 국가적인 자주성이 농후했다. 때로는 국가에 대한 지지를 위한 수단으로 이용되었다. 15세기의 오스만 투르크의 콘스탄티노플의 점령은 그리스 정교에 많은 타격을 주었다. 그러나 그리스 정교는 슬라브어와 그리스 알파벳과 같이, 발칸반도와 동부 유럽에 지중해 문화전통을 전달하는데 중요한 역할을 하였다. 1917년 러시아 혁명이후 동부 유럽의 종교세력은 쇠퇴하였으나, 슬라브계 이민들에 의하여 미국에 그

세력이 전달되었다.

가톨릭교는 6세기경에 이탈리아, 프랑스, 이베리아 반도(스페인·포르투갈)에 침입한 게르만족을 개종시켰고, 6세기에서 10세기에 걸치는 동안 서부 유럽의 대부분이 가톨릭교의 세력하에 들어갔다. 가톨릭교의 전파는 라틴어와 라틴 알파벳, 지중해식 건축양식과 농업에 이르기까지 서부 및 남부 유럽에 많은 영향을 주었다. 15세기 이후의 스페인과 포르투갈의 해외 진출과 더불어 가톨릭교는 아프리카, 인디아, 필리핀, 그리고 라틴 아메리카에까지 전파되었다.

루터(Luther, M.)의 종교개혁 이후 가톨릭교에서 분파한 신교는 독일에서 시작되었으며, 라인, 다뉴브강 이북에 집중된다. 라인, 다뉴브강의 선은 대체로 서로마 제국의 세력권의 북쪽 한계에 해당하므로, 종교 개혁에 의한 신교운동은 가톨릭교의 중심부였던 서로마제국 변두리 지역에서 발생하였다. 신교는 독립국가의 지위를 유지하려는 제후와 자유를 찾는 도시민들에게 환영을 받았으며, 민족국가의 탄생, 북서 유럽의 중산층과 자본주의 발달을 뒷받침하는 종교적 역할을 해왔다. 신교는 북서 유럽인들의 앵글로 아메리카와 오스트레일리아로의 이주에 따라 미국, 캐나다, 오스트레일리아 지역의 주요 종교를 이루었다.

신교와 구교(카토릭)의 분포는 대륙별로 다양하다. 유럽에서 구교가 우세한 지역을 보면, 에이레, 프랑스, 벨기에, 스페인, 포르투갈, 이탈리아, 오스트리아, 유고슬라비아의 일부, 체코슬로바키아의 일부, 폴란드의 일부, 리투아니아, 남부 네덜란드, 서독의 바바리안 지방, 중남부 스위스 등이다. 신교가 우세한 지역은 영국, 북부 네덜란드, 스칸디나비아, 핀란드, 에토니아, 북부 독일 평원과 중부 독일 등이다.

라틴 아메리카에서는 기아나와 카리브해 지역을 제외한 전 지역에 구교가 성하고, 앵글로 아메리카에서는 퀴벡 주를 중심한 지역이 구교가 우세한 지역이다. 아프리카에서는 남아프리카공화국이 신교 지역이며, 에티오피아가 구교지역이다. 그리고 아시아에서는 필리핀이 구교가 우세한 지역이다.

세계문화관광

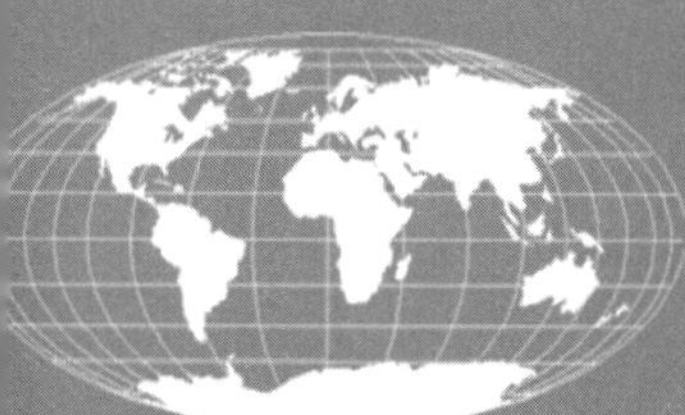

제2장 ...

동부아시아

- 한 국 / KOREA
- 일 본 / JAPAN
- 중 국 / CHINA

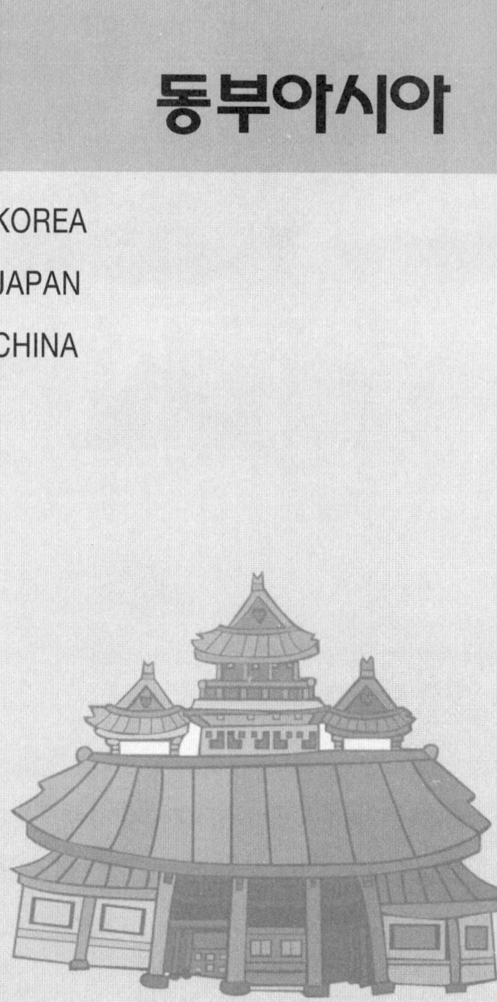

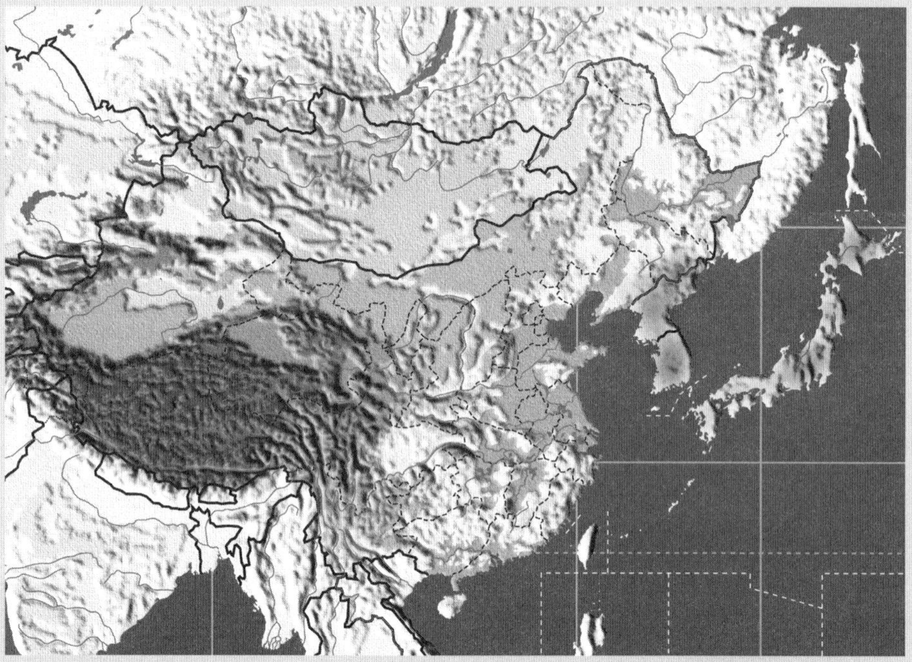

世界文化觀光

한국
KOREA

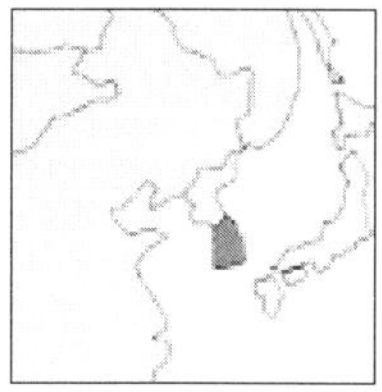

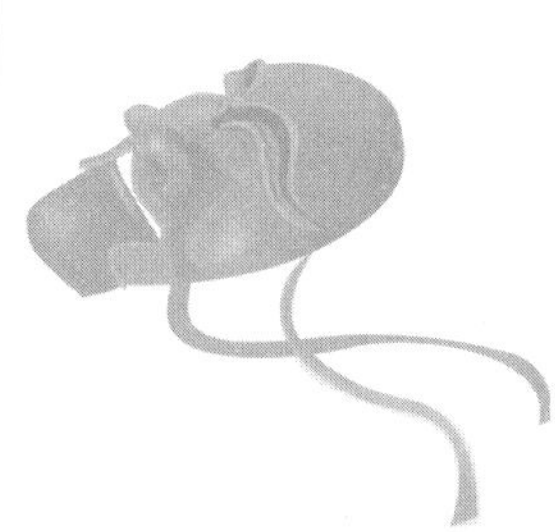

인구 : 약 4842만명(남한)
면적 : 약 9만km^2(남한)
수도 : 서울
주요언어 : 한국어
종교 : 불교 · 가톨릭교 · 개신교 · 천도교

www.visitkorea.or.kr

문화와 자연환경

아시아 대륙 동북부의 한반도에 자리잡은 대한민국은 예부터 경치가 아름답고 물이 맑아 「삼천리 금수강산(三千里 錦繡江山)이라 불리웠고 학문과 예의를 중요시하여 동방예의지국(東方禮義之國)으로 칭송되었다. 한국은 3면이 바다로 된 반도국가이며 산지면적이 전국토 면적의 2/3가 되어 국토가 매우 입체적으로 아름답다. 남해안 바다는 리아스식의 아름다운 해안선과 약 3000여개의 섬이 대부분 해양국립공원지역으로 지정되어 있고 내륙에도 17개의 국립공원이 전국에 고루 분포되어 특히 한국인들이 즐겨찾고 있다.

한국은 중위도의 온대 계절풍 기후에 속하며 사계절이 뚜렷하다. 삼면이 바다인 관계로 습윤하고 비가 많은 편인데, 특히 6월과 8월 사이에 강수량이 많다. 1년 4계절이 뚜렷하며 겨울에는 최저 영하 12℃까지 떨어지고 여름에는 기온이 최고 37℃까지 오르며 봄, 가을의 따뜻한 날씨는 좋은 느낌을 가져다준다. 삼한 사온의 기상 현상이 나타나는데, 겨울에는 추운 편이지만 그런 대로 지내기가 좋은 편이며, 여름에는 몇 일간 더운 후에 비가 내려 기온이 떨어지기 때문에 한국에서는 여름철 외출 시에 항상 우산을 가지고 다녀야 한다.

특히 6월에는 장마기가 시작되어 약 한달간 지속된다. 겨울철에는 동해에서 저기압이 발달하여 추위와 강한 바람을 동반한 한파가 내습하여 많은 눈이 내리므로써 동남아 등 외국에서 스키관광객들이 많이 찾는다.

역 사

■ 선사시대

한반도에는 약 70만년 이전부터 인류가 정착하였으며, 3천년 전에 유입된 청동기문화가 오늘날 한국문명의 기원이 되었다.

■ 삼국시대(B.C.57년~676년)

BC 1세기를 전후해 시작된 삼국시대는 신라와 660년 백제 멸망, 668년 고구려 멸망까지의 700여년 간을 말한다. 삼국은 각각 중국의 제도・문화를 흡수하여 자국의 발전을 도모하는 동시에 서로 경쟁하였다. 고도의 다양한 불교문화・예술을 꽃피워 삼국의 고대문화 발전의 길잡이가 되었다. 또 한문학이 수입되어 학문수준이 고양되었으며, 이와 같은 문화축적은 후진국 일본을 교화시키는 역할도 담당하였다.

■ 통일신라(676년경~935년경)

서기 688년에 신라가 삼국을 통일하였고, 고구려의 후예들은 신라의 통치가 미치지 못하는 중국 동북부 지역에 발해왕국을 세웠다. 신라는 문화와 예술의 배양과 발전에 힘을 쏟았으며 특히 불교문화가 융성하였다. 이 시기의 발해왕국은 고구려 문화의 진수를 계승하면서 다른 한편으로는 당나라의 문화를 받아 융합시킨 독특한 문화를 이루었다. 나날이 다르게 발전하며 신라는 조정내부의 권력다툼으로 그 국력이 쇠퇴해져 다시 삼국시대의 혼란한 양상에 빠지게 되었으며 발해는 10세기 초반 거란에 의해 멸망되었다.

■ 고려시대(935년경~1392년경)

고려는 통일신라시대의 불교문화를 계승 발전시켰고 또한 세계적으로 유명한 고려청자와 고려대장경 등의 문화유산을 남겼다. 오늘날 사용되고 있는 'COREA'의 명칭은 고려의 번역음인데 이는 당시 고려와 서역간의 무역이 활발하여 서역인들이 고려인을 'COREA'라고 부른데서 유래된 것이다. 이러한 면으로만 보아도 당시 고려왕조가 상당히 흥성하였음을 알 수 있다. 후에 빈번한 내란과 몽고족으로부터의 침입으로 국력이 크게 쇠퇴해진 고려는 신흥사대부 계층의 봉기로 조선왕조로 교체되었다.

■ 조선사회(1392년~1910년)

14세기 후반에 건국된 조선왕조는 고려 후기에 누적된 사회적 갈등을 완화하고, 몽골 · 홍건적 · 왜구의 침략과 명(明)의 압박으로 인한 민족적 시련을 극복하려는 이념을 지닌 사대부 문인층과 일부 무장들에 의해서 세워졌다. 유교의 성리학을 건국이념으로 하였으며 세종대왕에 이르러 찬란한 문화를 꽃피웠다.

한편 1592년 한국을 침략하려다 실패한 일본이 다시 한국을 침략하여 1910년이후 약 30여년간 강점하였으나 2차 대전이후 일본은 패망하여 물러갔다. 그리고 조선왕조도 막을 내리게 된다.

■ 현대사회(1945년~)

2차대전후 한국은 미 · 소 양군이 남북한에 진주함으로써 국토와 민족의 분단으로 이어졌다. 1950년 6 · 25를 거치면서 분단은 굳어졌다. 그 후에 민족문제 · 남북문제에서 오랫동안 계속된 대결구도를 화해구도로 바꾸려는 움직임이 나타났다. 1998년 11월 시작된 금강산 관광사업과 2000년 6월 15일 개최된 역사적 남북정상회담, 같은 해 8월 15일 남북이산가족 상봉, 남북경협 등을 통해 화해정책이 비로소

첫걸음을 내딛게 되었다. 그러나 아직도 20세기 냉전구도가 남긴 분단문제를 해결하지 못한 상황에서 한반도의 평화로운 통일은 해결해야 할 최대의 역사적 과제로 남아 있다.

종 교

오늘날 한국의 종교는 크게 불교 · 유교 · 그리스도교 · 신흥종교의 4가지로 나누어 볼 수 있다. 현대 한국문화는 종교적 복합사회의 특징을 포함하고 있다. 불교는 지금도 민중의 종교로서 그 기능을 담당하고 있다. 유교는 종교 집단화되지는 않았지만 한국인의 윤리토대를 형성하고 있는 만큼 사상적으로 큰 영향력을 발휘하고 있다. 그리스도교는 크게 가톨릭교과 개신교로 나뉘는데, 전체 인구의 1/4이 넘는 신자들이 활발한 신앙생활을 하고 있다. 그 외에도 천도교 · 대종교 · 원불교 등이 민족주의적 색채를 띠고 활동하고 있다. 샤머니즘은 한국인의 의식 깊은 곳에 뿌리박혀 있으며, 정통 종교를 신봉하는 사람들조차 그 의식의 근저에는 토속적 · 기복적 신앙 요소가 영향력을 미치고 있기 때문에 종교 생활과 각 종교의 특징을 살펴볼 때에는 샤머니즘의 영향력을 고려하지 않을 수 없다. 대략적인 종교 구성비는 불교인구가 1000만명(23.1%), 개신교 900만(20%), 가톨릭교 300만(7%), 유교 21만(0.5%) 등이며, 종교가 없는 경우도 2000만명(50%)으로 나타났다.

주요 관습

■ 관혼상제(冠婚喪祭)

한국사람들은 전통적으로 예법을 매우 존중하고 있다. 예법은 관례, 혼례, 장례, 제례의 4가지로 크게 나뉘는데 이것을 줄여 관혼상제라 한다. 즉, 성인이 되고 혼례를 올리고 상례와 제례를 치루는 사람의 일생은 크게 나누어 생각한 것이다.

관혼상제

① 관례(冠禮)

여자의 경우는 계례라고 한다. 남자가 성인이 되었을 때는 상투를 올리고 여자는 비녀를 꽂는 성인의 의식을 말한다. 시대가 달라져 지금은 이런 절차는 할 수가 없기 때문에 남녀 20세가 되면 성인식이라 하여 대개는 단체로 성인의식을 올리고 있다. 성인이 되면 법적으로 혼인을 할 수 있다.

② 혼례(婚禮)

인륜지대사라 하여 그 의식과 절차가 엄숙하게 이루어진다. 물론 절차는서 양식으로 하느냐 또한 한국의 전통양식으로 하느냐인데 오늘날 대부분 결혼식은 서양식과 한국식(폐백)을 병행하고 있다.

③ 장례(葬禮)

장례일은 삼일장, 오일장, 칠일장 등 장례기간에 따라 명칭을 붙인다. 대게는 삼일장을 치른다. 삼일이라는 기간은 부활, 저승에 갔다가 되돌아오는 기간에서 유래되었다고 한다. 장례 후 제례에는 3일만에 산소에서 절을 하고 잘 살피는 삼우제 등이 있다.

④ 제례(祭禮)

시대의 변함에 따라 조금씩 달라져 왔다. 그러나 근본정신만은 조상의 은혜에 감사하고 경모하는 것이다.

■ 전통문화

세시풍속은 일상생활에 있어 계절에 맞추어 관습적으로 되풀이하는 민속을 말한다. 설날, 단오, 추석과 같은 명절이 되면 오랜 관습에 의해서 새 옷으로 단장하고 주찬을 장만하여 조상과 제신에게 제사하는 등 여러 가지 행사가 있다. 이러한 행사는 오랜 생활문화를 이루고 있으며 매년 반복되는 관습이어서 세시풍속이라고 한다.

① 설날

설날은 한해가 시작되는 첫날, 음력 1월 1일이다. 본래 설날은 조상 숭배와 효사상에 기반을 두고 있는데, 조상신과 자손이 함께하는 아주 신성한 시간이라는 의미를 지니다. 그러나 대부분이 도시생활과 산업사회라는 굴레 속에서 생활하고 있는 현대에 와서 설날은 또다른 의미를 지니는데, 곧 도시생활과 산업사회에서 오는 긴장감과 강박감에서 일시적으로나마 해방될 수 있는 즐거운 시기라는 의미도 함께 지니게 된 것이다. 사회적으로나 국가적으로 볼때도 설날이 가지는 의미, 즉 공동체의 결속을 강하게 한다는 점에서는 단순한 명절 이상의 의미를 가진다.

② 단오

단오의 '단'은 첫 번째, '오'는 다섯째라는 뜻이다. 초닷새를 뜻한다. 우리 조상들은 홀수가 두 번 겹치는 날은 생기가 넘치므로 좋은 날이라고 생각했다. 이 시기는 파종이 끝나는 때라 새로 시작한 농사가 잘 되기를 기원하는 날이었다. 단오를 다른 말로 '수릿날'이라고도 하는데 수리는 수레를 뜻하는 것이다. 농사가 주업인 사람들에게는 수레가 중요한 기구였기 때문이다.

대부분지역에서 단오의 전통행사가 사라졌으나 강원도 강릉, 전남 영광의 법성포 단오제는 매년 성대하게 재현되고 있다.

③ 추석(음력 8월 15일)

추석은 '한가위'라고도 한다. '한'이란 크다는 뜻이고 '가위'는 가운데란 뜻이다 추석은 옛날부터 설날과 단오와 함께 3대 명절로 꼽힌다. 새로 나온 과일과 곡식으로 상을 차려 차례를 지내고 산소에 성묘를 한다. 추석날 하는 놀이로는 호남 남해안 일대의 강강술래, 전국적인 소먹이 놀이, 소싸움, 닭싸움, 거북놀이 등은 풍년을 축하하는 의미가 있다.

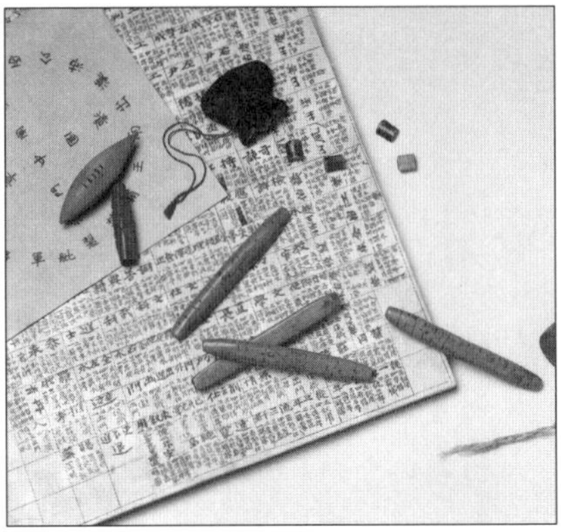

주요음식

■ 김치

종합발효식품으로 서양의 치즈 소세지와 같은 저장성 영양식품이다.

무 · 배추 · 오이 등과 같은 채소를 소금에 절여 씻은 다음 파 · 마늘 · 고추 · 생강 등 여러 가지 양념을 넣어 함께 버무려 담근 식품이다. 본래의 영양가를 보존하면서 새로운 맛과 향을 지니게 한 한국 고유의 채소 가공식품으로 한국인 식단에서는 빼놓을 수 없는 필수 음식이다.

■ 다식

집안의 경사 때, 명절, 제사, 차례상에 올라가는 전통 과자이며, 녹차와 잘 어울린다.

다식판은 나무에 둥근 홈을 파고 그 밑판에 글씨, 꽃무늬, 기하학적인 무늬 등을 새겼다. 다식 반죽을 하여 꼭꼭 눌러 찍어내어 색색으로 돌려 담으면 화려하고 여러 가지 재료로 다양하게 각각의 맛을 낸다.

■ 신선로

신선로는 화통이 가운데 있어 그 속에 숯불을 넣고, 그릇 가장자리에 채소, 고기 등 많은 재료를 돌려 화려하게 담아 호도, 잣, 은행으로 고명을 얹어 장국을 부어서 끓여 먹는 탕의 일종이다. 갖

은 재료와 정성을 다해 만든 귀한 음식이니 열구자탕이 라고도 한다.

그 외에 외국인에게도 인기가 높은 불고기구이, 삼계탕, 전골 등이 있다.

주 류

■ 막걸리(農酒)

한국의 가장 오래된 발효주로서 쌀이 주요 원료이고 한국의 소도시·농촌 그리고 도시의 비교적 규모가 큰 슈퍼마켓에는 그 지방에서 생산되는 막걸리를 구할수 있다.

■ 오가피주(五加皮酒)

오가피를 껍질을 많이 벗겨버리고 가위로 썰어 볕에 말린다. 오가피를 썰어 말린 것 한 말을 주머니에 넣어 독 밑에 깔고 백미 닷 말을 백세 작말하여 죽 쑤어 식혀서 누룩 닷 되를 섞어 독에 넣었다가 괴거든 공복에 마시면 풍증을 고칠 수 있다 하였다.

■ 국화주(菊花酒)

9월이 되어 황국(菊)과 백국(菊)이 만개하면 계절에 따라 국화술을 만든다. 제조법은 황국 중에서 냄새가 좋고 맛을 보아 감미가 도는 국화를 골라 원료로 삼는다.

■ 두견주(杜鵑酒)

처음에 주조된 연대는 뚜렷하지 않으나 1천여 년 전 고려 태조 때부터 제조된 것으로 전해진다. 두견주(杜鵑酒)를 되강주라고도 하는데, 진달래꽃과 비슷하여 독이 있는 철쭉을 넣어서는 안된다는 뜻으로 붙여진 이름이다. 가향재료로는 두견화, 즉 진달래꽃을 쓰는 것인데 진달래꽃에는 꿀이 많아서 단맛이 돌게 된다. 우리나라의 두견주 명산지로는 충남 당진군 면천이 알려져 있다.

■ 송절주(松節酒)

싱싱한 송절(松節 : 소나무 마디)을 삶은 물과 쌀로 빚는 약용주이다. 조선 중엽부터 서울 부근과 호남지방에서 많이 빚어진 것으로 전한다.

■ 오미자주(五味子酒)

오미자나무의 열매를 오미자라고 한다. 오미자과의 낙엽 활엽 덩굴나무이며 전국 각지에 자생한다. 열매나 뿌리를 이용한다.

이 외에도 경주의 법주, 진도의 홍주, 고창·함평의 복분자주, 금산의 인삼주 등 토속주의 종류가 많다.

세계문화유산

■ 석굴암과 불국사
(Seokguram Grotto and Bulguksa Temple : 문화, 1995)

경주 토함산 중턱에 위치한 8C경 석굴로 내부 본존불상은 동해바다를 응시하고 있다. 석굴 내부 벽면에는 11면 관음보살을 비롯한 보살과 10대 제자들이 매우 사실적이고 섬세하게 조각되어 있는 극동 불교 예술의 진수이다. 불국사는 석굴암과 같은 시기인 752년에 건립된 것으로 불교 건축의 상징적 의미를 지니고 있다.

■ 종묘(Jongmyo Shrine : 문화, 1995)

조선왕조 역대 왕과 왕후의 신위를 모신 오래되고 권위 있는 유교

적 전통 신전이다. 종묘의 건축은 16C이후 현재까지 원형을 잘 보존유지하고 있으며 종묘제례는 음악과 춤이 어우러진 제례의식으로서 14C이래 오늘에 이르기까지 면면이 전통이 계승되어 내려오고 있다.

■ 해인사 장경판전(Haeinsa Temple Janggyeong Panjeon, the Depositories for the Tripitaka Koreana Woodblocks : 문화, 1995)

가야산 해인사에는 1237~1249년까지 제작된 불교경전의 결집체인 8만 여장의 대장경 목판이 보관되어 있다. 장경판전은 세계적으로 뛰어난 목조로 축조된 보관시설이다. 보존기술과 장치가 과학적으로 설계된 15세기의 뛰어난 건축물이다.

■ 창덕궁(The Changdeokgung Palace Complex : 문화, 1997)

조선 3대 태종 5년(1405년) 경복궁의 이궁으로 지어진 궁궐이다. 1610년 광해군 때부터 정궁으로 쓰이게 된 뒤 1868년 고종이 경복궁

을 복원할 때까지 258년 동안 조선의 역대 왕들이 정사를 보살폈던 법궁이다. 돈화문, 선정전, 인정전 등과 함께 우리나라의 대표적인 전통 조원시설인 후원이 유명하다.

■ **수원 화성(Suwon Hwaseong Fortress : 문화, 1997)**

조선 22대 왕인 정조가 자신의 아버지 사도세자의 무덤을 화산으로 옮긴 후 축조한 성. 성의 둘레는 5,744m, 면적은 130ha이다. 축성시 거중기, 녹로 등 신기재를 사용하였으며 화성은 중국, 일본 등지에서 찾아볼 수 없는 평산성의 형태로 군사적 방어기능과 상업적 기능을 함께 보유하고 있으며 시설의 기능이 가장 과학적이고 합리적이며, 실용적인 구조로 되어 있는 동양 성곽의 백미라 할 수 있다.

■ **경주역사유적지구(Gyeongju Historic Areas : 문화, 2000)**

신라시대 천년의 문화적 업적과 불교 및 세속건축의 발달을 보여주는 뛰어난 유적이다.

■ **고창·화순·강화 고인돌유적(Gochang, Hwasun and Ganghwa Dolmen Sites : 문화, 2000)**

기원전 2~3천년 전의 장례 및 의식 유적을 만들어 냈던 선사시대 기술 및 사회 발전상을 생생히 보여주는 유적이다.

이벤트 & 축제

■ **일출제**

매년 1월 1일은 떠오르는 새해 첫날의 해를 보기 위해 전국의 유명산과 바닷가에 수많은 사람들이 모여 새해소망을 기원한다. 제주도의 성산일출봉, 남해안 동해안의 여러 곳과 지리산·북한산 등 전국 유명산은 한국인들이 즐겨찾는 일출축제 지역이다.

■ 신라문화재·백제문화재

경상북도의 경주, 충청남도의 부여와 공주에서는 매년 10월경 1500여년전 3국시대를 재현하는 문화축제를 열고 있다. 한국의 고대 문화와 생활을 볼 수 있는 기회이다.

■ 광주 고싸움놀이 축제

민속놀이인 고싸움놀이를 축제화한 정월대보름 향토축제이다. 1982년에 시작된 이 축제는 매년 음력 1월에 광주 남구 칠석동 옻돌마을 일원에서 열린다. 고싸움놀이, 당산제, 쥐불놀이, 당산굿, 농악한마당 등의 행사가 펼쳐진다.

최근 한국은 전통문화축제와 더불어 현대적 문화축제를 지방마다 개발하여 개최하고 있다. 유명한 이벤트나 축제로서 서울의 종묘제례악(5월), 경기도의 도자기 축제, 충청남도의 금산 인삼축제, 강원도의 춘천 연극제, 부산의 국제 영화제, 광주의 비엔날레, 강진의 청자축제, 함평의 나비축제, 대구의 패션축제 등이 있어 매우 다양하다.

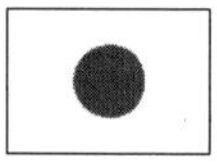

일본
JAPAN

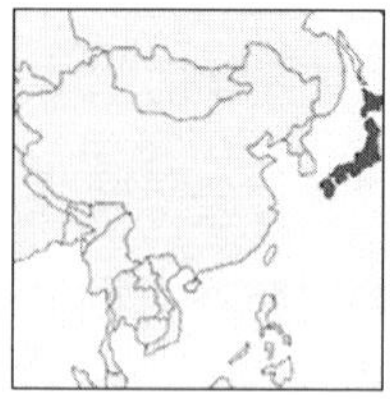

인구 : 약 1억 3천만명

면적 : 약 37만km^2

수도 : 도쿄

주요언어 : 일본어

종교 : 신도(Shintoism), 불교(Buddhism)

www.jnto.go.jp

문화와 자연환경

일본은 아시아 대륙의 동쪽머리 북태평양에 활처럼 길게 뻗어 있는 섬나라다. 남북길이가 약 3,000km이며, 도쿄를 중심으로 동부·중부·긴키·시코쿠·쥬고쿠·규슈 홋카이도 등 8개 지방으로 나누어지며, 지역마다 특성을 가지고 있다. 총 면적의 3/4이 산지이며, 상당수의 활화산과 전국적으로 약 3000여 개소의 온천이 분포되어 있다.

일본은 홋카이도의 아이누족을 제외하면 야마토 민족으로 된 단일국가이다.

1868년 메이지 왕이 국가를 크게 부흥 시키면서 세계 열강의 대열에 들게된 일본은 제2차 세계대전에서 패망하여 큰 시련을 꺾었으나 근면·검소·정직을 앞세워 한국의 6·25 동란을 기회로 다시 경제적 회생의 기회를 가졌다.

일본은 합리적이고 이성적인 서구문화를 잘 받아들였음에도 불구하고 토속신앙과 수호신을 신봉하고 있다. 프랑스인은 상징주의적이며, 독일인은 이상주의적이라면 일본인은 섬나라 특유의 예민하고 섬세한 정서주의적인 면을 보여주고 있다.

일본의 자연환경을 보면 면적이 좁은데다 남북으로 길고 지형이 복잡하며, 또 길고 좁은 국토가 기후 경계선에 의해 둘로 나누어지기 때문에 북부와 남부, 동해 쪽과 태평양쪽, 고원과 분지 등에 따른 기후 차이가 현저하며 사계절 구분이 뚜렷하다.

주위가 바다로 둘러싸여 있기 때문에 기후는 일반적으로 온화하지만 계절풍이나 장마 태풍의 영향을 강하게 받아 강수량이 많다. 또 산지가 일반적으로 일본열도의 방향을 따라 이어져 있기 때문에 태평양측과 동해 측과의 기온차가 크고 국토가 남북으로 길기 때문에 북쪽의 홋카이도(연평균 기온 6.3℃)에서 최남단의 오키나와 섬(연평균 기온 22.4℃)까지 위도 차가 22℃나 된다. 그러나 홋카이도를 제외하면 대체로 온화하고 우리나라보다 따뜻한 편이다.

가장 지층이 불안정한 지역인 일본열도는 환태평양 화산대에 속해있어 지진과 화산활동이 활발하다. 지금도 남아있는 활화산이 약 67개로 일본열도 전체가 화산과 온천으로 이루어져 있어 항상 화산과 지진의 위험성을 안고 있다.

일본이 위치하는 아시아 대륙 동안(同案)일대 바다 육지 분포 및 대지형의 영향으로 편서풍이 남으로 비스듬히 흐르는 지역에 해당하기 때문에 온대 저기압, 이동성 고기압의 왕래가 심해 기상변화가 복잡하다. 또한 열대처럼 여름이 무더운 반면 겨울에는 대설이 내려 유럽에 비하면 계절변화가 심하고 복잡하다. 이처럼 일본의 계절변화가 심한 만큼 설해, 냉해, 태풍재해등 기상재해가 빈번해 국민생활, 국민

경제에 커다란 영향을 주고 있다.

사면이 바다로 둘러싸이고 비가 많아 습도가 높은 기후속에서 살아가는 일본 사람들의 몸에는 땀이 많이 배고 끈적끈적하다고 한다. 그래서 목욕문화(온천 등)가 발달했으며, 습기가 많은 여름철이면 습기를 빨아들이고 겨울철에는 방바닥이 차가워지는 것을 막아주는 다다미라는 일본의 주거문화생활 방식을 특징으로 꼽을 수 있다. 그리고 연중 대체로 온난 다습한 기후로 인하여 담백한 맛을 선호하여 재료 자체의 풍미를 살리는 향신료를 거의 사용하지 않는 음식을 즐겨 먹는다.

역 사

■ 죠몬 시대(B.C. 800)

BC 9세기 경에는일정 지역을 영역으로 하는 혈연집단은 제각기 자급자족 생활을 하고 있었는데, 특수한 석재 등을 구하기 위해 원격지의 제지역을 연쇄적으로 결합하고 제각기 지방색을 나타내면서 죠몬시대로 발전해갔다.

■ 야요이 시대(B.C. 800)

일본열도에서는 2세기 중・후반에 소국들 간의 격렬한 항쟁이 벌어지는 대란이 발생하였다. 이 대란의 과정에서 여러 소국은 보다 큰 국으로 통합되어 30여국으로 축소되고 나아가 유력한 정치집단에 의해 광역의 정치적 통합이 진행되었다. 여기에서 30여국 수장들의 추대를 받아 야마타이국의 여왕 히미코를 맹주로 하는 연맹왕국이 탄생하였다.

■ 야마토 시대(A.D. 300)

3세기 말에서 4세기 초에 세토내해 연안으로부터 기나이에 걸쳐서 고분이 조영되기 시작하였다. 고분은 야요이 시대의 공동묘지와는 달리 특정 개인을 위한 커다란 분묘를 갖는 것이기 때문에 고분의 발생은 야요이시대의 소국간의 항쟁, 지역적 통합의 과정에서 커다란 권력을 갖는 지배자가 출현한 것을 말해주고 있다.

■ 아스카시대(593)

6세기말 아스카 시대에 불교의 전래로부터 쇼토쿠 태자의 시대를 중심으로 약 1세기간은 왕도가 나라현 아스카 지방에 있었기 때문에 아스카시대라 한다. 아스카문화는 불교문화가 중심이고 백제를 비롯한 한반도 제국의 영향이 컸다. 또한 고구려의 담징이 그린 금당벽화가 있는 호류지는 교토에 있는 유명한 사찰중의 하나이며 세계적으로도 유명한 문화유산 중의 하나이다.

■ 나라 시대(710)

7세기 초 일본은 중국 당의 수도인 장안(오늘의 중국西安) 을 본떠 나라지역에 헤에죠오쿄오라는 수도를 건설하였다. 이 헤에죠오쿄오는 약 70년간 수도로서 번영했는데 이 시기를 나라 시대라고 한다. 나라 시대는 다이호 율령에 따라 천황에 의한 율령정치가 행해졌다. 율령정치의 근본은 공지·공민 제도 이었으나 귀족들의 간전영년사제법 악용으로 붕괴되고, 이로써 대 토지를 소유하게 된 귀족들과 승려들은 막강한 정치권력을 소유하게 된다.

나라 시대 중반에 가면 흉년과 전염병이 계속되어 민심이 흉흉해지고 귀족들과 승려들 사이에 분쟁이 일어났다. 이에 쇼오무 천황은 불심으로 이를 극복하고자 나라에 토오다이지(東大寺)를 세우고 그 안에 높이 16m가량의 금동대불을 만들었다. 특히 나라시대에는 많은 사찰과 불상들이 만들어졌는데, 아직도 나라지방에 가면 그 시대의 화려한 모습을 느낄 수 있다.

■ 헤이안 시대(794)

8세기말 헤이안시대의 칸무 천황은 율령정치를 다시 회복하고자

794년에 헤이안코오(지금의교토)로 천도하였는데, 이후 가마쿠라 막부가 세워지기까지 약 400년간을 헤이안 시대라고 한다. 이 시대의 중요한 사실 중의 하나는 일본의 문자인 가나를 만들어 낸 것이다.

■ 카마쿠라 시대(1192)

12세기말이나 모토요리토모가 막부 정치를 시작한다. 이때부터 천황과 귀족 등 정부의 뒤에 무사 즉 사무라이들이 존재하여 봉건적인 정치체제가 생성되게 된다. 카마쿠라 시대에는 많은 전쟁에 참여하게 되고 백성들의 재정적 생활적 궁핍이 막심하게 된다. 전란이 계속되어 백성들의 불만이 점차 쌓이자 종교에 귀의하는 사람이 늘게 된다. 이 시대에는 많은 새로운 불교가 생겨나고 번창하게 된다.

■ 아츠지 모모야마 시대(1573)

16세기 후반에는 포르투갈과 스페인과의 교역을 시작했다. 기독교가 전파하게 된후 불교를 견제하고 무역을 장려하게 된다. 도요토미 히데요시가 오사카성을 근거로 1590년 드디어 천하통일의 대업을 완수하였다. 그 이후 2차례나 한국에 출병을 하나 한국에 패하여 철군하게 된다. 건축과 미술에 뛰어난 발전을 이룩하였으며, 다도의 대중화가 이루어져 있으며 이케바나와 가부키 노등의 전통예능이 발달한 시대이다.

■ 에도 시대(1603)

17세기 초 애도시대에 도쿠가와 이에야스는 차츰 세력을 길러 현재의 교토, 그 당시의 에도에 막부를 수립한다. 이후를 에도시대라고 한다. 에도시대는 전쟁이 없는 평화로운 시대였으며 대내적으로는 막번 체제로 대외적으로는 쇄국정책을 표방하던 시대였다.

■ 메이지 시대(1868)

19세기 중후반 막부 시대의 막이 내리고 1868년 메이지 천황은 '5

개 조서문'을 발표하고 수도를 동경으로 천도, 연호를 메이지로 칭하게 된다(1868년). 이후를 메이지 시대라고 부른다. 또한 이런 정치개혁을 메이지 유신이라고 한다. 메이지 유신이후 근대화로 접어든 일본사회는 급격한 발전을 이루게 되고 산업이 발달하여 자본주의 사회로의 현격한 발전을 이루게 된다.

■ 다이쇼(1912)

1914년에 일어난 제1차 세계대전에서 영국의 동맹군으로 출병한 일본은 중국에서 독일군을 격파하는 전과를 거두고 1920년 국제연맹의 상임 이사국으로 선임되었다. 제1차 세계대전으로 일본경제는 엄청난 호황을 누렸다. 아시아 시장을 상대로 한 공업용품 수출로 생긴 막대한 이익을 챙겨 대재벌이 등장하기도 하였다.

■ 쇼와 시대(1926)

1940년 세계 2차 대전에는 독일·이탈리아와 3국 동맹을 체결하고 연합군과 싸워 일본은 국토와 산업 시설이 모두 파괴되었고 식량부족과 물가폭등 등 최악의 상태에 이르렀는데 이를 극복하기 위해 일본 국민들은 혼신의 힘을 다하였다. 경제적 상황은 이렇게 최악이었으나 민주주의 정신에 입각한 자유로운 문화활동이 이어졌고 학문적으로도 많은 발전을 이룩하여 다시 세계적인 강국이 되었다. 1989년 이후는 헤이세이 연호를 사용하고 있다.

종 교

일본 종교의 두 가지 주요 흐름은 6세기에 일본으로 전래된 불교와 국민들 사이에서 민속교로 발전해 온 신도(神道)를 들 수 있다. 대략적인 종교 구성비는 신도 50%, 불교 49%, 기독교 1%

정도이다.

일본인들의 종교에 대한 관념은 매우 유연하여 여러 종교나 종파의 원리를 자연스럽게 조금씩 원용하고 있다. 따라서 신생아에게 신도 사원의 축복을 받게 하고 불교 승려에게서 결혼의 택일을 받으며 결혼식은 교회나 호텔에서 기독교식으로 거행하는 게 매우 자연스럽게 받아들여지고 있다.

주요 관습

일본인은 개인생활에 있어서 계약 관계보다는 신뢰관계를 중시하기 때문에 당사자간 잘 협의하여 해결한다던가, 중간에 사람을 넣어 해결하는 경우가 많다.

또한 일본에서 대화 도중 가급적 자기 자랑은 피하는 것이 좋다. 조화를 중시하는 일본의 풍토에서 그러한 행위는 자기의 인격 품위에 손상을 줄 우려가 있기 때문이다.

일본인은 욕조에서 천천히 몸을 따뜻하게 하는 관습이 있다. 여러 사람이 순서에 의해 목욕을 하고 마지막 사람이 목욕이 끝난 후에는 욕조 안의 온수는 모두 버린다.

일본인들이 싫어하는 숫자는 4와 9이다. 4는 '시'로 발음하고 똑같은 발음이 나는 '死'를 뜻하고 9는 '구'로 발음해 고통을 뜻하는 '苦'와 똑같은 발음이 난다. Hotel의 방 번호에도 4와 9를 제외하고 사용하는 경우가 많다.

일본에서 남의 집을 방문할 경우에는 구두를 벗고 들어갈 때 앞굽이 문을 향하게 놓는 것이 관습이므로 주의하는 것이 좋다.

비즈니스에 있어 경쟁사 이야기를 화제로 삼는 것은 상대방으로 하여 금 불안을 줄 우려가 있다. 자기의 이야기가 반대로 경쟁사에 흘러갈 것을 우려하기 때문이다. 또한 새로운 사람을 소개받을 때, 특히 비즈니스의 경우에는 소개받는 사람에게 인사격으로 악수 등 신체 일부분을 닿는 행위도 삼가야 한다.

전통예능

■ 가부키

세계 곳곳에 많은 팬을 보유하고 있는 전통예술의 하나이다. 연기자가 발하는 리듬감 넘치는 대사, 선명하고 화려한 색상의 화장, 기교를 발휘한 무대 이미지가 결합되어 서민의 사랑을 받아온 서민의 희로애락을 주제로 한 대중적인 무대예술이다. 가장 큰 특징은 극중에 등장하는 여성의 역할도 모두 남성 배우가 연기를 한다는 점이다.

■ 노

원래 종교적 의식으로서 실시되었던 것으로 700년 이상의 역사를 지닌 일본을 대표하는 무대 예술이다. 일본 고유의 전통의상을 입은 연기자는 자신의 표정을 감추기 위하여 가면을 사용하든가 혹은 무표정으로 연기를 하지만 가면에 감추어진 표정이나 무표정 뒤에는 수많은 표정이 숨어 있다. 그런데 황제의 역할은 아이가 맡는다. 그 이유는 배우가 황제의 인기를 능가하지 못하게 하기위해서이다.

■ 분라쿠

3명의 인형 조율사에 의하여 연기되는 인형극이다. 주인공 인형은 3명의 인형 조율사에 의해 공동으로 조작된다. 정말로 살아있는 것 같은 인형의 움직임에 곁들여 반주되는 샤미

센과 대사 낭독, 그리고 인형의 몸에 걸쳐진 화려한 의상 등이 조화를 이뤄 보는 이로 하여금 깊은 감명을 받게 된다.

■ 스모

세계적으로 유명한 일본 전통 격투기이다. 체중이 100~200kg이나 되는 리키시(씨름 선수)의 대부분은 프로 선수이며 서양식의 레슬링에 비교해서 스모의 룰은 매우 단순하다. 두 사람의 리키시는 훈도시(샅바)를 두르고 흙으로 덮인 직경 4.5m의 정방형 링 위에서 격투를 벌이는데 발바닥 이외의 신체부분이 지면에 닿거나 링 밖으로 밀려난 사람이 지게 된다.

주요 음식

일본 요리의 특징은 사면이 바다로 둘러싸여 남북으로 길게 뻗은 지형의 영향으로 재료의 종류가 많고 특히 해산물을 풍부히 사용한다는 점이다. 쌀을 주식으로 하고 풍부한 농산물, 해산물을 부식으로 한 식생활문화가 형성되었다. 특히 일본 요리는 눈으로 보는 요리라고 불리듯 외형의 아름다움을 중시하므로 그릇은 물론, 계절에 따라 재료의 색상, 담는 방법 등에 세심히 주의를 기울여 한층 미각을 자극한다.

■ 사시미(刺身 : 생선회)

무로마치시대(1336~1573년)부터 발달한 요리이다. 일본의 일품요리를 대표하는 요리이다. 일본에서는 일찍부터 생선 먹는 방법이 발달하여 계절에 따라 풍미나 촉감에 따라 다양한 요리가 등장한다. 회에 쓰이는 재료는 무수히 많으나 재료에 따라 여러 가지 방법으로 썰어 사시미문화라는 말이 생길 정도이다.

생선 본래의 맛을 느끼려면 생선조각에 와사비를 조금 묻인 후에 간장을 살짝 찍어 먹어야 한다. 여러 가지 생선이 있을 때는 흰살 생선과 기름지지 않는 것부터 먹고 이후 기름 많은 생선과 붉은살 생선을 먹어 맛의 조화를 느낀다.

■ **스시(생선초밥)**

생선과 야채를 넣은 초밥은 매우 대중적인 일본음식이다. 초밥은 원형, 또는 여러 가지 다른 모양의 형태로 생선이나 조개류와 계란 야채 등의 날것이나 조리한 것을 섞어서 밥 속에 넣거나 얹어서 만든 것이다. 초밥은 보통 손으로 간장에 찍어 먹는다. 초밥을 맛있게 먹으려면 초밥 전문점 카운터에서 1가지씩 주문하여 즉석에서 먹어야 한다.

■ **낫토(청국장)**

콩을 삶아 발효시킨 음식으로 우리나라의 청국장과 비슷하다. 매운 맛이 많은 우리나라 음식에 비하여, 일본은 고온 다습한 기후 때문에 음식이 쉽게 변질되므로 식초나 간장 등을 많이 사용한다.

■ **스키야키**

쇠고기와 파 등으로 여러 가지 야채를 재료로 하여 끓여서 먹는 음식으로 우리나라의 전골과 비슷하다.

■ 일본의 식탁예절

손님을 초대할 때는 가이세키(會席) 요리를 준비하여 정중하게 순서대로 낸다. 가장 먼저 술과 전채를 내고 이어서 맑은 국(吸物, 스이모노), 생선회(刺身, 사시미), 조림(煮物, 니모노), 구이(燒物, 야키모노), 튀김(揚物, 아게모노), 찜(蒸物, 무시모노)의 순으로 낸 다음, 마지막에 식사로 밥, 된장국, 절임 김치를 한꺼번에 낸다. 후식으로는 과일과 차, 단 과자를 낸다. 한편 일식 요리는 스푼으로 먹는 일이 거의 없다.

가이세키 요리를 먹을 때의 식탁 예법을 살펴보면, 전채(前茶, 젠사이)는 3가지 또는 5가지를 한 그릇에 담는데, 먼저 왼쪽 요리부터 먹고 난 다음 오른쪽 요리를 먹고, 마지막으로 가운데 있는 고기를 먹는다. 다리가 달린 유리컵이나 고바치(小鉢)는 왼손에 들고 먹는다.

맑은 국은 왼손으로 국그릇을 전체적으로 감싸듯이 누른 다음 오른손으로 뚜껑을 연다. 뚜껑이 열리지 않을 때는 왼손에 그릇 가장 넓은 부분을 끼우듯 하여 살짝 누르면 쉽게 열린다. 국을 먹을 때는 먼저 오른손으로 젓가락을 이용하여 건지를 누르면서 국물을 조금씩 마신 다음 건지를 먹는다. 생선회는 여러 종류가 한 접시에 담아 있을 경우에는 흰살 생선, 조개류, 붉은살 생선의 순서로 먹는다.

■ 일본의 아침밥상

전통적으로 가정에서 먹는 아침 밥상에는 흰밥에 된장국 그리고 찬으로 구운 생선(소금에 절인 연어를 가장 좋아함), 즈게모노(일본 김치), 맛김(한 장을 여덟 조각내어 봉지에 들어 있음) 등 아주 간단하다. 이외에 날달걀이나 달걀말이구이 또는 낫토(청국장) 등을 더 먹는 이들도 있다. 우리나라에서 아침에 먹는 설렁탕, 해장국, 북어탕

등 뱃속까지 뜨뜻해지는 탕반을 찾을 수 없다.

일본에서 아침 식사를 제대로 경험하려면 도쿄나 오사카의 특급 호텔 내에 있는 일본 음식점을 가보면 된다. 일본의 고급 호텔 대부분은 일식당을 호텔 자체에서 운영하지 않고 이름난 요정들이 분점 형식으로 들어와 있다. 예를 들면 '기조(吉兆)'나 '나다만(なだ萬)' 등 유명한 요정의 저녁 식사는 3만 엔 이상이고 아침 정식은 2000엔 정도 이다. 조용하고 정갈한 분위기에서 좋은 그릇에 담겨진 기품 있는 요리를 정중한 서비스로 대접받을 수 있다. 물론 호텔 숙박객이 아니라도 아침 7시경부터 10시경까지 누구나 이용할 수 있다.

주 류

일본 술은 보기에는 맑고 순수하게 보이지만 알코올 이외에 유독한 성분인 퓨젤유와 메틸알코올이 미량 들어 있어서, 마신 후 머리가 아프거나 숙취가 다음날까지 오래 가기도 한다. 일본 술은 적당히 데우면 메틸알코올이 먼저 발산되고, 좀더 높은 온도에서 퓨젤유가 어느 정도 발산되므로, 따끈하게 데워서 마시는 것이 건강에 이롭다고 하겠다.

■ 아츠깡

전통 일본 곡주를 따뜻하게 데운 것으로 우리나라에 있는 일식집에서도 따뜻하게 데운 정종을 팔기 때문에 낯설지는 않겠지만, 본고장에서 맛보는 전통 일본 술에 비교할 바는 아니다. '아츠깡'은 '독구리'라고 하는 앙증맞게 작은 자기 술병에 담겨 나오는데, 술이 아주 부드럽고 역한 냄새도 없어 목에서 감기듯 넘어간다.

■ **사케**

쌀로 빚은 일본 전통의 술로 적당히 따뜻하게 데워 마시는 세계에서도 드문 음주법이다. 언제부터 이렇게 마시기 시작했는지에 대한 정설은 없지만 대략 헤이안 시대로 추정된다. 일본주는 그 부드럽고 향기로운 미각이 일본 요리와 매우 잘 어울리며 그 맛이 부드러운 듯 강하므로 숙취하지 않도록 적당히 마시는 것이 좋다.

사케

■ **청주**

그 독특한 맛과 향으로 많은 사람들의 사랑을 받는데, 그 제조법부터가 세계의 다른 술과는 달리 독특하다. 청주의 원료는 멥쌀이며 누룩 곰팡이로 발효시킨다. 청주는 양조주 중에서 세계에서 가장 도수가 높은 술이다.

세계문화유산

■ **고대 교토의 역사 기념물(Historic Monuments of Ancient kyoto-kyoto, Uji and otsu cities : 문화, 1994)**

794년 헤이얀코라는 이름으로 일본의 수도가 된 지금의 교토는 메이지유신이 일어난 1868년까지 유지했다. 원래는 중국의 낙양을 모델로 하여 건설된 교토는 천년이상 왕도였던 관계로 유서깊은 절과 신사가 많다. 일본 국보 제1호인 목조미륵 반가사유상을 모신 고류지뿐 아니라 세계 문화유산 리스트에 오른 문화재만도 10여 개 이상이다.

① 하가시혼간지 : 교토 최고의 목조 건축물

② 니시혼간지 : 도요토미히데요시 16C

③ 도지 : 일본에서 제일 높은 목탑

④ 니조죠 : 에도에 머무르던 막부가 살던 곳
⑤ 기요미즈데라 : 139개의 나무기둥의 절
⑥ 킨카쿠지 : 절보다는 정원 같은 사찰, 외부가 모두 금으로 칠해져 있음
⑦ 료안지 : 돌과 흰 모래로 된 정원, 선사의 분위기, 일본식 정원으로 유명
⑧ 엔라쿠지 : 히메이자 산중에 있는 천태종의 본산
⑨ 닌나지 : 인왕문으로 유명, 일본식 정원
⑩ 고잔지 : 석수원이 있음

■ **나라 역사 기념물(Historic Monuments of Ancient Nara : 문화, 1998)**

나라는 교토로 천도하기까지 74년간 고대 일본의 왕도였던 곳으로 일본 초기의 신화와 전설은 물론 역사의 무대였다. 나라시대는 일본이 비로소 국가 체제를 갖추기 시작한 시기라고 할 수 있다. 실제로 국가의 법률 체계인 율령의 반포를 비롯하여 당의 장안성을 모델로 하여 도로와 궁전사원 등을 배치하는 등 도시구조를 갖춰 나갔으며 불교를 번창시켜 국민적 통합도 이루었다. 나라에 절이 많은 것도 그 때문이다. 세계문화유산 리스트에 오른 것 중에도 도다이지, 고후쿠지, 간고지, 야쿠시지, 도쇼다이지 등이 유명하다. 여기에 궁전 터와 가스가타이샤신사와 이를 덮고 있는 원시림이 모두 포함된다.

■ **도다이지(東大寺)**

일본 건축의 미를 돋볼 수 있는 곳인데, 현존하는 목조 건축물로는 세계 최대 규모(높이 47.5m, 너비 75m)이다. 목조 수장고인 쇼소인이라는 곳에는 임진왜란 때 한국에서 노략질을 해갔던 백 개의 유물들이 갇혀 있다. 이 곳은 일반인에게는 공개하지 않는데 실로 많은 유산이 있을 것으로 추정된다.

▪ 이쓰쿠시마 신사(수상 신사)(Itsukushima Shinto Shrine : 문화, 1996)

세토내해에 위치한 이쓰쿠시마 신사는 헤이안 시대인 593년에 창건되었으며 12세기 후반에 들어 해상에 무악용 무대와 장랑등을 갖추어 지금에 이르고 있다. 배를 타고 긴사로 향하면 붉은 색이 진하게 칠해진 오오토리이가 물속에 떠있다. 그 모습 뒤로 해안에서 모습을 드러내는 20여 채가 역시 온통 일본 특유의 붉은색으로 칠해져 있다. 이것들은 273m에 이르는 장랑에 의해 일일이 연결되는데, 그것은 신사가 많은 일본에서도 쉽게 볼 수 없는 장관이다.

▪ 히메지죠(Himeji-jo : 문화, 1993)

중세 일본을 대표하는 성의 하나로 먼 곳에서 보면 마치 백조가 날고 있는 모습 같다고 하여 일명 '백조의 성'이라고 불린다. 일본을 통일한 도요토미 히데요시가 서부 일본의 교통 요충지인 히메지에 1580년 처음 축조했다. 일본의 모든 성이 그렇듯이 이 곳 역시 군사 목적으로 설계되어 내부에서 교묘히 연결되는 닌자의 통로라든지 한쪽 구석의 참수대 등은 관광객에게 아름답게만 보이는 히메지죠의 두 가지 모습을 느끼게 해준다.

▪ 호류사의 불교 기념물군(Buddhist Monuments in Horyu-ji Area : 문화, 1993)

아스카 시대에 세워진 현존하는 세계에서 가장 오래된 목조건축물이다. 오중탑과 나란히 서있는 금당은 한국적 느낌이 드는 건축물로써 기둥이 모두 배흘림기둥이다. 그 안에는 백제 장인 안작지리가 만든 삼존불상이 있고, 고구려 승려 담징이 그렸다는 벽화도 있다.

■ **히로시마 평화 기념관-원폭돔**(Hiroshima Peace Memorial-Genbakyu Dome : **문화**, 1996)

제2차 세계대전의 히로시마원폭투하 현장에 세운 원폭돔 기념관으로 세계평화의 강력한 상징물이다.

■ **규슈큐 유적 및 류큐왕국 유적**(Gusuku Sites and Related Properties of the Kingdom of Ryukyu : **문화**, 2000)

수세기 동안 Ryukyu섬은 동남아시아, 중국, 한국, 일본의 경제적·문화적 교류의 중심지로서 역할을 수행해 왔으며, 남아 있는 유적들이 이를 잘 보여주고 있다. Ryukyuan 왕국의 문화는 특별한 정치 경제적 환경 속에서 발전하고 번영하였으며 이로 인하여 이들 문화는 매우 독특한 특징을 가지고 있다.

이벤트 & 축제

웅장한 축제, 우아한 축제, 화려한 축제 등 사계절의 변화에 맞춰 일본에는 다양한 축제가 전국 곳곳에서 펼쳐진다. 신도(神道)나 불교에서 유래하는 축제를 비롯하여 여름의 불꽃놀이 축제, 민요춤, 겨울의 눈 축제 등 주민의 레크리에이션이나 목적에 따른 이벤트에 이르기까지 마쓰리가 열리지 않는 달이 없을 정도이다. 예로부터 일본인은 자연이 지니는 신성한 힘을 믿고 '신'으로 섬겨 왔으며, 이러한 믿음이 신도의 기원이라고 전해진다. 신도에 뿌리를 둔 마쓰리는 신을 찬양하며 신과의 교류를 통해 오곡풍성, 상업 번창, 이웃이나 가족의 번영을 기원하기 위한 것이다. 마쓰리는 예로부터 일본인의 민속과 전통을 충분히 살리고 있다는 점에서 외국인 관광객들도 흥미를 가진다.

일본 3대 마쓰리

■ **도쿄 간다 마쓰리**

도쿠가와 이에야스가 세키가하라 전투에서 승리한 것을 기념하여 벌인 축제이다. 매년 5월 14일에서 15일에 행해진다.

■ 오사카 텐진사이

일본의 3대 마쓰리이자 일본 3대 선상 마쓰리이기도 하다. 매년 7월 24일에서 25일 행해진다. 하이라이트는 25일에 있는 '여름 대 축제'와 오후 6시부터 시작되는 후나토쿄이다. 후나토쿄는 약 100여척의 화려한 배들이 도지마가(堂島川)와 오가와(大川)를 거슬러 올라가는 행사이다. 육지뿐만 아니라 강에서도 축제를 즐기는 점이 아주 매력적이다.

■ 교토 기온 마쓰리

일본 중요 무형민속 문화재로 약 1100년 전에 전염병을 퇴치하기 위해 시작했던 어령회가 그 기원이다. 매년 7월 1일부터 31일까지 행해진다. 하이라이트는 17일에 있는 야마보코 행진으로 거대한 야마보코가 거리를 행진한다.

삿포로 눈 축제

삿포로 눈축제

제2차 세계대전에서 패전한 아픔을 극복하고 일어선 삿포로 시민들을 위로하고, 춥고 긴 겨울을 즐겁게 보내자는 의도로 1950년 제1회 행사를 개최한 이 후 매년 2월초에 열리는 일본 최대의 축제이다. 일본의 북단 홋카이도는 반 년 동안 폭설과 추위가 지속되는 지역으로, 겨울철이면 곳곳에서 눈과 얼음의 축제가 펼쳐지는데, 그 가운데서도 삿포로의 눈 축제가 가장 유명하다. 개최기간은 1주일 정도이며, 삿포로 시내의 오도리공원 · 마코마나이 · 나카지마 · 스스키노 등 네 곳에서 개최된다.

중국
CHINA

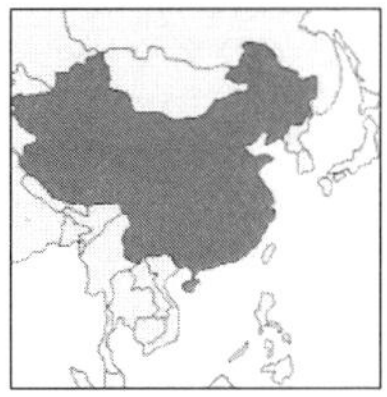

인구 : 약 12억 8453만명
면적 : 약 957만km^2
수도 : 북경
주요언어 : 중국어
종교 : 무신론, 전래종교〈도교, 불교, 유교〉

www.cnta.gov.cn

문화와 자연환경

중국의 문명은 양자강이 아닌 황하강에서 발생하였다. 양자강이 신석기 시대에는 현재보다 기온이 높고 강수량이 많아 저습지에 삼림이 무성하였으나 북쪽의 황하강 유역은 건조하고 비옥한 황토가 퇴적하여 토기를 빚고 농사를 지을 수 있어 문명을 일으킬 수 있었다. B.C.5000년~4000년경부터 황하강 문명이 시작되었다.

중국인들은 재앙과 전쟁으로 어려운 삶을 살아왔다. 평균 1년 6개월에 한번씩은 전쟁 아니면 자연 재해에 시달렸다. 그래서 세상을 서두르지 않고 약간은 체념상태에서 만만디(천천히) 정신과 남을 쉽게 신용하지 못하는 불신의 풍조가 면면히 내려오고 있다. 오늘날 한국의 기업이 중국과의 상거래를 하다 보면 이런 문화적 장애가 잘 드러나고 있다.

중국의 면적은 약 960만km^2 우리나라(남북한)의 44배에 이른다. 지형도 매우 다양하여 동부는 대부분 저지대의 평야지역이지만 서부 고지대는 해발고도 4000m 이상의 티베트 고원을 비롯해 고비사막, 타림분지 등 사막과 분지가 넓은 면적을 차지하고 있다.

중국의 영토가 광활하여 온대 열대 등을 포함한 5대 기후가 모두 나타난다. 그리고 지형이 복잡하고 해양과 떨어져 있는 거리가 일정하지 않다. 또한 계절풍의 영향도 받고 있기 때문에 기후도 복잡하고 다양하여 지역별로 기온차가 뚜렷하다.

동북의 흑룡강 성은 여름은 덥지 않고 짧으나 겨울은 매우 춥고 길다. 그리고 남부의 대만, 광동, 광서, 해남, 운남 남부는 겨울이 없어 사계절이 따뜻하거나 덥고 비가 많다. 장강 중하류와 황하 유역은 겨울은 춥고 여름은 더우며 사계절이 분명하다는 점에서 우리나라의 기후와 비슷하다. 서북 내륙 지역은 일년 내내 가물고 모래 섞인 바람이 많으며 일교차가 비교적 크다. 청장 고원은 중국에서 특수한 고랭지구에 속하며 공기가 희박하고 일년 내내 눈이 쌓여있다.

역 사

■ 선사시대

BC 3천년전 부터 채색토기 문화가 나오는데, 이는 흑・백・홍으로 문양을 그린 토기로 화베이 일대에서 남쪽으로는 푸젠・타이완에 분포하는데, 1921년 허난성 앙사오유적[仰韶遺蹟]에서 출토되어 이 계통의 문화를 앙사오문화라고 총칭한다. 그 다음에 나타난 흑색토기 문화의 대표적 유적은 산둥성 룽산전[龍山鎭]에서 출토되었는데 이 이름을 따라 룽산문화라고 한다.

■ 고대

중국의 전설에 의하면 상고의 3황(三皇)・5제(五帝)의 평화시대를 거쳐 하(夏)・은(殷)・주(周)의 3대(三代)가 계속되었다고 한다. 은허에서 발견된 귀갑수골(龜甲獸骨)에 새겨진 한자의 최고형(最古形)인 복사(卜辭)에 의하여 은대의 사회를 알 수 있다. 은나라는 웨이수이[渭水]에서 일어난 주나라에 의하여 멸망되었는데, 주나라는 왕권의 확립과 사회의 안정에 따라 제자백가(諸子百家)와 같은 문화가 발달하였다. 주나라는 B.C. 770년 수도를 낙읍으로 옮겼다. 고대 중국은 주나라의 동천 후 춘추(春秋 : B.C. 770~B.C. 403)시대를 거쳐 전국시대(B.C. 403~B.C. 221)를 거쳤고 B.C. 221년, 진나라의 시황제가 천하를 통일하였다.

진나라는 중앙집권적인 군현제도를 단행하고 행정·군사·감찰의 3권분립 체제를 세웠다. 또 만리장성을 축조하고 국위를 사방에 떨쳐 진(Chin)의 이름이 서쪽에 전해져 'china'라는 명칭의 기원이 되었다.

그러나 B.C. 207년 진은 멸망하고, 서민 출신인 유방(劉邦)이 장안을 수도로 한왕조(漢王朝)를 창업하였다(B.C. 202). 한대에는 서방과의 교통이 활발하여 그 문화가 수입됨으로써 중국문화의 내용이 충실해졌다. 지방 호족 세력이 발전하게 되어 한때 왕망(王莽)이 신(新)을 건국하였지만 15년 만에 무너지고 광무제 유수(光武帝 劉秀)에 의하여 후한(後漢 : 25~220) 시대가 오게 된다. 그러나 전한부터의 타성이 그대로 남아 184년 황건의 난을 계기로 몰락의 기로에 들었다.

■ 중세

2세기 후반 황건의 난으로 군웅할거된 중국의 국토는 조조의 아들 조비가 낙양에 세운 위와 유비가 청두에 세운 촉한, 그리고 양쯔강 중·하류에 손권이 세운 오 등의 3나라로 삼국정립 시대가 되었다. 280년 위의 신하이던 사마씨가 3국을 통일하여 서진이 되었고, 4세기 초 흉노의 침입으로 난징으로 옮겨 동진이라 하여 명맥을 유지하였다. 그 후 송(宋)·제(齊)·양(梁)·진(陳)의 4조(四朝)와 오(吳)·

진(晉)을 더한 6조(六朝)가 교대되었는데 이 시대의 문화는 귀족과 호족들의 풍족한 생활에서 전개된 화려하고 우미한 것이었다.

한편, 화베이지방은 5호16국(五胡十六國)이 서로 싸우다가 선비족이 439년 북위로 통일하여 송나라와 대항하여 남북조 형세를 이루었다. 이러한 형세는 581년 북조의 수나라에 의해 통일되었다. 수나라의 왕 문제는 군권을 강화하고 과거제도를 시작하였으며, 양제는 대운하를 만들었지만 고구려와 싸워 대패함으로써 내란이 일어나 618년 멸망하였다. 이연이 장안을 점령하고 당나라의 제위에 올라, 이후 당나라는 넓은 대제국으로 영토를 확대하였다. 귀족의 취미와 외형의 미를 강조하는 당대의 문화는 국제적인 성격을 가지고 있었고 이런 문화는 인접 국가에 파급되어 동아문화권(東亞文化圈)이 형성되었다. 그러나 당은 후기로 접어들면서 귀족계급이 몰락하고 황소의 난이 일어나 907년 주전충(朱全忠)의 후량(後梁)에 멸망하게 되었다. 이후 5대 10여 개국이 흥망하였다.

■ 근대

10세기에 들어 중국대륙은 송(宋)나라에 의해 통일이 이루어졌다.

송대의 문화적 특색은 국수적 · 내성적 · 서민적인 점에 있고, 그 기반은 지주 · 관료들이었다. 한편, 화베이지방으로는 넓은 지역에 요제국이 일어나 번창하였다(916~1125). 또 서부에서는 티베트계의 서하(西夏)나라가 일어나 송나라는 두 나라에게 시달림을 받았다. 12세기에는 만주지방의 여진족이 세운 금나라가 급속도로 성장하여 요를 멸망시키고 송나라는 강남으로 도망하여 항저우에 임시 수도로 정하였으므로 이를 남송이라 칭한다(1127).

13세기 초에는 몽골민족에 의해 원나라가 대제국을 건설하여 남송을 멸망시키고 일본에 원정하는 등 여러 지역을 경략하였다. 그러나 원왕조(1216~1368)는 인구와 문화수준의 열세 때문에 명태조에 쫓겨 북방으로 추방되었다.

명나라는 수도를 베이징으로 옮기고 중앙집권적 전제국가를 확립하였다. 그러나 국내재정의 곤란과 환관의 발호, 기강의 퇴폐 등 문제가 산적한 명왕조가 내란으로 자멸하자, 만주 여진족의 청이 북경에 들어와 중국의 지배자가 되었다.

■ 최근세

18세기 부터는 산업혁명을 치른 서구의 문화가 명나라 말기, 청나라 초기에 많은 영향을 주었다. 특히 영국은 아편전쟁을 일으켜 청왕조에 큰 타격을 주었다. 서구 세력들의 물밀듯한 침점(侵占)으로, 홍콩을 영국에게, 만주 북방을 러시아에게 할양하고, 안남 등 조공국에 대한 종주권을 잃었으며, 국내 요소에 외국 조계(租界)가 많이 설치되어 청왕조의 주권이 미치지 못하게 되었다. 이러한 동요 속에서도 근대화를 도모하고자 하는 운동이 일어났다. 동치중흥(同治中興)을 통해 근대공업이 일기 시작하였으나 청일전쟁이 일어나 성공하지 못하였다.

청일전쟁 직후에는 캉유웨이(康有爲)의 점진개혁론이 활발하였으나 무술정변에 의하여 실패하고 의화단의 북청사변은 청왕조를 더욱 궁지로 몰아넣었다. 러일전쟁 후 쑨원(孫文)이 신해혁명에 의하여 임시 대통령에 취임하여(1912) 전제군주제가 무너지고 공화제의 중화민국이 탄생되었다. 그러나 그후 약 20년간 군벌의 압제에 시달려야 했다.

쑨원의 사후에 후계자가 된 장제스(蔣介石)는 북벌의 성공으로 양쯔강 유역에 진출하였다. 난징사건(南京事件)이 일어나 소련과 단교한 장제스는 군벌 장쭤린(張作霖)을 몰아내어 국민정부를 정통정부로 만들었다(1928). 장제스는 소련과 단교하였을 때 중국 공산당도 탄압하였다. 일본의 침공이 격화되자 장제스는 다시 중국 공산당과 화해하여 일본에 대항하였다. 중국 공산당은 1949년 중화인민공화국을 세웠다.

현대의 중국은 서방경제를 개방적으로 받아드려 21세기 최대의 경제대국으로 성장이 예상되고 있으며, 최근 우리나라 최대의 관광·무역 교류국으로 부상되고 있다.

종 교

중국인들은 문화혁명이 끝난 1976년에 진정한 신앙의 자유를 보장받을 수 있었다. 중국의 종교를 보면 여러 가지 다양한 사상이 파생된 토착적인 원시종교, 과연 종교냐 하는 논란에도 불구하고 종교적 요소 및 색체가 뚜렷한 유교, 중국에서 발생한 유일한 종교인 도교, 외래 종교인 불교, 회교, 티벳의 라마교, 보다 후대에 전래된 기독교 등으로 나눌 수 있다.

중국은 다종 종교국으로 도교, 불교, 이슬람교, 천주교, 기독교 등을 신봉하는 사람들의 수는 1억이 넘는다. 각 민족간의 신앙 또한 달라 회족, 위구르족, 카자흐족, 키르기스족, 타타르족, 우즈베크족, 동향족, 살라족, 보안족 등의 10개 민족은 이슬람교를 신봉하며, 티베트족, 몽고족, 로파족, 문파족, 토족, 유고족 등은 라마교를 신봉하고, 태족, 포랑족, 덩앙족은 소승불교를 신봉하며, 묘족, 요족, 이족 등은 천주교와 기독교를 신봉하고 있으며, 한족 중에도 불교, 기독교, 천주교, 도교 등을 신봉하는 사람들이 있다.

불교는 기원전 약 1세기에 중국에 유입되어 4세기 이후에 보급되기 시작하여 점차 중국에서 가장 영향력이 큰 종교가 되었다. 라마교는 중국불교의 일파로 주로 티베트와 내몽고에 전해졌다. 중국의 유명한 사원은 낙양의 백마사, 서안의 대자은사, 항주의 영은사, 하남의 소림사가 있으며, 티베트의 대소사, 내몽고의 오탑사, 북경의 용화궁 등은 유명한 라마사원들이다.

이슬람교는 약 7세기 중엽에 중국에 전해졌으며, 중국의 유명한 이슬람사원에는 양주의 예배사, 서안의 화각사, 북경의 우가예배사, 은주의 동대사, 신강 카시의 아이타가르 대사원 등이 있다.

천주교와 기독교는 다른 종교와는 달리 역사가 오래되지 않아 그 영향 또한 크지 않은 편이며, 주로 상해나 북경 같은 대도시를 중심으로 퍼져 있으며 일부 소수민족 중에도 이들 종교를 신봉하는 사람이 있다.

도교는 중국에서 생성되고 발전한 종교로 대략 2세기경에 형성되었다. 북경의 백운관, 성도의 청양궁, 심양의 태청궁 등의 도교사원이 유명하다.

전통 문화 & 관습

개인보다는 집단과의 조화를 중시하여 상호 협동적인 삶의 철학을 가진 중국인들은 물건을 팔고 사는 것이 생활의 수단일 뿐만 아니라 오히려 이를 통해서 삶의 기쁨을 찾는 여유를 가진 국민이다. 이들은 주인의식이 강해서 빈손으로 자립하고 무에서 유를 만드는 상술에 익숙한 국민들이다. 이들이 얼마나 현금주의사상이 강한지 알 수 있는 한 예가 있는데, 문병을 갈 때에도 과일이나 꽃을 사가지고 가는 대신 현금을 전할 정도이다.

중국인들은 어려서부터 숫자개념의 철저함과 돈의 중요성을 배우며, 절약하는 습성과 물건을 살 때에 흠을 잡아서까지 가격을 깎는데 익숙해지도록 교육을 받는다. 중국인들의 또다른 특성은 현실을 중요시한다는 점이다. 이들은 현실에 처한대로 일을 풀어 나아간다.

중국인들은 체면을 소중히 여긴다. 체면을 생명보다 더 중시하는 이들은 남을 속인 사실이 밝혀지면 죽기보다 더 견디기 어렵다고 생각한다. 그래서 이런 경우 상대방을 너무 질책하면 거래가 끊길 우려가 있으므로 간접적인 표현으로 대신하는 것이 바람직하다. 입이 무거운 이들은 상담시 본심을 타인에게 노출하지 않도록 필요한 정보도 상대방보다 먼저 내놓지 않는다. 그리고 묻지도 않은 이야기를 함부로 하면 소인취급을 받으며 경시 당한다.

중국인들은 여유가 있는 국민이다. 중국요리 순서에 마지막으로 생선요리가 나온다. 비록 상에 오른 요리는 끝났지만 유어(有魚)란 것이 여유이니 아직도 대접할 수 있다는 여유를 은연중에 자랑하는 것이다. 이것은 거래시 중국인들에게서 늘 볼 수 있는 수단과 일맥상

통한다는 점에서 이 여유를 중국인 특유의 상술의 하나라고 해도 지나치지 않는다. 협상시 이들은 상대의 요구사항을 듣고 하나 하나 답변해 나간다.

주요 음식

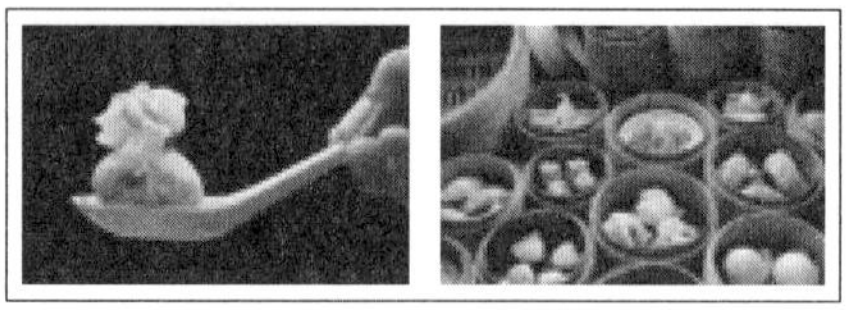

중국인의 주식은 쌀과 밀가루. 남방사람들은 쌀밥(미판)과 떡(니앤까오), 북방사람들은 분식을 즐겨 먹는다. 예컨대 분식은 소(내용)가 없는 찐빵(만터우), 밀전병(라오빙), 소가 든 찐빵(빠오즈), 둘둘 만 찐빵(화쥐앤), 국수(미앤타오), 교자(지아오즈) 등을 들 수 있다. 만터우는 아침에 더우장(콩국)이나 시판(죽)에 곁들여 먹는다. 빠오즈는 돼지고기, 새우살, 게살 등을 넣은 것이고 지아오즈는 피가 얇은 한국식 물만두, 찐만두, 군만두 등을 말한다.

중국음식의 맛을 지역별로 나눠보면 비교적 짜면서도 담박하고 부드러운 황하 하류의 산둥(山東)요리, 고추와 생강이 들어가 톡 쏘면서 얼얼하고 달아 오르며 바삭바삭하고 말랑말랑한 맛이 나는 장강 상류의 쓰촨(四川)요리, 끓이고 푹 삶고 약한 불에 뜸을 들이거나 천천히 끓인 장강 중하류와 동남 연해의 장쑤(江蘇)・저장(浙江)・상하이(上海)요리, 온갖 야생동물이나 해물을 바삭하게 튀기고 미끈미끈하게 볶은 남방 연해의 광둥(廣東)요리 등 4대요리로 나눌 수 있다.

베이징을 대표하는 요리로는 '구운 오리고기(베이징 카오야)'가 있다. 명나라 황제의 어선방(궁중요리방)에서 시작돼 600여 년의 역사를 가졌다고 한다. 특수한 사육법과 조리법 등으로 살이 오동통하게 찐 오리를 사용하는 게 특징. 소주나 빼갈, 주귀주(酒鬼酒), 마오타이주 등 도수 높은 술과 함께 마시면 기름이 쪽 빠진 껍질맛이 일품이다. 궁중요리인 '만한전석'은 물고기의 입술, 코끼리의 코끝, 사슴 뒤꿈치, 100마리 새의 혀등 각종 희귀요리가 제공되며 다 먹는데만도 1주일이나 걸린다고 한다. 이 밖에도 매우 얇게 썬 양고기 조각을 끓는 물에 넣고 삶은 뒤에 양념에 찍어 먹는 '후오꾸오'라는 양고기 샤부샤부(쏸양러우)도 있다.

중국음식은 색, 맛, 향, 모양을 살리기 위해 엄격한 재료 선택, 정교한 칼질, 불의 가감, 양념 배합, 조리법 등 5가지를 중시한다. 특히 재료는 3000가지가 넘을 정도로 광범위하다. 많이 쓰이는 재료로는 죽순(주쑨), 제비둥지(옌워), 해삼(하이싼), 상어지느러미(위츠), 전복(간바오), 조개기둥(간베이), 송이버섯(쑹쥔) 등이 있다. 차 종류도 100여 종에 달한다. 대체로 화차(花茶), 녹차(綠茶), 홍차(紅茶), 우롱차(烏龍茶) 등 몇 종류로 대별된다.

주 류

■ 마오타이주(茅台)

중국 貴州省에서 생산하는 마오타이주는 알코올도수가 53도이며 마오타이村의 물로 생산된 것이라 하여 마오타이주로 불린다. 기원전 135년에 모태선민들은 이미 한무제(漢武帝)께 '감미지(甘美之)'라는 술을 만들어서 진상했고, 명대말 청초까지 황제들에게 인정을 받은 술이다.

2000년 역사의 마오타이주는 고원지대의 질 좋은 고량과 소맥을 주원료로 하고 있으며, 가공방법 또한 매우 독특하다. 고온 발효를 통한 액체를 발취해 7번 찌고, 8번 발효, 9번 삶고 다시 찌기, 장기 양조 등의 특별한 양조방법이 필요하다. 장향 냄새가 아주 좋고 여운이 오래 가는 마오타이주는 세계 3대 명주 중의 하나로 중국의 대곡장향(大曲醬香)형 백주의 시조격임과 동시에 중국의 국주로 불리고 있다.

1915년 파나마 만국박람회에서 스카치위스키-코냑과 함께 세계의

3대 명주로 평가받은 계기로 세계 도처로 퍼져 애주가들의 사랑을 받고 있다. 특히 모택동이 중국혁명을 승리로 이끈 이후 정부공식만찬에 반드시 등장하는 술이 되었다. 닉슨 대통령이 중국을 방문하였을 때 이 술을 대접받고 원샷에 들이켜 감탄함을 표시한 술로도 유명하다.

■ 죽엽청주(竹葉青酒)

죽엽청주와 분주를 생산하는 山西省은 중국술의 전통적인 발원지이기도 하다. 산서분양심화촌주공장(山西汾陽杏花村汾酒廠)에서 생산하는 죽엽청주(竹葉青酒)는 분주에 대나무 잎, 단향, 사인 등 10여 가지의 귀중한 약재와 얼음사탕을 넣어서 만든 술로 연한 노란색의 빛깔을 띠고 있으며, 대나무의 특유한 향을 느낄 수 있다.

적당히 마시면 음주 후 나타나는 두통등의 부작용을 전혀 느낄 수 없으며, 기(氣)를 충족시킬 뿐만 아니라 혈액을 잘 순환시키는 작용을 한다. 또한 양혈(養血), 윤간(潤肝), 소기(疏氣), 건체(健體) 등에 상당히 효과가 있어서 일본, 한국, 동남아 및 유럽 각국에 수출을 하고 있다. 도수는 48%~50%이고, 최고급 스테미너주로 널리 알려져 있다. 또한 이 술은 오래된 것일수록 향기가 나는 것이 특징이다.

■ 소흥가반주(紹興加飯酒)

중국 굴지의 산지인 浙江省, 紹興縣의 지명에 따라서 명명된 것으로 중국 8대 명주의 하나이다. 14~16% 정도이며 색깔은 황색 또는 암홍색의 黃酒로 4000년 정도의 역사를 갖고 있으며 오래 숙성하면 향기가 더욱 좋아 상품가치가 높다.

세계문화유산

■ 明·淸代 궁전 : 자금성
(Imperial Palace of the Ming and Qing Dynasties : 문화, 1987)

중국 명·청 왕조때의 궁궐로 500년이상 최고권력의 중심지였다. 뛰어난 정원과 가구, 예술품으로 치장된 9,000여개의 방이 있는 많은 건물들은 명·청 왕조시대 중국문명의 살아있는 증거이다.

자금성

■ 만리장성(The Great Wall : 문화, 1987)

B.C. 220년경 진시황이 북쪽 흉노족의 침입에 대항하여 처음 쌓기 시작하여 이후 명대에 이르러 완성된 요새이다. 세계에서 가장 거대한 군사시설인 동시에 견고한 방어시스템으로 장성의 역사적, 전략적 중요성 또한 그 건축적 가치에 필적할 만하다.

만리장성

■ 진시황릉(Mausoleum of the First Qin Emperor : 문화, 1987)

실크로드의 전략적 지점에 위치하고 있어 무역의 교차로 역할뿐 아니라 종교, 문화, 사상적으로 큰 영향을 미친 유적이다. 492개의 전실과 동굴내부에는 불상, 벽화 등 불교예술이 1천년에 걸쳐 조영되고 있어 유명하며 4세기~14세기까지의 동서문물 교류역사를 나타내주는 유적이다.

진시황릉

■ **이화원(Summer Palace and Imperial Garden in Beijing : 문화, 1998)**

이화원

자연풍경 그대로의 정원구조, 자연의 아름다움과 궁궐, 사원, 다리 등 인공적 요소가 조화롭게 결합된 건축물들이 있다. 1750년에 처음 건설되었다가 1860년 서구열강의 침공으로 파괴되었으나 1886년 원형이 복원되었다.

이벤트 & 축제

■ **빙등제**

매년 1월 5일에서 2월 5일 사이에 열리며, 1985년 제1차 하얼빈 빙설제가 막을 올린 후부터 해마다 개최되어 국내외로부터 호평을 받고 있다.

하얼빈의 빙등제가 유명한 이유는 춥고 긴 겨울과 가소성이 강하고 항압력이 좋은 송화강 얼음이 좋은 조건이 되기 때문이다.

축제에 사용되는 얼음은 하얼빈 인근의 송화강에서 직접 채취하는데, 송화강은 겨울철에 1m 두께로 얼어붙기 때문에, 얼음조각전의 좋은 재료를 제공한다고 할 수 있다. 빙등제는 얼음을 주재료로 하여, 건축, 조각, 회화, 춤, 문학과 음악 등을 집대성한 얼음 예술이다.

다채로운 볼거리 속에서 느낄 수 있는 즐거움과 중국문화의 일면을 맛볼 수 있다는 것이 중국 빙등제의 참의미라 할 수 있다. 흑룡강성의 하얼빈에서 열리는 중국 빙등제는 세계적인 얼음조각 축제이다. 빙등제는 중국 북방지역에서 유행하는 일종의 전통적인 민간예술의 형식으로, 섬세한 얼음조각에 화려한 천연색의 조명이 비춰지면, 모든 사람이 감탄할 정도의 분위기가 조성된다.

■ 서커스

곡예와 다양한 기술이 집대성된 중국 고유의 전통 예능이다. 중국의 서커스는 세계적인 수준으로 중국을 여행하는 사람이라면 한번쯤 관람을 해볼 만한 가치가 있다. 접시 돌리기, 한발 자전거 타기, 공중 줄타기 등 전형적인 서커스의 종목은 물론 그림자 공연, 성대모사, 휘파람 묘기 등 기발한 아이디어를 갖춘 공연들이 이루어지고 있다.

북경 시내의 극장에서 매일 또는 요일별로 정기적인 공연이 이루어지고 있으며, 가격은 20元부터 시작되지만 극장별로 차이가 있다. 늘 많은 사람들로 붐비기 때문에 미리 예매를 해 두거나 시작보다 일찍 현장에 도착하는 것이 좋다.

■ 영춘 꽃 시장

매년 음력 12월 28일에서 30일 동안 광주의 거리는 다양한 생화로 가득하다. 98년부터 지금까지 이어져온 이 행사는 춘절을 전후하여 교외의 꽃재배농들이 광주시내의 이름난 거리로 자신이 재배해 온 꽃들을 들고 나와 꽃시장을 벌인다. 이 행사의 유래는 청대로 거슬러 올라가는데, 그때에 차 판매량의 증가로 꽃이 대량 수요되어 꽃재배업이 촉진되었고, 이때부터 춘절을 전후해 광주시민들이 화려한 꽃들과 함께 춘절을 즐겁게 보냈다고 한다.

꽃은 매계절마다 다양해서 봄에는 영춘화, 여름에는 수련과 라이락, 가을에는 계화와 홍풍, 겨울에는 옥란 등 갖가지로 개화하는데 춘절 무렵에 영춘화가 만발해서 이 축제의 이름이 영춘꽃시장이 된 것이다.

■ 살수제

매년 4월 보름에 운남성의 서쌍판납 따이족자치주의 경홍시에서 열리는 따이족의 전통축제로 재미있는 전설을 갖고 있다.

옛날 이곳에 한 폭군이 있었는데, 동네 7명의 처녀를 강제로 아내를 삼았다. 하루는 이 7명의 아내가 담합해 그 폭군을 죽였는데, 이 폭군의 머리가 굴러가는 곳마다 불이 났다. 이 불은 여자들이 끌어안아야 끌 수가 있어서 7명이 돌아가며 1년씩 그 머리를 안고 있었다. 이를 본 동네사람들이 그녀들에게 물을 퍼부어 핏자국을 씻어주고 마침내 그 머리가 타고 재로 남았다고 한다.

축제 중에는 용주경기, 자작 로케트 쏘아올리기, 상각고춤, 공작새춤, 공원놀이, 쇼핑, 살수축복 등의 행사가 벌어지고 또 이날 미혼 남녀들이 '염낭 선물하기'를 통해 사랑을 약속하기도 한다.

세계문화관광

제3장 동남아시아·인도

- 타일랜드 / THAILAND
- 싱가포르 / SINGAPORE
- 말레이시아 / MALAYSIA
- 필리핀 / PHILIPPINES
- 인　도 / INDIA

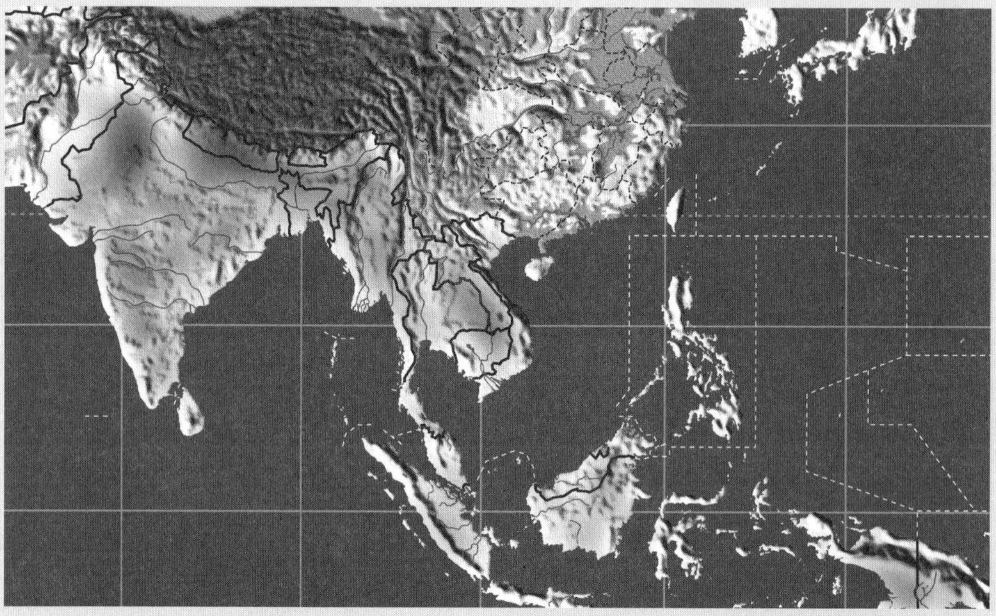

타일랜드
THAILAND

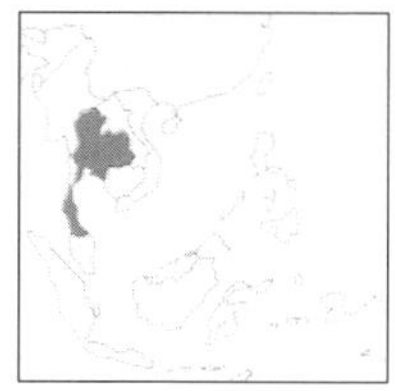

인구 : 약 6426만명

면적 : 약 51만km^2

수도 : 방콕

주요언어 : 타이어

통화 : 바트(Baht)

www.tourismthailand.org

문화와 자연환경

태국은 승려가 생활의 주역인 불교국이다.

태국인들에게 불교는 삶 그 자체라고 말할 수 있다. 아침 저녁으로 승려에게 먼저 음식을 바친 후 온 가족이 식사를 한다. 관리들이 사용하는 모자와 제복에도 불상과 불탑을 바탕으로 무늬와 휘장을 사용한다.

태국의 승려들은 정신적 지도자로서 지위가 높고 교육과 의식집행에 주된 역할을 한다.

헌법에 왕은 불교신자이며, 보호자로 규정하고 있으며, 남자는 일생에 3개월은 불문에 들어가도록 정하고 있다.

기후는 열대몬순기후로 비교적 강수량이 많은 편이며, 동아프리카와 인도의 데칸고원보다 대체로 습윤하다. 건기와 우기가 뚜렷하게 구분되어 5~10월경은 우기이고 11~4월은 건기이다. 기온은 우계가 시작되기 직전이 가장 높다. 연중 기온의 변화는 단조로우며 연평균기온은 28℃, 연간 강수량은 1,600mm이다. 우량은 남부 서안(西岸)이 많고, 남부 동안(東岸)은 몬순의 영향으로 10~12월에 비가 많다.

이리하여 타이인의 생활은 물과 밀접한 관계가 있다. 농작물의 풍작과 흉작은 강우량과 시기에 크게 좌우되며, 하천이나 연못은 물고기, 새우, 게 등 단백질의 중요한 공급원이다. 중부지방에서는 농산물이 작은 배에 실려 집하되기 때문에 가옥은 크론(운하) 연변에 있으며, 자연히 수상시장이 열리게 되어 진풍경을 이룬다.

역 사

■ 타이의 시작

타이의 최초의 초대 국가는 드라바티 몬 왕국으로서 550년부터 1253년까지 지속되었다. 후난 황제가 지배하는 이 왕국은 나콘파톰을 수도로 하여 차오프라야유역의 수로를 이용하여 농업의 가능성을 보고 중국 남쪽에서 이주하게 되었다. 그러나 이 왕국은 1238년에 이르러서 크메르 영주에 대항, 반란을 일으켜 최초의 독립 왕국인 수코타이를 건설하게 된다.

■ 중세

피피섬

13세기 수코타이 왕국(1238~1419)에 이르러서는 타이의 토대가 마련되었다. 국교인 테라바다 불교가 정립되고 문자의 발명, 미술, 음악, 조각, 건축, 문학 등 타이만의 독특한 예술, 문화가 형성되기 시작하였다. 수코타이는 주변 왕국과 유대관계를 잘 유지해 나갔지만 아유타야 왕국에 의해서 몰락하게 된다.

아유타야 왕국(1350~1767)은 수코타이를 비롯하여 주변의 여러 왕국들을 병합하면서 권력과 부의 상징이 되었다. 이 왕국은 챠오프라야 강 남부까지 영토를 확장했으며 버어마의 침략을 받기 전까지 태국의 중심적인 역할을 했다. 오랜 기간 동안 아유타야 왕국은 문화에도 지대한 영향을 끼쳤으며 다른 역대 왕국과는 비교도 할 수 없을 만큼 아름답고 찬란한 업적을 이루었다. 또한 세계관도 뚜렷하였기에 다른 동남아 국과들과는 달리 식민지가 되지 않았다. 하지만 아유타야 왕국은 1767년 버어마의 침략을 받아 붕괴되면서 근대로 접어들게 된다.

■ 근대

18세기 후반에 들어서서 톤부리에 새 수도를 설립했고 후에 1782년 차크리 왕조의 라마 1세가 차오프라야 강 유역의 방콕으로 천도를 하게 된다. 또한 왕궁은 라마 2세가 건설하여 현재까지 사용되고 있다. 이 시기에 태국의 근대화가 시작되었는데, 노예제도폐지, 철도 건설, 각종 근대화 교육 등을 통하여 서구식 문명이 들어서게 된다. 이러한 근대화는 왕의 권력을 최소화하고 입법부가 들어서게 되었으며 부작용으로 시민과 태국정부와의 충돌이 계속하여 표출되었다.

종 교

대략 4가지로 분류된다. 중국불교 계통인 베트남에서 행해지는 유(儒)·도(道) 2교와의 혼성불교, 현재 예술적 유적을 남기고 있을 뿐인 캄보디아 지방에서 과거에 번영을 누린 크메르 민족의 불교와 자바·수마트라·말레이시아 등지에서 예전에 유포된 남해불교, 스리랑카·미얀마·타이·캄보디아·라오스 등지에 유포되어 있는 남방불교이다. 인도 본토로부터 스리랑카에 불교가 전래된 것은 B.C. 3세기경 마힌다에 의해서였다. 미얀마가 불교를 받아들인 것은 4~5세기경으로 보이며, 공식적으로 남방상좌부불교를 채택한 것은 1058년 아노라타왕 때이다.

타이 왕조는 12세기 이후 상좌부불교를 채택하고 1361년 스리랑카 상좌부 대사파의 법등을 국가적 종교로 받아들였다. 캄보디아·라오스가 상좌부불교를 수용한 것은 14~15세기 타이 민족에 의한 북방정략 후의 일이다. 남방상좌부는 계율을 엄수하는 원시불교 이래의 전통을 지니고 있으며, 팔리 문헌에는 잘 정리된 경률론(經律論)인 삼장(三藏) 외에, 방대한주석서·복주(復註)·강요서(綱要書)·사서(史書)·문법서·시서(詩書) 등이 있어 불교연구의 보고(寶庫)를 이루고 있다.

문화 & 관습

타이는 입헌군주국으로 국왕은 정치에 초연하나 모든 국민이 국왕을 존경한다. 오랜 세월 동안 주변국의 침략을 받으면서도 독립을 지켜온 민족으로서 국가와 자국민에 대한 사랑과 애착이 매우 강한 편이다. 국민은 비교적 정직한 편이며 자유주의 사상하에 항상 유쾌하게 웃는 인상을 소지하고 있다.

매일 이른 아침 6시 30분 전 승려들의 탁발로 국민의 생활이 시작된다고 말할 수 있을 정도이며 시민가정의 공양모습을 항상 보게 된다. 국민의 국가권위에 대한 절대적인 복종은 불교신앙에서 유래되었다. 타이에서는 불교의 영향으로 20세기 초반까지 성씨제도가 없었다(1913년 처음 도입). 현재에도 사람을 부를 때 성보다는 이름을 부른다.

한국의 관례의식이나 서양의 성년식처럼 태국에는 '부엇낙' 또는 '우빠쏨봇' 의식이 있다. '부엇낙'은 불교의식에 기초한 것으로 태국에서 남자가 일시적으로 출가하여 수도자가 되는 것을 말하며 '득도식'이라고도 한다.

이 의식은 순수한 자행적 수행의식과 석가모니불의 은덕에 보은의 덕을 표하는 불교의식으로서 인도에서 전래되었으며, 이것이 태국에 유입되면서 토착화된 민속적 불교의식으로 발전되었다.

출가로 인해 장기간 결근을 하는 일이 발생해도 어느 직장에서도 이때만은 유급휴가를 허락하는 것이 당연지사로 되어 있다. 대기업에서는 취업조건에 직원들의 출가를 위한 휴가기간과 인원수를 명문화하여 근로조건을 향상시키고 있다.

출가의식과 환속의식은 가문의 큰 경사에 속한다. 출가의식은 집에서 성대하게 행하는데 여유있는 가정에서는 2~3일간 큰 잔치를 벌이기도 해서 비용이 결혼식에 드는 비용과 거의 같다. 환속의식은 가족들만이 사원으로 가서 간단한 의식을 치른 후 집에 돌아온다.

한편, 타이인들은 국왕, 국기, 국가에 대한 존경심이 매우 강한 편에 속한다. 그리고 사원을 관람할 때, 지나친 노출이나 승려에게 무례한 행동을 해서도 안된다. 참고로 타이인들은 머리를 신체 가운데 가장 신성하게 여기므로 반가움의 의미라도 머리를 치거나 어린이라 해도 쓰다듬어서는 절대 안된다. 또 발로 물건을 가르치는 행동도 금물이다.

음식

식사는 주식과 부식인 반찬으로 구성 된다. 쌀을 주식으로 하며 음식을 상에 한꺼번에 차림 양념이나 소스가 아주 맵거나 짠맛이 강함 생선, 닭고기, 채소가 주재료이며, 기름을 적게 사용 음식에 향기가 있으며, 단맛, 신맛, 톡 쏘는 매운맛의 복합적인 맛 코코넛밀크와 남플라(생선간장) 같은 조미료, 마늘, 생강, 고수, 칠리 가루, 라임, 박하 등의 향신료를 많이 사용한다. 풍부한 해산물과 열대과일에 독특한 향의 향신료와 양념을 사용하여 만든 태국음식은 자극적이고 화려한 맛으로 많은 세계인의 사랑을 받는 국제적인 음식이다.

■ 카오팟(khao phat)

부재료로 새우·오징어·닭고기·돼지고기·달걀 등과 여러 가지 채소가 두루 쓰이며, 젓갈인 남플라와 가피로 맛을 냄 그릇에 담을 때 오이나 양파, 실파 등을 곁들이고 위에는 고수나 고추, 달걀지단, 다진 땅콩 등을 뿌려 장식한다.

카오팟

■ 카오팟사파로드(khao phad sapparod)

신선한 파인애플 과육을 잘게 썰어 밥, 새우, 오징어 등과 한데 볶은 것으로 달콤새콤한 맛이 특징이다.

Tom Yam Kung은 레몬그래스와 카피르 라임 잎의 향이 어울려 독특한 맛을 내며 위장에 가스가 차는 것을 완화 해준다.

똠 양 꿍의 레몬이 내는 신맛이 다른 맵고 짠 탕과는 다른 특징이다. 고추 양념은 필수 재료이며 약간 단맛과 짜릿한 맛을 느끼게 해준다.

■ 꾸웨이 띠아오

쌀국수. 닭고기나 돼지고기 육수에 면을 넣고 말아먹는 국수이다. .

국밀 있는 국수는 면발이 굵은 순으로 '센야이 남', '센렉 남', '센미 남'으로 나눈다. 볶음 국수는 '남' 대신 '헹'을 붙인다.

■ 바미

밀가루 국수. 국물있는 국수는 '바미 남', 볶음 국수는 '바미 헹'으로 주문한다. 우리나라의 전골이나 일본식 샤브샤브와 비슷한 음식으로 맑은 육수에 고기, 해산물, 어묵, 야채 등을 넣어 끓인 후 소스에 찍어먹는다. 육수와 양념은 기본으로 제공되며, 넣을 재료는 선택할 수 있다.

보통 작은 접시에 5~6조각 정도이며, 가격은 종류에 따라 20~60 바트 정도다. 다 먹고 난 후에는 남은 국물에 참기름과 밥을 넣어 볶아먹기도 한다.

주 류

■ 맥주

태국의 대표적인 맥주는 '씽 비어(Singha Beer)'가 있다. 우리나라의 맥주보다 맛이 강하다.

■ 위스키

'매콩(Makhong)'이 가장 유명한 위스키로 알코올 함량이 35%이지만, 위스키라서 소주보다 체감도수가 훨씬 높다.

보통 소다수나 얼음에 섞어 마시고, 가격은 작은 병이 식품점에서는 70~85 바트, 술집에서는 100~120바트 정도이다.

■ 럼

사탕수수로 만든 '쌩팁(Sangthip)'과 '쌩쏨(Sang Som)'을 즐겨 마신다. 알코올 함량이 36%로 매콩보다 강하다.

세계문화유산

■ 툰야이 후아이 카켕 동물보호구역
(Thungyai Huai Kha Khaeng Wildlife Sanctuary : 자연, 1991)

코트디부아르 남서부에 위치하고 있다. 라이베리아와의 국경에 가까운 넓이 약 3,500km^2(완충지대 제외)의 원생 열대우림으로 이루어져 있다. 1972년 국립공원으로 지정되었다. 이 지역은 원래 이곳을 식민지로 통치하고 있던 프랑스 행정당국에 의하여 1926년에 야생동물 보호구로 지정되었던 곳이다.

1977년에는 공원 주변에 200km²의 완충지대가 설치되었다. 1978년 유네스코에 의하여 '국제 생물권 보호구'로 지정되었고, 1982년 유네스코의 세계유산 목록으로 등록되었다.

서아프리카에 마지막 남은 중요한 원시열대림 가운데 하나로, 아직까지도 사람의 발길이 닿지 않은 지대가 대부분을 차지하는 귀중한 원생림이다.

풍부한 식생과 애기하마, 11종의 침팬지 등 절멸 위기에 놓인 포유류들이 있어 생물학적으로도 많은 흥미를 끄는 국립공원이다.

▪ 반치엥고 고유적(Ban Chieng Archaeologic Site : 문화, 1992)

타이 북동부 반치엥의 메콩강 범람원(氾濫原)에 있는 청동기~철기시대에 걸친 유적이다.

1967년 널무덤(土壙墓)에서 청동기와 적색 도료로 소용돌이 무늬 등이 있는 가지무늬토기(彩文土器) 등이 출토되었다. 이 출토층에 대한 열(熱)루미네선스측정으로, 이 가지무늬토기가 B.C. 6000년경의 것임이 밝혀졌다. 토기는 크림색의 화장토(化粧土)로 만들어졌으며, 호(壺)·굽다리접시[高杯] 등의 유형이 있다.

1972~1975년에는 미국·타이 등이 참가하여 발굴한 결과, 역시 적색가지무늬토기·청동기·철기 등이 발견되었다. 그 뒤 동부 타이의 노노크타에서도 같은 모양의 유적이 발견되었다.

이벤트 & 축제

■ 보쌍 우산전(Bo Sang Umbrella Fair)

치앙마이 근처의 작은 마을인 보쌍의 거주민 대부분이 화려한 빛깔의 종이 우산을만들어 생계를 유지하는데, 이 행사에서 그들은 전시회나 경연대회를 통해 전통공예기법과 솜씨를 선보이고 우산과 다른 수공예품을 팔기도 하며, 미스 보쌍을 선발하기도 한다.

■ 돈 쩨디 추모전(Don Chedi Memorial Fair)

1592년 돈 쩨디에서 아유타야 나레쑤언안(King Naresuan the Great of Ayuttaya)이 코끼리를 타고 적장과의 싸움에서 이겨 태국 왕국을 혜방시킨 유명한 역사적 일화를 기념하기 위한 것으로 약사유물 전시, 야외공연, 추모제 등의 행사가 펼쳐진다.

■ 프라 탓 파놈 추모전(Phra That Phanom Paying Fair)

메공 강변의 나콘 파놈에서 매년 7일간 계속되는 태국 북동부 지역에서 거행되는 대표적인 불교행사이다.

부처님의 유물이 봉안되어 있는 사당에서 불교신자들이 경의를 표하는 종교적인 의미 이외에도 수 천명이 참가해 여흥을 즐기는 의미도 있다.

■ 파와이 목공예 전(Tawai Wood Carving Fair)

목공예품의 전시, 콘테스트, 판매 등을 하게 되는데 이와 더불어 지역 특산공예품의 전시 판매도 함께 행해지고 민속공연도 펼쳐진다. 또한 태국 북부지역의 인기있는 목공예품을 이용한 한 전시행렬도 이어진다.

■ 밀짚 조류 전(Straw Bird Fair)

밀짚은 벼농사를 지을 때 생기는 부산물로 태국에서는 흔히 볼 수 있는 것이다. 차이낫의 주민들은 이러한 밀짚을 모아 차이낫 조류 공원(Chai Nat Bird Park)에 서식하는 약 85종 이상의 새 모양을 본떠 화려한 빛깔의 밀짚 새를 만든다. 이 행사에서는 이렇게 만든 새를 가지고 퍼레이드를 하여 수공예품과 특선 요리를 선보이기도 한다.

▪ 짜오 매림 꺼 니여우 전(Chao Mae Lim Ko Nieo Fair)

마법의 힘을 소유한 신으로 여겨지는 짜오매 림꺼 니여우를 숭배하는 의식이 빠따니를 중심으로 외에 다른 남부지방에서 거행된다. 고행을 하기도 하고 활기찬 시가행진을 하는 등의 행사를 통해 신에게 경의를 표하게 된다.

▪ 꽃 축제(Flower Festival)

태국 북부지방은 각종 꽃 재배농장이 풍부한 것으로 유명한데, 특히 2월에 아름답게 피는 온대식물이 볼 만하다.

치앙마이에서 열리는 이 꽃 축제에서 가장 기억에 남을 만한 것은 장대한 꽃장식 마차로 각종 꽃 전시, 수예품 판매, 미인 선발대회 등이 함께 행해진다.

▪ 프라 나콘 키리(Phra Nakhon Khiri)

프라 나콘 키리(Phra Nakhon Khiri : 산 위의 도시라는 뜻)는 19세기 중반에 건설된 종교 건축물과 성전이 위치한 언덕이다. 이 언덕에서 방콕에서 약 2시간 가량 걸리는 펫차부리의 옛 도시를 한눈에 굽어볼 수 있다. 역사깊은 전통의식을 거행하는 것이 이 행사의 특색이라고 할 수 있다.

'러이 끄라통(Loi Krathong)'과 '송끄란 축제(Songkran Festival)' 같은 대형 축제에서 각 지역별로 특색에맞는 다양한 축제를 준비하고 관광객을 맞이하는 태국은 관광객들에게 잊지 못할 추억을 선사한다.

또한 축제를 통해 태국의 진정한 문화를 소개하고 관광객들에게 태국을 체험하고 이해하는 기회를 제공한다.

싱가포르
SINGAPORE

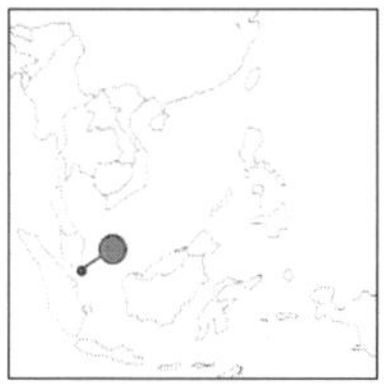

인구 : 약 418만명

면적 : 약 683km^2

수도 : 싱가포르

언어 : 말레이어, 중국어(만다린), 타밀어, 영어

종교 : 이슬람교, 불교, 기독교, 힌두교, 시크교, 유대교, 조로아스터교

www.visitsingapore.or.kr

문화와 자연환경

싱가포르는 말레이 반도의 최남단에 위치하여 해상무역의 요충지역이다. 1819년 영국의 동인도 회사가 토후(土侯)에게 이 섬을 60만 달러에 매수할 때 영국 래플즈 총독은 이곳이 후일 세계 오대양을 연결하는 중요한 길목이 될 것을 예견했다.

16세기부터 싱가포르에는 중국인・인도인이 많이 옮겨와 살았으며 19세기 후반에는 말레이 반도에 고무와 주석산업이 발달하면서 중국인・인도인・말레이인이 맨손으로 건너와 정착해 갔다.

특히 화교들은 근면과 능숙한 상술로 싱가포르에서 경제권을 쥐었고 전체 인구의 70%를 차지하고 있다.

싱가포르의 기후는 화창한 열대기후로 연 평균 기온이 28~32도 사이이기 때문에 일광욕, 수영, 여러 다른 수상 스포츠를 즐기기에 적합하다. 특별한 우기는 없으나 11월에서 1월까지의 몬순 시기에는 스콜이 내려 한낮의 더위를 식혀준다. 일반적으로 비는 소나기성으로 갑작스럽고 짧게 내리며 도시를 한층 깨끗하고 맑게 한다.

역 사

1900년까지의 역사

3세기경 인도네시아의 스리비자야성 왕자가 폭우를 만나 이 섬에 표류하게 되었는데, 섬 전체에 괴이한 동물들을 사자인 줄 알고 '싱가프라(Singapura)'란 이름을 짓게 되었다. 12세기 수마트라섬 출신의 왕족에 의하여 도시가 건설되었고, 이 일대의 해상권을 장악, 왕래하는 선박을 제압하며 상업적으로 대단한 번영을 누렸다. 그 후 14세기 무렵에 싱가포르는 스리비얀(Sri Vijayan) 제국의 일부가 되면서 '해상도시' 즉 테마색(Temasek)로 알려지게 되었다.

15세기 초에는 말라카 제국의 일부가 되었다고, 16세기에는 포르투갈, 뒤이어 17세기에는 네덜란드인들에게 지배를 받았고, 1819년 영국령 동인도회사의 행정관 스탬퍼드 래플즈(Stamford Raffles)경이 싱가포르를 무역항으로 세워 영국 동남아시아 식민활동의 중심지가 되었다.

1832년 싱가포르는 영국령 말라카 해협 식민지의 행정중심지가 되었으며, 1870년에 수에즈 운하 개통과 함께 중요한 위치를 차지한다.

1991년부터 현재까지의 역사

20세기 싱가포르는 말레이반도의 주석과 고무의 수요증가에 따라 말레이 반도의 천연 항으로 성장하였다.

제1차 세계대전 후에 영국이 싱가포르에 해군기지를 세우면서 동남아시아 내 영국 세력을 상징하게 되었다. 그러나 1942년 1월에 일본이 말레이반도를 침략함으로써 싱가포르와 영국 주둔군으로부터 항복을 받았다. 그 후 1945년까지 일본이 지배하다가 1945년에 다시 영국이 점령하게 되었다.

1957년에는 말레이시아 연방으로 독립하였고 1959년에 이광요 초대 수상으로 한 말레이시아 자치주의 지위를 얻게 됨으로써 140년 동안의 영국 지배에서 벗어 날 수 있었다.

1965년 말레이시아 연방의 말레이시아인 우대정책과 이광요를 당수로 하는 인민행동당의 인종차별로 인해 말레이시아 연방의 라만정권은 싱가포르를 분리하기로 결정하였다. 8월 9일 싱가포르는 말레이시아로부터 완전히 독립하게 되었고 이광요 수상의 지도로 경제대국이 되었다. 그때부터 20세기 후반까지 경제가 급속도로 발전해 1인당 국민소득이 동남아시아 국가 중 가장 높아졌다. 영국은 1971년 싱가포르에서 군대를 철수시켰다. 싱가포르는 동남아시아 국가연합(ASEAN)에서 큰 역할을 가지고 있다.

종 교

싱가포르의 도시외관은 모스크사원의 첨탑, 고딕 성당의 첨탑, 힌두사원의 정교한 조각상, 중국사원의 지붕 건축물로 이루어져 있다. 이슬람교, 불교, 기독교, 힌두교, 시크교, 유대교, 조로아스터교 등이 주요 종교이다.

싱가포르는 중국인을 중심으로 다른 여러 민족. 즉 말레이시아인, 유럽계와 아시아의 혼혈인, 그리고 마지막으로 인도인 등으로 구성되어 있는 다인종 국가이다. 따라서 종교구성도 인종별로 각각 다른 모습을 보이고 있는데, 중국인들을 중심으로 해서 불교인구가 전체 인구의 50%를 약간 상회하여 분포하고 있다. 그리고 말레이인들을 중심으로 유대교 계열의 이슬람교가 대략 15% 정도의 구성을 보이고 있으며, 그 뒤를 이어 유라시아계 혼혈인들을 중심으로 역시 유대교 계열의 크리스트교가 대략 13% 정도로 분포하고 있다. 인도인들을 중심으로 힌두교도 있는데, 대략 3%정도 된다. 싱가포르인들은 다종교임에도 불구하고 학교에서는 국가정책의 일환으로 유교적 소양의 교육을 학생들에게 시키고 있다. 유교적 교육의 힘이 싱가포르의 발전에 큰 기여를 하고 있다.

전통문화 & 관습

많은 싱가포르 국민이 훌륭한 교육, 보건, 정부 소유 주택공급 등 다양한 혜택을 누린다. 그 대신 정치운동은 못하게 되어 있고, 어떤 일이 있어도 일치와 단결을 이루려는 목적하에 법으로 금지하기도 한다. 또 가정에서 나체금지, 공중화장실에서 물 내리지 않는 행위에 대한 벌금, 껌 판매금지부터 예의질서 지키기 운동, 자녀가 있는 고학력 여성인력을 위한 세금감면, 부양의무를 지키지 않는 자녀를 대상으로 부모가 소송을 걸 수 있는 효도법까지 여러 제도가 있다.

덥고 습한 날씨에도 불구하고 싱가포르에서는 옷차림에 대한 기준이 높다. 옷에 따라 대우가 다를 수 있다는 뜻이다. 체면이 중요한 동양에서 싱가포르도 예외는 아니다. 절대로 화를 내서는 안되며 어떤 논쟁도 미소와 침착한 음성으로 해결하기가 더 쉽다는 것을 잊지 말아야 한다.

종교는 싱가포르 사람들의 삶에 중요한 역할을 하므로 종교와 종교인들에 대한 예를 지켜야 한다. 절과 사원에 갈 때는 옷차림을 단정히 하고 가야 한다. 그리고 발은 더러운 것으로 간주되니, 발로 사람이나 불상을 가리키지 말아야 한다.

주요음식

싱가포르 사람들은 음식을 끊임없이 화제로 삼고, 요즘 먹은 음식이나 방금 끝낸 식사에 대한 평을 즐긴다. 어딜 가나 세계의 온갖 음식을 먹을 수 있는 레스토랑과 작은 음식점들이 즐비한 싱가포르. 중국, 말레이, 인도 등 다양한 민족이 어우러져 만들어낸 싱가포르만의 독특한 식문화가 이루어져 있다.

싱가포르 요리는 크게 중국, 말레이, 인도 그리고 혼혈문화가 빚어낸 페라나칸 요리로 나뉘는데, 이중 가장 다양한 것은 역시 중국요

리다. 중국대륙의 모든 음식은 싱가포르에 다 있다고 해도 과언이 아닐 정도이다. 상하이, 북경식 요리부터 남쪽의 광동, 홍콩 요리까지 다양하다.

말레이 요리는 중국 음식만큼 대중적이지는 않지만 향기로운 뿌리와 생강, 심황, 마늘, 고추, 레몬풀, 말린 새우장 등 각종 조미료와 향신료를 사용해 열대에 사는 싱가포르인들의 식욕을 자극한다.

인도요리 또한 싱가포르 사람들이 즐겨 먹는 요리로 '리틀 인디아'에 가면 다양한 인도 음식을 맛볼 수 있다. 인도요리는 클로브(정향), 코리앤더(고수), 칼다몬(생강과의 열매), 커민(미나릿과의 식물), 펜넬(회향) 등의 향신료가 필수적이다. 발효된 쌀로 만든 팬케이크의 일종인 '도사'는 아침, 점심, 티타임, 저녁 등 언제나 즐겨 먹는 요리. 종잇장처럼 얇게 만들어 바삭바삭하게 먹기도 하고 부드럽게 만들어서도 먹는다. 또 카레나 야채로 속을 채워 마치 오믈렛의 형태로 먹기도 한다.

그리고 싱가포르만의 독특한 음식문화인 논야(nonya) 요리가 있다. 19세기 말 일거리를 찾아 싱가포르로 이주해온 중국 남자들이 말레이시아 여성과 결혼해 가정을 이루면서 중국과 말레이문화의 혼합인 페라나칸 문화가 탄생했다. 이들의 음식은 중국인들이 즐겨 먹는 돼지고기에 말레이시아 조미료(코코넛 밀크와 향이 있는 뿌리, 허브, 칠리, 말린 향신료 등)를 넣어 만든다. 예를 들어 튀긴 돼지고기 같은 전형적인 중국요리에 코코넛 등의 열대과일이나 레몬풀과 향신료 등의 말레이식 재료를 섞는 것이다. 자극이 덜한 중국음식에는 말레이시아의 매콤한 양념인 삼발이 첨가된다. 또 말레이 요리에 면이나 숙주, 간장 등의 중국 재료를 첨가하는 식의 퓨전 푸드가 바로 독특한 페라나칸 문화의 논야 요리이다.

■ 카야토스트

카야토스트는 구운 식빵에 카야잼(코코넛 밀크와 달걀, 판단잎, 설탕을 넣어 만든 싱가포르식 잼)과 버터를 발라 만든다. 달걀을 껍질째 끓는 물에 넣었다가 1분 30초 후에 꺼내면 흰자만 약간 익는데 이것을 그릇에 깬 다음 휘휘 저은 후 간장과 후추를 넣고 카야토스트를 찍어 먹으면 그 맛이 일품이라고 한다. 카야토스트에는 연유를 넣은 진한 싱가포르식 커피나 밀크티를 곁들여 먹는다. 카야토스트를 파는 가게는 많지만 가장 유명한 곳은 스퀘어 가든 안에 있는 야쿤 카야토스트로 갈색으로 구워낸 바삭바삭한 빵으로 유명하다.

■ 나시레막

코코넛이 잔뜩 들어간 쌀 요리인 나시레막은 바삭바삭하게 튀긴 엔초비, 땅콩, 멸치, 삼발 등과 함께 제공된다. 싱가포르인들이 아침 식사로 가장 즐겨 먹는 요리로, 바나나 잎에 말아 나와 열대 특유의 정취를 맛볼 수 있다.

나시레막과 함께 먹을 수 있는 음식으로 오탁이 있다. 이것은 생선을 갈아 튀겨서 만든 싱가포르식 어묵으로 쫄깃쫄깃하고 매콤한 맛이 난다. 나시레막과 오탁을 합친 가격이 1천8백원 정도로 서민들이 많이 찾는다고. 식사 후에는 은행과 콩을 넣어 만든 달콤한 수프 종류인 징코빈 커드 디저트를 함께 먹는다.

■ 치킨라이스

치킨라이스는 삶은 치킨과 그 국물에 지은 밥이 함께 나오는 정식으로 칠리소스와 다크소스를 찍어 먹는 요리다. 만다린 호텔의 한 레스토랑에서 개발한 이 음식은 싱가포르 음식 축제에서 싱가포르인들이 가장 좋아하는 음식으로 선정될 정도로 유명한 요리이다.

치킨라이스는 닭을 느끼하지 않으면서 부드럽고 쫄깃쫄깃하게 삶아내는 것이 맛의 비결. 물을 끓이다가 불을 끄고 닭을 넣어 익히고 나서 닭을 건져낸다. 그리고 그 국물에 마늘과 판단잎(향이 나는 잎)을 넣고 밥을 짓는다. 접시에 양상추를 깔고 닭을 올린 다음 올리브오일과 간장을 섞은 오리엔탈소스를 살짝 뿌려 담백한 맛을 살려준다. 함께 나오는 새콤달콤한 칠리소스와 진하고 달콤한 맛의 다크소스는 싱가포르인들이 가장 즐겨 먹는 대중적인 소스로, 밥에 비벼서 먹거나 닭고기를 찍어 먹는다.

주 류

■ 싱가포르 슬링

싱가포르에 방문한다면 꼭 맛보아야 할 칵테일이 바로 싱가포르 슬링이다. 시청 근처에 위치한 레플즈 호텔의 바텐터가 여성을 위해 개발한 칵테일로 이 호텔을 세계의 명소로 만들었으며 싱가포르를 상징하는 대표 음료가 되었다. 외국인들은 이 칵테일을 맛보기 위해 일부러 이곳을 찾아올 정도. 싱가포르 슬링은 호텔의 2층에 위치한 롱바에서 판매하며 무알코올과 알코올 가운데 선택할 수 있다.

이벤트 & 축제

▶ 1월~2월 ◀

■ **퐁갈Pongal**

남인도인들의 추수감사 축제이다. 특히 스리 마리얌만 사원에서 큰 행사가 있다.

■ **구정**

차이나타운 거리를 따라 퍼레이드 행사가 있으며 드래곤 댄스도 볼 수 있다.

■ **칭게이Chingay**

오차드 로드를 따라 벌어지는 퍼레이드. 라이온 댄스와 꽃가마, 중국 깃발을 든 행렬을 볼 수 있다.

■ **타이푸삼Thaipusam**

힌두교 신도들이 장식된 철틀 '카바디스(kavadis)'를 들고 스리 스리나바사 페루말 사원부터 행렬을 시작하는데, 틀에 달린 철고리와 철못들이 몸 곳곳에 끼워져 있다.

■ **하리라야 푸아사Hari Raya Puasa**

한 달 내내 해가 있는 동안 단식해야 하는 이슬람교인들의 라마단이 끝나는 날. 3일 동안 축제가 계속된다. 말레이 지역 겔랑 세라이 지역은 등불 장식을 한다.

▶ 3월~4월 ◀

■ **부처님 탄생일Vesak Day**

부처의 탄생과 깨달음, 죽음을 기리는 축제이다. 사로잡힌 영혼에게 자유를 주는 것을 상징하는 새 방생 등 많은 행사들이 열린다.

▶ 5월~6월 ◀

■ 제3 왕자 탄생일Birthday of the Third Prince

신의 환생으로 믿어지는 중국인 어린아이를 추앙하는 행렬이 있으며 신도들은 무아지경 상태에서 온 몸에 못과 칼을 꽂는다.

■ 싱가포르 예술제Singapore Festival of Arts

국제행사로 2년에 한번씩 짝수 해마다 개최된다.

▶ 7월~8월 ◀

■ 싱가포르 대세일Great Singapore Sale

오차드 로드를 중심으로 한 달 동안 계속되며 대개 음식축제와 비슷한 시기에 열린다. 요즘은 약간 앞당겨 6월경에 열리기도 한다.

■ 싱가포르 독립일Singapore National Day

8월 9일. 군대와 시민행렬, 불꽃행사 등으로 싱가포르의 독립을 기념한다.

■ 유란제Festival of the Hungry Ghosts

죽은 자의 영혼들이 땅으로 내려와 음식과 유흥을 즐기는 날의 축제이다.

▶ 9월~10월 ◀

■ 원숭이신 탄생일Birthday of the Monkey God

1년에 두 번 원숭이신 사원에서 행사를 벌이며 이 날은 긴 꼬챙이로 뺨과 혀를 관통한 모습의 영매자들을 볼 수 있다.

■ 티미티Thimithi(불 속 걷기 행사)

힌두교 신도들이 뜨거운 석탄 위를 걸음으로써 자신의 신앙심을 증명해 보이는 날로 스리 마리암만 사원에서 행해진다.

■ **문 케이크 페스티벌Moon-Cake Festival**

몽고를 무찌른 중국인들이 이를 축하하기 위해 보름달 모양의 케이크를 먹고 각양각색의 종이들로 거리를 장식한 데서 유래한 축제.

■ **나바라트리Navarathri**

시바신의 부인인 비쉬누와 브라마를 위한 축제로 인도사원에서 행사들이 있으며, 특히 이 기간 동안 어린 소녀들은 칼리 여신 복장을 한다. 9일 동안 계속된다.

▶ 10월~11월 ◀

■ **쿠수 섬 성지순례**

번영의 신 투아 텍 콩을 섬기는 도교인들의 순례행사.

■ **디파발리(Deepavali)**

힌두교에서 가장 중요한 축제로 한 달 동안 리틀 인디아 전체를 등불로 화려하게 장식한다.

■ **9황신제(Festival of the Nine Emperor Gods)**

중국 경극, 행렬 등 9일에 걸쳐 여러 가지 행사가 벌어진다.

말레이시아
MALAYSIA

인구 : 약 2,560만명

면적 : 약 33만km^2

수도 : 콸라룸프르

주요언어 : 말레이어, 중국어

종교 : 이슬람교 등

www.tourism.gov.my

문화와 자연환경

말레이시아는 복합사회이다.

말레이시아인의 주체인 말레이 사람은 13세기 무렵에 들어와 15세기 초에 말라카 왕국을 일으켰다. 그러나 15세기 이래로 인도인·중국인·아랍인들이 잇달아 이주하여 전체인구의 60%가 말레이, 30%가 중국인, 8%가 인도인이다.

말레이시아는 민족별 지역사회를 형성하고 있는데 그 요인은 각기 다른 종교를 신봉 할 뿐만 아니라 전 생활을 지배하는 각기 독특한 종교관을 갖고 있기 때문이다.

말레이시아의 자연환경은 일년 내내 여름만 있는 나라이다. 기온의 변화가 거의 없으며 고온다습하고 낮과 밤의 길이가 거의 같다. 평균기온과 강수량

모두 거의 변하지 않는다. 일부 지역에서는 짧은 건조기가 있는데 동말레이시아의 사바와 사라와크 주 등지에서는 4~5월이 이에 해당하며 전국토의 80%가 밀림이다. 말레이 반도의 동해안 지방은 10~3월에 걸쳐서 북동 몬순이 찾아오는데 남지나해에서 습한 바람이 불어오면서 다량의 비를 몰고 온다. 이 기간 중에는 기온이 낮은데다 비도 많아서 도로교통이 차단되는 곳도 있다. 이 때 몸의 조절기능이 떨어지기 쉬우므로 여행자에게는 최악의 시기이다. 그러므로 긴 소매옷이 필요하다. 한편 말레이 반도의 서해안에도 남서몬순이 찾아오지만 그다지 습하지 않다. 인도양에서 오는 습한 남서 몬순이 수마트라섬에서 다량의 비를 쏟아 붓기 때문에 말라카 해협을 넘어 말레이 반도에 도달할 무렵에는 습기가 많이 줄어든다.

역 사

최초의 말레이인들이 북으로부터 말레이 반도로 이주한 것은 기원전 2500년에서 1000년 사이로 추정되며 오늘날 필리핀, 말레이시아, 태국, 인도네시아, 베트남, 그리고 태국의 조상이 되었다고 전해진다. 이들을 포르토 말레라고 하며 이후 듀트로 말레이라고 하여 2~3세기에 걸쳐서 또다른 말레이인들이 인도네시아 등으로 퍼져 나갔는데, 이들은 이전 이주민들보다 더 앞선 기술들을 가지고 있는 것으로 드러났다. 이렇게 포르토 말레이와 듀트로 말레이를 합하여 지금의 말레이인으로 분류하고 있다.

■ 힌두, 불교 왕국시대(100 B.C.~1400 A.D.)

이 지역은 중국과 인도 사이에 위치하고 있는데 지역의 특성상 해상무역의 교차로를 차지하고 있는 관계로 여러 나라의 관심의 대상이 되고 있었다. 그러므로 여러 나라의 문화가 공존하게 되는데 힌두교, 불교 그리고 이슬람이 경쟁하게 된다. 가장 많이 영향을 끼친 것은 불교와 힌두교이다.

■ 말라카 왕국

말라카는 스리비자야 왕국의 왕자인 빠라메스와라가 이곳으로 건너와서 세운 국가이다. 이때부터 본격적인 역사가 시작되게 되는데, 빠라메스와라의 동생이 이슬람교를 받아들이고 국교화하여 인도의 이슬람 상인들을 끌어오게 되고 경제적으로 많은 발전을 이룬다.

말라카왕국은 말라카 해협 중심지를 독점으로 장악하고 말라카항을 활용하여 인도와 페르시아 시리아, 아프리카와 지중해까지 발을 뻗쳤다. 또한 이항을 통하여 각종 무역품을 교역하였으며 말라카의 번영으로 향료와 열대작물에 매력을 느끼고 있던 유럽열강의 관심을 끌게 되었고 포르투갈은 아예 말레이반도를 장악하고 식민지 삼는 것이 더 좋을 것이라고 생각하게 되었다. 그 후 15세기 초반부터 유럽세력들은 차차 말레이반도와 인도네시아를 정복하기 시작했다.

■ 이슬람시대의 개막

말라카 왕국이 이슬람교를 국교화함으로써 그동안 들어와 있던 불교와 힌두교 시대는 막을 내리게 된다. 이슬람교가 번창하면서 말라카 왕국은 동남아시아에 이슬람교를 전파하는 역할을 하였고 말레이어를 상업용어로 사용하여 말레이어와 인도네시아어의 뿌리가 되게 하였다. 이때부터 이슬람교는 생활양식과 사회에 영향을 미치게 되었다. 그러나 말라카 왕국은 말레이 술탄 상속체계의 미확립, 생필품의 대 자바의존 문제로 포르투갈의 공격을 당하여 멸망하게 된다.

■ 식민지시대(1641년~1945)

17세기에 포르투갈은 이제까지 아랍인들이 잡고 있던 향료무역을 장악하고 동인도와의 향료무역을 위한 접근로를 확보하기 위하여 말라카를 점령하였다. 포르투갈은 말라카에 요새를 건설하였으나 1641년 네덜란드에 의해 빼앗기게 된다.

1819년 조호르 왕국과의 조약으로 영국은 싱가포르를 할양받게 되며, 동남아시아의 지배권으로 경쟁을 벌이고 있던 영국과 네덜란드는 말라카 해협에서의 세력권을 확정짓는 조약을 체결하게 된다. 이 조약에서 말라야를 인도네시아와 교환하게 되어 말라카 해협을 중심으로 남쪽과 서쪽은 네덜란드가 북쪽과 동쪽은 영국이 지배하기로 합의했다. 말레이시아의 주요 자원의 하나인 주석이 국제무역의 주요 교역상품이 되면서부터 영국은 주석의 채굴과 무역으로 인한 이익에 눈을 뜨게 된다. 특히 광산개발을 위하여 저임금의 중국인 노동자들을 데려오는 과정에서 많은 수의 중국인들이 들어오게 된다.

제1차 세계대전 전후로 하여 각국에서 시작한 자동차산업은 말레이산인 고무와 주석에 대한 굉장한 수요를 일으키게 되었고 국가 세입이 증가하여 이때에 많은 공공사업이 전개되었다. 이에 따라 노동력이 부족해지자 영국인들은 인도인들을 불러들이기 시작하였다. 초기에는 경제의 중심지인 빼락북부에 주로 거주하다가 점차 조호르, 슬랑오르, 빼락 남부 등지로 영역을 넓혀갔다.

또한 제2차 세계대전이 터지자 일본은 말레이반도를 침범하였고 중국 국토에서 전쟁을 벌이던 일본군은 반일감정을 의식하여 중국계를 가혹하게 다루었다. 이러한 차별정책은 후에 중국계와 말레이계가 안 좋은 감정을 가지게 하는 계기가 되기도 하였다.

■ 독립(1945~현재)

일본이 망하자 영국은 다시 말레이시아로 돌아오게 된다. 이에 대항하여 1953년 말레이계와 중국계, 인도계가 합쳐서 동맹단을 만들게 되는데 1955년에 동맹단이 초대 연방의회 선거에서 52석 중에 51석을 차지함으로써 독립을 추진하기 시작하였다. 결국 1957년 8월 31일에 말레이시아는 영국으로부터 완전히 독립하게 되었다.

종 교

말라카 왕국시절 무역이 활발했던 아랍상인에 의해 전해진 이슬람교가 말레이반도 전역에 폭넓게 자리 잡았다. 현재 이슬람교는 국교로 지정되어 국가의 재정적 지원을 받고 있다. 그러나 중국계는 불교와 도교, 인도는 힌두교를 믿는 전통이 강해 종교 또한 민족의 특성을 강하게 반영한다. 타민족의 종교적 영향력도 강하기 때문에 민족구분과 종교 구분은 아직도 뚜렷한 편이다. 신앙의 자유가 보장되고 있어 중국인은 불교, 인도인은 힌두교를 많이 믿는다. 이슬람 사원을 방문할 경우에는 복장과 행동을 신중히 해야 한다. 즉 지나치게 피부를 노출해서는 안되며 사원에 들어갈 때에는 모자와 신발을 벗어야 한다.

전통문화 & 관습

말레이시아 국민을 구성하는 여러 민족의 영향을 받아 매우 다양하고 독특하다. 상대민족의 신념과 믿음, 전통에 대한 조화와 협력, 참을성이 말레이시아 문화의 독특한 융화를 이끌어냈다.

말레이시아 문화에서 문학과 춤은 서로 밀접한 관계를 가지고 있다. 말레이시아 춤은 말레이시아 문화의 여러 요소에 강하게 널리 영향을 받았다. 예를 들어 조겟이란 춤은 대개 축제나 행사 때 행해지는 유명한 전통 춤으로 차차 춤과 스텝과 음악이 비슷하다. 조금 템포가 느리고 우아한 춤동작이지만 일반적으로 생기 있고 매우 유쾌한 춤이며 흥겹고 쉬운 사교춤으로 손님들이 합류해 함께 춤을 출 수 있다.

타리안 릴린 즉 촛불 춤은 우아한 처녀들의 춤으로 한 처녀가 약혼반지를 잃고 이른 새벽에 접시에 촛불을 밝혀서 찾는다는 내용을 담고 있다. 그리고 문화의 일부분으로서 그들만이 하는 관습적인 놀이로는 여자들이 실내에서 즐기는 총깍이라는 게임이나 추수철에 마을 사람들이 즐기는 가싱, 말레이시아의 대표적 스포츠인 세팍타크로, 그리고 말레이의 기예인 실랏 등이 있다.

주요음식

말레이시아에서는 여러 나라의 요리를 먹을 수 있다.

양념을 많이 한 말레이 요리로는 사태(Satay)가 있다. 사태는 쇠고기와 양고기 따위를 꼬치에 꿰어 숯불에 구운 일종의 꼬치구이이다.

또한 렌당(Rendang), 즉 코코넛 밀크와 향신료를 써서 삶은 고기와 생선 수프에 쌀국수를 삶아 야채를 끼얹은 요리인 락사(Laksa) 등의 전통요리가 있다. 특히 해안도시가 발달한 말레이시아는 해안의 풍부한 어랑에서 신선한 생선이 잡히어 해산물 요리가 많다. 이 밖에도 광둥, 쓰촨 등의 중국요리와 매운 카레가 주종인 인도요리도 먹을 수 있다. 말라카 지방에서는 중국과 말레이 음식이 융합한 바바논야(nonya)라는 독특한 요리를 맛볼 수 있다. 또한 말레이시아는 열대 과일의 보고이기도 하다. 과일의 왕이라고 불리는 두리언, 티크, 망고스틴, 람부탄, 구아바, 파파야 등 열대의 단맛을 간직한 과일을 맛볼 수 있으며 길가의 노점에서 사거나 그대로 먹을 수 있다.

주 류

말레이시아는 이슬람 국가이기 때문에 율법에 따라 술집이나 술 마시는 사람을 찾아보기 힘들다. 하지만 외국인 여행자들이 술을 마시는 데는 아무런 제약이 없으며 다만 금주를 종교적 덕목으로 생각하는 무슬림들 앞에서 만취해서 실수하는 일만 없도록 신경 쓰면 된다. 인도계도 무슬림이 많아서 역시 음주를 하지 않는다. 말레이식당과 인도식당에서는 술을 팔지 않는다. 오직 중국식당에서만 술을 판다. 대도시에도 술집이 흔하지 않다. 따라서 밤 문화가 다른 동남아 국가에 비해 상당히 열악하다.

세계문화유산

■ **키나바루 공원(Kinabalu Park : 자연, 2000)**

다양한 생물상과 높은 풍토적 특성을 보유하고 있으며 모든 개화와 식물군의 절반 이상이 대표성을 가진 높은 생물학적 다양성을 보여주고 있다.

■ **구능물루 국립공원(The Gunung Mulu National Park : 자연, 2000)**

카르스트 지형의 생태변화추이에 중요하며 17가지 열대식물지역 및 3,500 종류의 유관속 식물이 분포되어 있다.

이벤트 & 축제

말레이시아 다민족 사회의 주요 축제들은 각 민족의 신앙적 행사들로서 이곳에는 광범위하게 거행되고 있다. 대부분 이들 종교적 행사는 화려하게 치러지며 수세기 동안 내려온 풍습과 전통을 여전히 고수하고 있다. 보통 주요 축제 전에는 도시의 사람들이 고향으로 돌아가고 각 집집마다 특별한 날을 위하여 진지하게 준비를 하느라 전국적으로 열띤 활동들로 가득 차 있다. 보통 이런 행사가 있는 때에는 대대적으로 집안 청소를 하고 새로이 집안을 꾸미며 새로운 옷을 마련하고 축제음식을 장만하고 먹을 것을 풍부하게 장만한다.

■ 다파발리

힌두인들에게는 디파발리 혹은 불의 축제는 선이 악을 이겨내는 것을 상징한다. 힌두달력의 8번째를 기념하는 것으로 전통적으로 기름으로 목욕을 하면서 축제가 시작된다. 이날 기념은 힌두사원에 가고 또 각 집안에 모셔둔 재단에 기도를 한다. 이 날 힌두인들의 가정에는 촛불이나 기름램프로 불을 밝히는데 이는 크리쉬나 신이 악마인 라바나를 무찌르는 것을 나타낸 것이다.

■ 타이푸삼

매년 1월말이나 2월초에 행해지는 경이할 만한 인도인의 축제인 타이푸삼은 수브라마니암의 생일을 기념하는 날이다. 타이푸삼 이브에는 황소가 이끄는 꽃마차에 수브라마니암 상을 싣고 시가행진을 하며 그 다음날에는 시자들이 카바디를 메고 주문과 드럼을 소리에 맞춰 힌두사원을 돌게 된다. 이날 신자들이 아주 정교하게 장식한 금속 혹은 나무아치의 카바디를 어깨에 메고 철사 후크 혹은 대못으로 카바디에 연결하여 다른 끝은 신자의 몸 여러 곳에 끼운 아주 독특한 그들만의 풍습을 볼 수 있다. 이 타이푸삼은 셀랑고, 페낭, 네그리셈빌란, 조호, 페락에서 아주 크게 행해진다.

■ 사라왁 가와이 축제

연중 사라왁 다약 축제는 보통 6월초에 행해지며 이날은 모심기철이 끝나는 때이고 새로운 모심기가 시작되는 때이기도 하다. 이 축제를 준비하기 위해 다약인들은 집을 깨끗이 하고 그들 조상들 묘지를 깨끗이 한다. 이브날은 가족들이 다 한자리에 모이고 가족 중에 가장 어린 자가 음식을 특별히 장만하여 부모님께 드린다. 뚜악이라고 하는 쌀로 만든 술을 손님들에게 베풀고 춤을 춘다. 이 축제기간 동안 다약인들은 그들의 가장 좋은 옷을 입고 가축들은 이날 희생이 되고 부족들은 승리의 춤, 닭싸움, 불어서 화살을 쏘는 놀이 등을 한다.

■ 말레이시아 국제 연날리기 대회

연날리기는 말레이시아 반도의 동해안에서 유명한 행사인데 클란탄과 트랭가누에는 와우불란이라 하는 아주 커다란 초승달 모양의 연을 만들고 날리는 전통이 있다. 매년 5월이면 클란탄 뚬팟 지역에 있는 스리 뚜줘 해변에서 말레이시아 국제 연날리기 대회가 치러지는데 인근 국가의 많은 참가자들이 관심을 갖고 참가한다.

■ 랑카위 국제 해양 항공 전시회

2년에 한번씩 열리는 이 전시회는 항공 우주산업, 군사항공 및 민간 항공산업에서 최첨단 장비와 기술을 선보이는 자리로 11월말에서 12월 초까지 전설의 섬인 랑카위 섬에서 개최된다. 보트와 자동차, 헬리콥터, 군대 수송선, 육지 전차등 전 세계의 최첨단 항공기와 장비들을 선별해서 전시를 하며 보통 전시기간 중에 공중 시범을 한다.

■ 르 투어 디 랑카위

유명한 LE TOUR DE 'FRANCE'를 본떠서 이름붙인 것으로 매년 2월에 2주간 열리는 최고의 싸이클경주로 세계의 베스트 싸이클리스트들이 극도의 환경에서 자신들의 정신력과 육체적 인내력을 시험하기 위해 모인다. 여러 단계의 엄격한 이 레이스는 전설의 섬인 랑카위에서 시작하여 말레이시아 반도를 종회하면서 쿠알라룸프르의 결승선까지 도착하는 대회이다. 관광객들은 이 기간동안 화려한 전통 문화행사, 행렬, 전시, 쇼 등을 구경할 수 있다.

필리핀
PHILIPPINES

인구 : 약 8,400만명
면적 : 약 30만km^2
수도 : 마닐라
주요언어 : 필리핀어·영어·타갈로그어
종교 : 가톨릭교·프로테스탄트교

www.tourism.gov.ph

문화와 자연환경

필리핀은 60년대에 아시아에서는 일본다음으로 국민소득이 높은 국가였다. 그러나 계속된 부패 독재 정치로 인해 국가의 발전이 뒷걸음쳐 21세기에는 아시아의 빈국으로 되고 말았다.

필리핀은 7천여개의 섬으로 이루어졌고 북쪽에는 루손섬, 남쪽에는 민다나오 섬 그리고 두섬 사이의 비시야 제도가 있다.

필리핀은 기독교 국가이다. 1521년 마젤란의 세계일주에서 알게된 이곳을 스페인이 약 350년간 통치하였고, 이후 미국의 지배를 받았다. 「스페인은 필리핀에게 종교를 주었고 미국은 길을 만들어 주었다고 말할 정도로 외세의 침략으로 인해 필리핀은 동양과 서양의 혼혈문화를 이루게 되었다. 따라서 원주민인 말레이계를 모체로 스페인계와 중국계의 혼혈인 대부분의 필리핀 사람들은 동양인이면서도 서구적이고 종교적인 소양이 몸에 베어 있다. 내성적이면서도 스페인 사람들처럼 격정적인 외향성을 갖는 밝고 뜨거운 정을 가지고 있다.」

필리핀은 열대몬순형 기후에 속하지만 바다에서 불어오는 해풍의 영향으로 기온은 대체로 일정한 편이다. 필리핀은 일년 내내 무덥고 습기가 많은 기후를 나타내는데, 전군도를 거쳐 복합적인 기후를 나타내나 일반적으로 11월부터 5월 초순까지의 건기와 5월 중순부터 10월까지의 우기로 나뉜다.

연평균 기온은 26~27℃ 정도이며, 연중 가장 더울 때는 22℃에서 35℃를 오르내리는 덥고 메마른 날씨의 3월에서 5월이며, 12월에서 2월이 22℃~28℃ 정도로 가장 시원하고 쾌적하다.

7월에서 9월까지는 우기이며 열대성 특유 기후이므로 스콜현상을 볼 수 있으며 5월에서 11월 사이에는 태풍이 많이 분다. 필리핀은 위도 15도 이상에 널리 자리잡고 있고, 지역에 따라 높은 산도 많이 있어서 기후 차이가 많이 난다. 예를 들어 마닐라 주변은 5월에서 10월에는 많은 비가 내리는 명확한 우기가 있지만 세부같은 곳은 명확한 우기가 없다. 또 태풍만 해도 루손섬은 통과 지점에 자리잡고 있지만 민다나오 섬 에는 접근하지 않는다.

역 사

■ 스페인 정복 이전 시대(~1571년)

필리핀은 영어권 국가로서 아시아, 유럽, 미국의 영향이 한데 어우러져 다양한 역사를 가지고 있다. 기원전 후 말레이계가 유입, 정착함으로써 원주민인 네그리토는 산악지대로 이주하였다. 15~16세기에 걸쳐 이슬람교도들이 Sulu 열도로부터 민다나오 섬 일대에 걸쳐 인도네시아로부터 이주하였다. 1565년경에는 마닐라지역까지 진출하여 Sultan(왕) 또는 Raja(영주)에 의해 지배되는 소규모 영토국가가 성립하였다. 1521년의 스페인 정복 이전 필리핀인들은 이미 화려한 문화를 꽃피웠고, 중국 및 일본 등과의 활발한 교역을 하고 있었다.

■ 스페인 식민지시대(1571~1898년)

16세기 후반부터 스페인 식민통치가 시작되어 19세기 말

(1571-1898년)까지 330여년간 계속되었다. 1521년 마젤란이 사마르섬에 상륙한 것을 계기로 하여 스페인은 수차례에 걸친 원정 끝에 1571년 필리핀을 정복하였다. 필리핀의 국명은 당시 스페인 국왕 Philip에 유래하며 수도를 마닐라에 두고 약 330년간 지배하였다. 이 기간 중 인트라무로스(Intamuros)가 건설되었다. '성벽 도시(Wall City)'로 불리는 이곳에는 과거 유럽의 건물과 교회가 필리핀에 그대로 재현되어 있다.

스페인 식민지 통치 330년 만인 1898년 필리핀은 호세 리잘(Jose Rizal) 및 에밀리오 아기날도(Emilio Aguinaldo) 등의 지도하에 독립을 쟁취하는데 성공했다. 1860년 스페인에서 내란이 발생하자 필리핀의 대 스페인 저항운동이 시작되어 1892년 비밀결사 'Katipunan'의 무장봉기가 발발하였다. 1896년의 필리핀 혁명을 거쳐 1898년 6월 12일 에밀리오(Emilio) 장군이 독립을 선언하고 초대 대통령으로 취임하였다.

■ 미국 식민지시대(1898년~1946년)

그러나 19세기말인 1898년 12월 미국·스페인 강화조약으로 스페인이 2천만 불의 대가를 받고 필리핀을 미국에 이양함으로써 다시 미국의 식민지가 되었다. 이 기간 중 미국은 필리핀 국민교육에 많은 기여를 한 것으로 평가받고 있다.

제2차 세계대전 중 필리핀은 미국과 함께 연합군의 일원으로 싸웠다. 특히 바타안과 코레히도(Bataan 및 Corregidor) 전투에서는 일본군의 호주 진격을 지연시킴으로써 호주를 구했다. 필리핀은 또한 1941년부터 1945년까지 일본에 대항하여 게릴라전을 수행했으며, 마침내 1946년 다시 독립을 회복했다.

필리핀 국민은 자유를 사랑하며 부패통치에 대항하여 두 번의 평화로운 무혈혁명을 이루어 냈다. 필리핀은 활기 넘치는 민주국가이다.

종 교

역사적으로 필리핀 국민은 기독교와 이슬람교 등 세계의 두 거대 종교를 받아들였다. 이슬람은 아랍의 상인과 모험가들이 동남아시아에 진출한 직후인 14세기에 전파되었으며 현재는 남부 민다나오 지역에 제한되어 있다.

전체 인구의 82% 정도가 로마 가톨릭, 9%가 프로테스탄트로 아시아 국가 중 유일한 가톨릭 국가이며, 5%가 이슬람교도로 이들은 주로 민다나오에 거주하고 있으며, 3%가 불교 등의 종교를 믿고 있다.

가톨릭은 1521년 페르디난드 마젤란의 도착과 함께 16세기에 전파되었다.

개신교는 1899년 미군의 주둔과 함께 장로교 및 감리교 전도사들에 의해 전파되었다.

주요 음식

필리핀 음식은 풍부한 재료와 다양한 조리방법이 특징이다. 육지와 바다에서 나는 갖가지 과일, 야채, 해산물에 중국, 스페인, 말레이시아 등에서 건너온 조리방법을 나름대로 적용시켜 필리핀 만의 독특한 음식들을 만들어냈다. 도시 한편에는 세계적으로 유명한 패스트푸드 점이나 패밀리 레스토랑도 많이 들어서 있어 색다른 필리핀 전통요리를 즐기고 싶은 미식가 뿐만 아니라 저렴하고 간단한 식사를 원하는 배낭여행자에게도 즐거움을 준다.

필리핀 사람들은 대부분 육식을 좋아하고, 패스트 푸드를 상당히 즐기는 편이다.

■ 필리핀의 전통요리

아도보(adobo)

닭고기와 돼지고기, 오징어, 야채 등을 식초와 후추, 마늘, 소금으로 양념하여 익힌 필리핀의 대표적인 요리이다.

아도보(adobo)

아도봉 푸싯(adobong pusit)

코코넛 우유, 식초, 마늘 등으로 조리한 오징어. 먹물은 특별한 양념으로 쓰인다.

암팔라야 콘 커니(ampalaya con carne)

메론즙을 짜 넣은 쇠고기를 양파, 마늘, 간장, 참깨 기름 등으로 양념하여 밥과 함께 먹는다.

아로즈 칼도(arroz caldo)

닭고기와 질한 쌀죽을 양파, 마늘, 생강 등으로 조미하여 익힌 후 후추가루를 뿌려 먹는 요리이다.

크리스피 파타(crispy pata)

돼지 껍질을 마늘, 소금, 후추, 생강 등으로 조리하여 기름에 튀겨 먹는 것으로 양념과 조리방법이 다양하다. 무척 고소하고 바삭바삭하며, 작은 조각으로 잘라 스낵처럼 먹는다.

카레카레(kare-kare)

쇠고기와 돼지고기를 땅콩 소스와 바나나, 깍지콩, 야채, 양파와 곁들여 먹는 요리이다.

레천(lechon)

레천(lechon)

돼지고기를 알맞게 잘라 대나무에 끼워 구운 요리로 축하 파티나 축제 행사에 빠지지 않는 요리이다. 우리의 입맛에도 잘 맞다.

룸피아(lumpia)

얇은 밀전병 속에 고기와 야채를 채워 튀겨 먹는 음식으로 만두와 같은 맛이다.

주 류

■ 할로할로

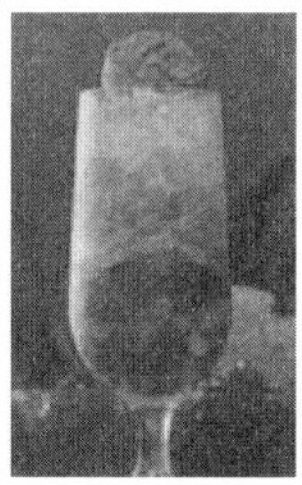
할로할로

할로할로란 '모든 것을 섞음'이라는 의미를 가진 음식으로 우리나라의 팥빙수를 생각하면 된다.

■ 칼리

아주 알코올을 사용하지 않고 단지 맥주호프 만을 사용하면서도 맥주 맛을 가지고 있는 음료이다. 대개 한국 사람들은 소화가 안될 때 이 칼리를 마시면 좋다고 해서 많이 마신다.

■ 산미구엘

필리핀의 대표적인 맥주이며 우리나라에서 요즘에는 우리나라의 편의점 등지에서도 구할 수도 있다. 컨피던스를 연상시키는 병에 들어 있다. 한국 맥주에 비해 맛이 짭짤하다.

전통문화 & 관습

다민족 혼혈국가이며 스페인, 미국의 역사적 영향으로 아시아지역에 위치 함에도 불구 동서문화가 공존한다. 사람을 좋아하는 민족성, 음악과 색채 감각이 뛰어나며 노래와 춤을 즐기는 여유로움이 풍부하나 시간관념이 부족하다. 80여 종족이 각기 독특한 언어와 관습을 따르고 있고, 전통을 유지하며 계승하고 있다.

필리핀 사람들은 한국 사람보다 훨씬 사교적이며 잘 웃는 편이다. 하지만 식민지시대의 오랜 문화적 영향을 통하여 개인주의적 사고방식이 아시아의 다른 나라 사람들보다 더 서구화되어 있어 외국인을 보면 스스럼없이 동등한 입장에서 대하는 편이다.

세계문화유산

■ **투바타하 산호 해양 공원(팔라완)(Tubbatha Reef Marine Park : 자연, 1993)**

팔라완의 푸에르토 프린세사시의 남쪽에 위치한 술루해 중심부에 투바타하 산호초지대가 있다. 이곳은 놀라운 해양의 야생성과 특수한 생태계를 이루고 있어 그 아름다움은 물론 과학적 가치를 인정받고 있다.

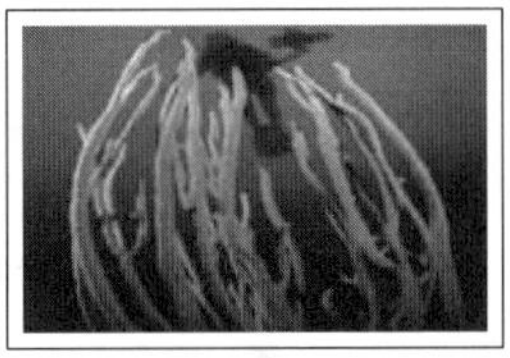

투바타하 산호초지대 국립해양공원은 팔라완과 민다나오 남부의 섬 사이에 넓게 가로 놓여 있는 술루해의 중심에 자리잡고 있다. 33,200 헥타르에 이르는 이 독특한 수중의 화려한 지대에는 풍부한 바다 동식물이 함께 있어서 그 가치를 더욱 높여주고 있다.

투바타하의 북쪽 산호초지대는 매년 온간종류의 바다새 수천마리가 둥지를 트는 곳이다. 가마우지와 제비갈매기가 산란을 위해 이곳을 찾는 많은 종의 새에 포함되어 있다. 이 곳은 또한 멸종 위기에 처한 바다거북의 산란지이기도 하다. 이곳의 바다에는 부드러운 산호, 거대한 해면 등이 바다뱀은 물론 온갖 어류들에게 서식처를 제공하고 있다.

■ 이푸가오 서사시 "후드후드(HUDHUD)"

유네스코는 세계유산에 이푸가오의 서사시 '후드후드(HUDHUD)'를 포함시키며 이 서사시가 인류에게 구전되는 무형의 유산 중 걸작이라고 평하였다.

서사시 후드후드는 동남아시아의 문화적 작품으로는 유일하게 유네스코 세계유산으로 지정되어 있다. 이는 이 지역의 계단식 논이 1995년 세계유산으로 지정된 이후 두 번째의 지정이다.

후두후드는 일단 낭송을 시작하면 2~3일간 계속된다. 이 서사시는 이푸가오의 여성에 의해 특히 추수기와 장례식에서 낭송된다. 후드후드는 많은 버전이 있었지만 이 지역에 천주교가 전파되면서 많이 사라졌다.

HUDHUD를 국제적으로 알린 인류학자 Fr. Francis Lambrecht에 따르면 HUDHUD는 17세기 후반부터 이푸가오 주민들 사이에서 대를 이어 불려지고 있으며 아직도 이들 삶의 중심부를 차지하고 있다고 한다. HUDHUD에 나타나 있는 고대 이푸가오족의 사회적 특징은 강력한 모계 사회였다고 한다.

■ 필리핀의 계단식 벼 경작지, 코르디레라스(Rice Terraces of the Philippines Cordilleras : 문화, 1995)

이푸가오의 계단식 논은 인간과 환경 사이의 정복과 조화가 잘 표현된 아름다움 때문에 1995년 유네스코가 세계 유산으로 지정했다.

이곳에는 유사하지만 서로 다른

계단식 논이 5곳 있다

- 바나우에 : 이곳은 이푸가오 조각인들과 이카트 직물공들의 예술적 중심지이다.
- 바타드 : 이 역시 바나우에에 있으며 계단식 원형경기장 타입의 논이다.
- 마요야오 : 바나우에에 위치하고 있다. 적색, 희색 등 다양한 쌀이 여기서 재배된다.
- 하파오 : 서기 650년 경에 돌로 둑을 축조한 논이며 훙두안에 있다. 나풀라완 산이 이곳에 있다.
- 키앙간 : 크기와 시각적 효과로 잘 알려진 두 곳의 유명한 논이, 나가카단과 줄룽간에 있다.

▪ 푸에르토-프린세사 지하강 국립공원(Puerto-Princesa Subterranean River National Park : 자연, 1999)

지하로 흐르는 강을 따라 들어가면 그림 같은 풍경이 펼쳐지며 그 알 수 없는 강의 길이가 보는 이를 압도한다. 세인트폴 만으로 흘러 들어가는 이 경이로운 지하의 물줄기를 따라 흐르며 방문객들은 '보이는 모든 것이 자연의 조각작품'이라고 말한다. 이곳에는 시간이 조각한 그리스 신화의 그리핀이 완전한 모습으로 편안한 휴식을 취하고 있으며, 사막의 한가운데 앉아 있는 스핑크스의 모습도 보인다. 당당히 서 있는 기둥 사이로 계단을 따라 올라가면 거기엔 사원이 자리잡고 있다. 벽과 천장 등 완전한 직사각형의 공간에 다양한 색으로 치장이 되어 있다. 예술적 감각을 가진 손에 의해 이루어진 솜씨 좋은 작품이다. 돌아서면 거기엔 화려하게 반작이는 종유석이 마치 커다란 무도회장의 샹델리에처럼 불쑥 나타난다. 그리고 이내 보트는 대작 오페라 무대와 같은 형형색색으로 장식된 눈부신 공간으로 방문객을

안내한다.

■ **필리핀 바로크 양식교회(Baroque Churches of the Philippines : 문화, 1993)**

필리핀 중부 파나이섬에 일로일로 주의 미아그아오시가 있다. 이곳의 산토 토마스 드 빌라누에바(Santo Tomas de Villanueva) 교회는 회교도의 침략으로부터 마을 주민을 보호하기 위한 성으로 건축된 아우구스투스 교파 선교사들의 주둔지였다. 이 지역의 특징적인 주황색 사암으로 지어진 이 성채 겸 교회는 1797년에 착공하여 10년 만에 완공되었다.

미아그아오의 교회는 필리핀의 토속적 주제의 장식이 혼합된 뛰어난 바로크 양식 건축물로 평가되고 있다. 누구라도 교회의 전면에 화려하게 새겨진 의미심장한 내용들을 속인들의 언어로 쉽게 이해할 수 있다. 벽에 조각되어 있는 인물은 성 크리스토퍼로 필리핀 농부의 옷차림을 하고 있으며 바지를 걷어 올리고 등에 어린 예수를 업고 있다. 성화는 추수를 앞둔 코코넛, 파파야, 구아바 나무 옆에 배치되어 있다. 이 작품들은 비록 성직자들의 지침이 있기는 했지만, 결국은 전통 예술가들이 가지고 있던 상상력의 산물이다. 이와 같이 열대와 아시아적 요소가 혼합된 것은 어디에도 없다.

축 제

전국 각지에서 연중 끊임없이 축제가 벌어진다. 엄숙한 의식을 치루는 의식행사부터 퍼레이드와 음악이 어우러진 현란한 축제까지 다양하다.

대부분의 축제는 세인트 헬레나를 기리고 십자가의 발견을 기념하는 산타크루잔, 화려한 행사와 함께 산 이시드로 라브라도를 숭배하는 파히야스 같이 종교와 밀접한 관계를 갖는다.

또한 추수에 감사호고 풍요로운 음식을 탐닉하는 바탕가스의 파라다 낭레천, 카미권의 란조네스 같은 파에스타도 있다. 필리핀의 축제는 팜팡가의 산페르난도에서 열리는 크리스마스 축제로 일년을 마감한다.

■ 플로레스 드 마요(Flores de Mayo Fiesta)

5월 1일부터 30일까지 꽃이 만발할 때 필리핀 전역에서 거행되는 축제. 성모마리아와 같은 우아한 흰 옷을 입은 어린 소녀들이 손에 꽃을 들고 거리로 나와 행렬을 이룬다. 필리핀의 축제는 기독교적 요소와 민족적인 요소가 복합된 매우 화려한 것이 특징이다.

인도
INDIA

인구 : 약 10억 6,500만명
면적 : 약 328만km^2
수도 : 뉴델리
주요언어 : 힌두어, 영어
종교 : 힌두교, 이슬람교

www.tourismofindia.com

문화와 자연환경

「인도는 기적이며 신비로움 그 자체이다」라고 소설 〈인도로 가는 길〉의 저자 E.M 포스터의 말처럼 성과속(聖과 俗)이 공존하는 소 우주이다. 남북으로 3200km, 동서로 약 3000km 이르는 인도 대륙은 다양한 인종 · 종교 · 문화가 만화경 같이 현란스럽다.

인더스강과 갠지스강의 5천년 인도문화는 세계 최고(最高) 문명의 하다이다.

고대 인도는 노예제가 없었고 원주민들의 주복문화는 다른 문화들과 융합하면서도 개별성을 유지함으로써 다양성과 총화성이 공존하였다.

종교의 나라가 될 수 있었던 것은 인도 토착종교인 힌두교가 다신교이기 때문에 타 종교에 대해 배타적이거나 독선적이지 않다. 힌두교인들이 믿는 신들은 개별적으로 독립된 존재가 아니고 지극히 숭고하고 우주 자체인 것이다.

힌두교는 개별적으로 믿음을 강요하지 않고 숭배의 자유를 허용하고 있다. 그래서 타 종교에 대해서도 관용적이며 수많은 종교가 발생할 수 있었다.

인도의 자연환경은 연중 비교적 더울 뿐 아니라 산간지방 외에는 연중 서리가 오지 않는다. 6~9월에 아라비아 해의 습기를 머금은 계절풍이 불어오는데, 이것을 '몬순(Monsoon)이라 부르며 인도의 대부분의 지역에 비를 뿌린다.

인도의 계절은 3~5월에 이르는 혹서기와 6~10월에 걸친 우기, 그리고 10~2월에 이르는 건조기 등의 세 가지 계절로 나뉜다. 해안 가까이에 있는 켈커타에서는 낮에도 그늘의 기온이 40℃를 넘는 경우가 가끔 있으며 갠지스 강 중류 지역에서는 43℃정도로 오르는 것은 보통이다. 남부 인도는 원래 상하(常夏)의 지방이나 북부 인도의 겨울은 기온이 내려가 한국의 초가을과 같으며 하늘은 맑게 개어 순례(巡禮)의 계절이 된다.

역 사

■ 고대(B.C. 2500)

B.C. 2500년부터 약 1000년간 세계 4대 문명의 하나인 인더스 문명이 번성하였고, B.C. 1500년경부터는 남부 러시아 지방에 살던 아리안 족이 북부 인도를 침공하였다. 이들이 B.C. 600년 까지 만든 4개의 베다는 이후 힌두 전통생활의 기본이 되었고 현재도 인도인의 생활윤리로 자리잡고 있다. 카스트의 4계급도 이때부터 형성되었다.

B.C. 4세기에는 유명한 아스카 왕으로 대표되는 마우리아 왕조가 통일 인도를 지배하였으며 4세기에는 굽타왕조가 등장하여 인도를

다시 통일하고 힌두문화의 부활을 보게 되나 그 후 훈족의 침입에 따라 인도는 다시 소국이 난립하는 분열기를 맞게 된다. 백제의 승려 겸익이 5세기에 인도를 순례한 것도 이 왕조 때의 일이며, 그 후 8세기에는 혜초의 순례도 있었다.

■ 중세(8세기)

8세기부터 12세기간 이슬람 세력이 인도 서북부 지역을 침입하였으며 12세기부터 델리를 중심으로 하여 300여년간 술탄왕조가 성쇠를 되풀이하였으나, 통일과정을 걷게 되는 것은 1526년 무굴제국의 성립 이후이다. 무굴 제국의 황제들은 종교적 관용을 보였으며 힌두교 인과 이슬람교도를 고루 등용하였다. 이 때에는 주화의 사용, 도로의 정비, 무역과 수공업의 융성을 가져와 상당한 부의 축적을 보게 되었다.

1498년 바스코 다가마가 인도에 상륙함으로써 인도와 포르투갈을 위시한 서구 해양세력과의 접촉이 시작되었다. 포르투갈은 고아를 중심으로 약 150년간 해상무역을 독점하였으며 영국은 1600년 동인도회사를 세워 인도경영에 착수하여 1763년 프랑스와 Plassey전투 후 인도에 정치적 지배권을 확립하고 프랑스, 포르투갈, 화란 등 경쟁국을 축출하였다.

■ 독립운동(18세기)

18세기 후반에는 많은 정치단체가 생겼났다. 1929년에 들어서자 국민회의는 '마하트마 간디'의 지도하에 완전한 독립의 달성을 목표로 내걸고 불복종운동을 전개하였으며 농민들도 국민운동의 대열에 참여하게 됨에 따라 사회주의 사상도 점차 일부 기반을 얻게 되었다. 1939년 제2차 세계대전이 일어나자 국민회의는 인도정부의 수립을 주장하였으며, 이에 영국은 자치령(dominion)의 지위를 허용코자 하였으나, 국민회의는 이를 거부하면서 '인도로부터의 철수(Quit India)를 요구하였다.

▪ 독립(1945년)

1945년 8월 제2차 세계대전 종결후 영국은 인도에 독립을 부여키로 결정하였고, 1946년에는 제헌의회 구성을 위한 선거가 실시되었으며 1947년 6월 영국은 인도, 파키스탄 분리 독립안을 내놓았다. 이 제안을 국민의회가 수락함으로써 1947년 8월 15일 인도는 영연방의 자치령으로 독립하였다.

▪ 독립이후(1948년)

독립 이후 유고, 인도네시아 등과 함께 비동맹의 맹주로 군림하던 인도는 영국식 민주주의 하에 사회주의 경제를 모방하여 국가와 경제의 주요부분을 통제하여 왔으나 경제발전에 실패하였다. 1991년에 외한 위기를 맞게 되자 미국의 요구를 받아들여 시장을 개방하고 자본주의 경제체제로 전환하였다.

종 교

종교의 나라라고 불릴 만큼 인도에는 다양한 종교가 있다. 인도는 힌두교, 불교, 자이나교(Jainism), 시크교(Sikhism)등 4개 종교의 발생지이며 회교, 기독교, 배화교, 유태교등 외래 종교가 공존하고 있는 나라이다. 종교는 인도 국민생활과 불가분의 관계에 있으며 종교 없는 인간 생활은 생각할 수조차 없을 정도로 종교는 인도인의 생활과 밀착되어 있는 지배적 요소이다. 헌법은 모든 종교에 대한 무차별, 신앙의 절대자유를 보장하고 있으며, 모든 종교는 국가로부터 동등한 대우를 받고 있다.

▪ 힌두교(83%)

힌두교는 B.C. 2000년경 아리안족 침입 후 최고경전 베다(Veda)가 집대성되면서 인도역사와 더불어 이 나라 정치, 사회생활을 지배해왔

으며 회교 등 이도교의 수세기 동안에 걸친 침략 속에서도 이에 동화되지 않고 오히려 포용하면서 오늘에 이르렀다. 드라비다족의 토속신앙, 아리안족의 자연신 숭배 등에 바탕을 둔 다신교인 힌두교는 외래사상과 종교 등에 대한 인내와 관용을 특징으로 가지고 있으며 생활경험, 도덕, 사회 관습, 규범의 총체로서 Dharma(정의 또는 의무)에 따른 수도 생활과 최고 정신을 탐구하는 고도의 생활철학적 종교이다. 소를 신성시하고 카스트 제도를 정착시킨 힌두교는 해외로 전파되는 것을 반대하고 인도인의 종교로 존속하길 바라는 사상을 가지고 있다. 현재 약 8억에 이르는 신도를 가진 힌두교는 인도 사회에 절대적으로 절대적 위치를 차지하고 있는 종교이다.

▷ 갠지스 강

힌두교도들은 갠지스 강을 성스러운 강으로 숭배하고 있다. 힌두 신앙에 의하면 강가의 성스러운 물에서 목욕을 하면 모든 죄가 씻기고 이곳에서 죽어 그 재를 강가로 흘려보내면 윤회로부터의 해탈을 얻는다고 한다. 이것은 힌두교도에 있어서 최고의 행복이라고 말할 수 있다. 이 도시에는 연간 100만명 이상의 순례자가 방문하는데 그들 중에는 이곳에서 죽는 것을 목적으로 하는 사람들이 있을 정도로 갠지스 강은 3천여년을 이어가며 정화를 목적으로 목욕하는 사람들이 매일같이 찾아드는 힌두의 성지이다.

■ 이슬람교(회교, 11%)

그리스도교, 불교와 함께 세계 3대 종교의 하나이다. 전지전능의 신 알라의 가르침이 대천사 가브리엘을 통하여 마호메트에게 계시되었으며, 유대교, 그리스도교 등 유대계의 여러 종교를 완성시킨 유일신 종교임을 자처한다. 기원 후 569년 메카에서 태어난 마호메트에 의해 창시된 회교는 한손엔 칼, 한손엔 코란' 이라는 말로 유명한 종교이다.

주요 관습

인도인들은 인류문명의 원천으로서 인도문화에 대한 자부심이 강하며 전통과 관습을 존중한다. 일반적으로 매우 보수적이며 특히 남녀문제, 음주, 복장문제에서 보수적 풍속을 벗어나는 외국인의 경우는 풍속 사범으로 체포, 처벌될 수 있음을 주의해야 한다.

인도사회의 전통적 위계질서를 규정해온 카스트제도는 아리아인들이 인도로 이주해와 토착민들을 정복해 나가는 과정에서 생겨나 수천년 지속된 인도사회의 독특한 계급제도이다. 타고난 소속 카스트에 의해 개인의 신분, 직업 등 사회적 위치가 결정된다. 오늘날 이 제도는 국내법상 폐지되어 있으나, 현실적으로는 인도인의 결혼, 교육, 직업 선택 등 개인의 전반적 사회활동을 제약하는 주요 요인이다. 카스트 제도는 힌두교 기본 교리의 일부로서 인도의 다른 종교에서는 인정되지 않는다. 인도인들 도 카스트 제도를 악습으로 인정하고 있으나 종교와 밀착된 점에서 단시일 내 폐지가 어려운 것으로 보고 있다.

인도 여성들은 복장법령에 따라 공적 활동시 반드시 전통의상인 사리 또는 사르와즈 카미즈를 입어야 하며 일반 대학에서도 여학생들에게 전통의상을 강요하는 경우가 있다.

인도에서는 금주제도를 실시하는 주가 있기도 하고 일반 식당에서도 금주일이 있으며 판매시간이 제한되어 있다. 일반적으로 주류판매는 호텔이나 규모가 큰 대중식당에 대해 허가되며 일반 대중식당이나 잡화가게에서는 주류를 구하기가 어렵다.

그리고 인도인들은 음식을 먹을 때 보통 손을 사용하는데 왼손은 오염된 손이라고 하여 오른손으로 식사를 한다.

주요 음식

인도인들은 2가지 타입의 식생활을 가지고 있다. 채식주의자와 비채식주의자 이다. 보통 채식주의자들은 어떤 고기류도 먹지 않는다. 이는 종교의 영향이 크기 때문이다.

■ 마살라(Masala)

우리나라의 간장이나 된장에 버금가는 것이다. 주로 식물의 열매, 씨앗, 잎, 뿌리 등으로 만들어진 향신료로 그 종류도 아주 많다. 인도요리에서는 재료에 열을 가하고 나서 여러 가지 마살라를 섞어 만든 종합 향신료를 넣어 향기와 맛을 낸다. 반찬에서 스낵까지 인도음식의 대부분에 빠지지 않는다.

■ 커리(Curry)

인도의 커리는 우리나라의 '카레'라고 불리는 인도의 대표적 요리이다. 커리는 인도가 원산지로서 세계에서 널리 보급된 대표적인 혼합 향신료이며, 카레라는 말은 국물이라는 뜻의 인도 말에서 유래된 것이다. 더위가 심한 인도에서는 발한 작용으로 인한 상쾌감을 얻기 위해 매운맛의 향신료를 흔히 쓴다.

■ 달(Dhal)

달이라 불리는 수프는 부드럽게 삶은 콩에 마살라를 가미한 것이다. 달에는 큰 것과 작은 것, 황색이나 검은 빛이 도는 것 등 여러 종류가 있고 그것에 따라 맛과 모양도 달라진다. 밥이나 차파티에 이 달을 섞어서 먹는 것이 식사의 기본이다.

주 류

인도가 금주국은 아니지만 술에 대해서는 너그럽지 못하다. 길거리에서도 우리가 아는 술집은 거의 찾아볼 수 없다. 일반적으로 인도인들은 술을 마시지 않는다고 단정짓는 사람들도 많지만 실제로 인도인들도 술을 마신다. 단지 차이가 있다면 우리나라처럼 술집이 따로 있어서 공개적으로 마시는 것이 아니고 집안에서 마신다는 점이다. 이들이 주로 마시는 술은 데시라고 불리는 곡주인데 시골의 밀주가게에서 사면 봉지에 담아주는 것이 재미있다.

그리고 빼놓을 수 없는 인도 홍차 '차이(Chay)'는 찻잎에 우유와 설탕 때로는 가지가 들어간 인도인들이 즐겨 마시는 차이다. 또 요구르트에 설탕과 물을 넣어 청량음료처럼 마시는 '라시(Lassi)'는 단맛과 짠맛이 섞인 음료로 여성들이 선호하고 있다.

세계문화유산

■ 아그라 요새(Agra Font : 문화, 1983)

아그라의 적색 성채는 17세기 무굴제국 기념물로서 약 2.5km^{2}의 성벽으로 둘러싸여 있는 무굴제국 통치자들의 제국도시이다. 성채 안에는 Jahangir궁전, Khas Mahal 같은 아름다운 궁전이 많이 있다.

■ 타지마할(Taj Mahal : 문화, 1983)

거대한 대리석 모스크로 1631~1648년 사이 당시 무굴제국의 황제인 샤 자한이 그를 사랑하는 아내를 추념하여 세운 무덤이다. 타지마할은 가장 완벽한 인도 모슬렘 예술의 진주이며 세계유산의 최고 걸작품 중의 하나이다.

■ 엘로라 동굴(Ellora Caves : 문화, 1983)

마하라쉬트라에 있는 현무암질로 된 높은 절벽의 벽면을 단계적으로 파내어 조성한 34개의 사원들로서 길이가 2km이상이고 A.D. 600~1000년까지 끊임없이 계속 조성된 기념물이다. 이 유적은 독특한 예술적 창조와 기술적 개발 뿐 아니라 불교, 브라만교,

자이나교를 같이 봉헌한 신전이기도 하다.

■ 아잔타 동굴(Ajanta Caves : 문화, 1983)

B.C. 2~A.D. 7세기에 걸쳐 조성된 불교 동굴기념물로서 굽타시대(A.D. 5~6세기)에 더욱 크게 발달하였다. 아잔타의 벽화와 조각은 불교예술에 큰 영향을 끼친 걸작품이다.

■ 마하발리푸람 기념물군
(Group of Monuments at Mahabalipuram : 문화, 1984)

이들 신전들은 7~8세기경 팔라바 왕들에 의해 코로맨델 연안의 바위를 파내어 동굴 사원으로 창건한 것으로 이들 중 Rathos(전차형태의 사원)와 Mandapas(동굴신전)가 유명하다.

■ 카주라호 기념물군
(Khajuraho Group of Monuments : 문화, 1986)

카주라호 사원은 찬델리 왕조때 건립되었으며 기타 20여개의 건축들이 세 그룹으로 나누어져 있는데, 이들은 모두 브라만교와 자이나교의 두 종교에 속하는 사원들로서 건축과 조각이 완벽한 균형을 이루고 있다. 그 중 칸다리야 사원은 화려한 조각이 돋보이는 인도예술의 최대걸작이다.

■ 파테푸르 시크리(Fatehpur Sikri : 문화, 1986)

16세기경 악바르 황제가 세운 도시이다. 몽골의 수도였으며 일명 '승리의 도시'라고 불린다. 사원과 기념물이 모두 획일적인 건축 형태로 되어있으며 이중 Jama Masjid사원은 인도에서 가장 큰 모스크중의 하나이다.

■ **순다르반스 국립공원(Sundarbans National Park : 자연, 1987)**

순다르반스는 갠지스 강 삼각주의 10,000km^{2}에 달하는 육지와 강을 포함하는 지역으로 세계적인 국립공원이다.

■ **산치의 불교 기념물군(Buddhist Monuments at Sanchi : 문화, 1989)**

보팔시로부터 40km 떨어진 평원이 내려다보이는 언덕배기에 위치한 불교기념물 그룹으로서 B.C. 2세기 혹은 1세기에 축조된 기념물로서 현존하는 가장 오래된 불교 성소이다.

■ **보드가야의 마하 보디 사원 단지(Mahabodhi Temple Complex at Bodh Gaya, Ci, ii, iii, iv, vi, 2002)**

부처의 인생, 특히 개화의 순간과 관련된 네 개의 성지중의 하나이며 후기 굽타시대의 건물로 전체가 벽돌로 만들어진 현존하는 초기 불교 사원 중 하나이다.

이벤트 & 축제

■ **1월 : 공화기념일**

1950년 1월 26일 공화국 헌법의 발표를 기념하여 만든 경축일이다. 인도의 각 주, 도에서 행해지지만 특히 수도 뉴델리에서 열리는 퍼레이드가 장관이다. 수많은 구경꾼과 화려한 의상의 군대, 코끼리의 행렬, 그리고 각 민족의상을 입은 사람들이 인도문 지역을 중심으로 멋진 장관을 제공한다.

■ **2월 : 수라즈쿤드 크래프트 메라(Surajkund Crafts Mela)**

전 세계적으로 인도가 자랑거리로 삼아서 알리고 있는 축제들 가운데 하나이다. 남인도의 미술과 수공예 그리고 문화들과 독특한 수공예 품들, 코코넛잎으로 만든 여러 작품들을 감상할 수 있다.

■ 3월 : 홀리(Holi)

팔군(Phalgun)의 달(2~3월), 보름달이 뜨는 날에 거행되는 축제로 수확과 새해를 상징하며 지나간 것에 대한 작별과 새로운 모든 것들에 대한 기원을 담고 있다.

■ 4월 : 바이사키(Baisakhi)

힌두교의 새해. 이날은 힌두인들에게는 성스러운 강가강이 하늘에서 땅으로 내려왔던 날이라고 믿어지기도 한다. 특히 시크교도들에게는 매우 특별한 날이기도 하다. 건장한 사람들은 이날 흥겹게 환락을 즐기며 무희들은 정렬적인 춤 방그라를 북의 리드미컬한 장단에 맞추어 춘다.

■ 5~6월 : 샤보트(Shabouth)

유대인의 큰 명절 중의 하나. '팬타코스트'라고도 불리는 것으로 일종의 유대인들의 수확에 대한 감사의 명절을 의미한다.

■ 8월 : 잔나마쉬타미(Janamashtami)

인도에서 인기 있는 크리슈나신의 탄생을 축하하는 축제이다.

■ 9~10월 : 두세라(Dussera)

인도의 축제 중 가장 인기가 있다. 북인도에서는 라마 왕자의 생애가 야외 공연장에서 공연되는데 마지막 날에는 라마와 싸운 악마의 커다란 인형이 화형된다. 벵골 등 동인도에서는 두르가 푸자라고 하며 물소로 변신한 악마와 사운 두르가 여신상이 사람들에게 이끌려 운반되어 물에 던진다.

■ 11월 : 디왈리(Diwal)

빛의 축제인 디왈리는 그 달 28일 안에 지구의 둘레를 돈다. 이 동안 14일 간은 빛의 날들이고 15일간은 어둠의 날들이다. 크리쉬나 차투르다시는 이 기간 동안의 가장 어두운 저녁이다. 디왈리는 홀리와 두세라에 이어 전 인도가 기념하는 3개의 중요한 페스티벌 중의 하나이다.

제4장 오세아니아 · 태평양

- 오스트레일리아 / AUSTRALIA
- 뉴질랜드 / NEWZEALAND

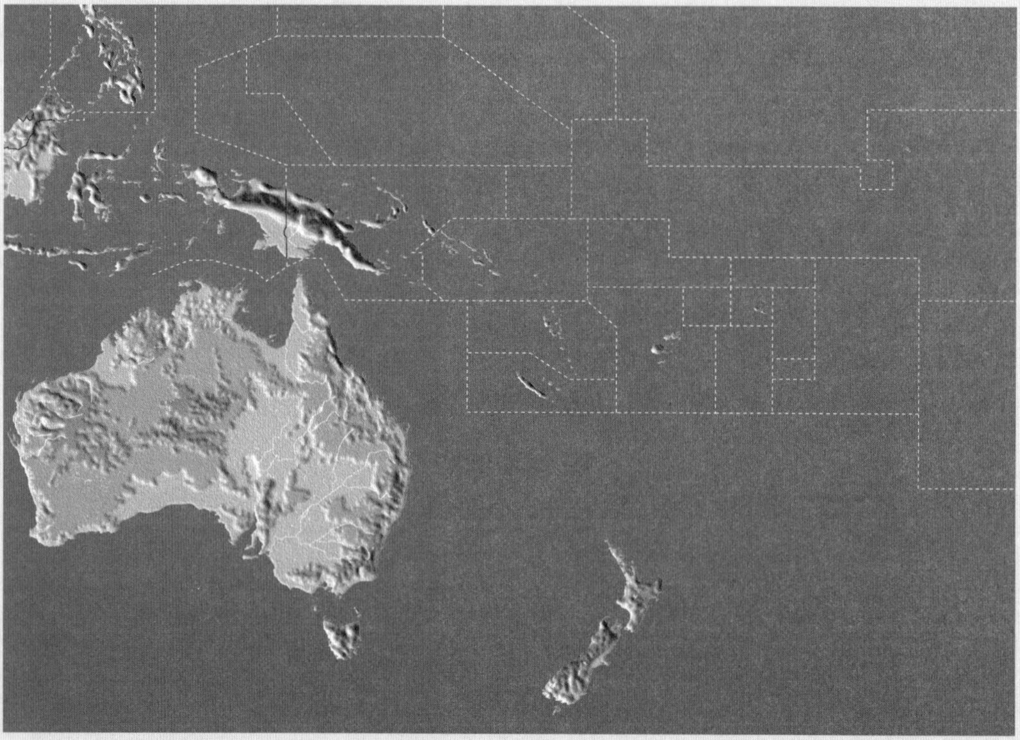

世界文化觀光

오스트레일리아
AUSTRALIA

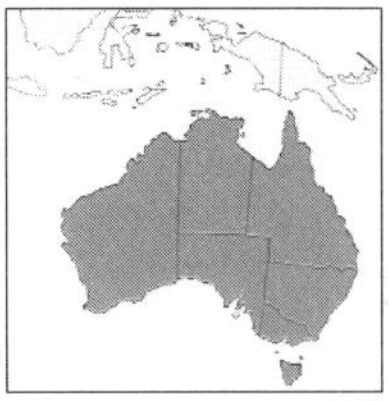

인구 : 약 2,024만명
면적 : 약 768만km^2
수도 : 캔버라
주요언어 : 영어
종교 : 가톨릭교 · 영국국교회

www.australia.com

문화와 자연환경

오스트레일리아는 라틴어로 남부를 뜻하는 오스트랄리스에서 유래된다. 그래서 북반구와는 계절이 정반대로 나타난다.

봄이 9~11월 경이고, 겨울이 6~8월경 이다.

1606년 윌렘잔스가 유럽인으로서는 처음 대륙을 본 후 1642년 네덜란드인 아벨타스만이 오늘날 호주 남쪽섬 타즈마니아섬에 상륙했다.

실제로 호주는 지금부터 2백년 전에 영국의 유형(流刑) 식민지로 출발하였다. 1770년 영국 탐험가 제임스쿠크가 시드니 근처 해안에 상륙하여 이 지역을 영국땅이라고 주장하였다.

쿠크선장 보고에 따라 영국정부는 당시 대지주의 농지병합과 산업혁명으로 실업자가 급증하여 크게 증가한 범죄자들을 호주에 보냈다.

1788년 아더 필립을 총독으로 하여 죄수 736명을 포함한 1천여명의 최초 이민단이 시드니에 상륙, 동부 전체에 영국 주권을 선언하여 오스트레일리아가 시작되었다.

이민자들로 구성된 호주는 1880년부터 최근까지 백인중심의 백호주의를 제창하여 배타적인 정책을 유지해 왔다. 인구의 70%가 영국과 아일랜드계이며 최근에는 소수이기는 하지만 아시아와 중근동과 태평양제도의 사람들이 증가하고 있다.

호주는 워낙 넓은 지역에 걸쳐 있으므로 여러 기후대를 가지고 있는데, 대략 최북단의 열대 기후, 내륙 건조기후, 그리고 남쪽 지역의 온난성 기후로 구분할 수 있다. 사람들 대부분은 온화한 기후대에 거주하고 있다.

호주의 최북단은 열대기후로 우기와 건기의 두 계절만 있다. 열대 몬순기후는 일반적으로 우기에 나타나며, 다윈과 케언즈는 1월과 2월에 최대의 강우량을 기록한다.

호주 대륙 대부분 지역은 온화한 겨울기온을 가지고 있는데, 남동부와 타즈마니아에서는 눈이 내린다. 도시 내부에서는 좀처럼 눈이오지 않지만, 캔버라산악지역에서는 눈을 볼 수 있다.

호주에서 가장 추운 곳은 코시우스크 산 근처 설원에 있는 샤로트 파스로서 1994년 섭씨 영하 23도를 기록하기도 한다. 남 오스트레일리아의 북부지역과 서 오스트레일리아 전역에서는 열파(Heat Waves) 현상이 빈번하게 일어난다. 1889년 북동부 내륙에서는 섭씨 53도를 기록했는데 이는 호주 역사상 최고치로 남아 있다. 내륙과 남부 일부 지역에서는 기온의 일교차가 매우 심하다. 열을 가두어 두는 구름이 거의 혹은 전혀 없기 때문에 밤에는 기온이 엄청나게 떨어진다. 밤서리는 내륙과 남부지역에서 겨울에 흔히 나타난다.

호주 대륙의 35 퍼센트는 비가 거의 오지 않아서 사실상 사막에 가깝다. 호주에는 사막이 11개가 있는데, 그 중 가장 큰 것은 서 오스트레일리아와 남 오스트레일리아에 걸쳐 있는 그레이트 빅토리아 사막과 서 오스트레일리아에 있는 그레이트 샌디 사막이다. 동부 내륙에서는 많은 지역이 지하수에 의존하고 있다. 지하저수지인 그레이트 아르트시안 베이슨(the Great Artesian Basin)은 호주 지층의 20% 차지한다.

역 사

1770년 영국 해군 제임스 쿡 선장은 귀환하던 길에 뉴질랜드를 거쳐 호주 동부 해안에 머무르면서 이 곳을 영국령으로 선포하였다. 유럽인들이 호주에 도착했을 때 당시 원주민의 수는 약 30만명 정도였던 것으로 추측되며 그보다 앞서 아시아인들 또는 아랍과 포르투갈의 선원들이 호주 대륙을 이용했을 것으로 짐작되고 있다.

영국이 추방 선고를 받은 자들을 호주에 격리 수용하기 시작하면서부터 호주의 역사는 시작되었으며, 오늘날 호주의 가장 큰 도시가 된 시드니는 이 범법자들의 거주지였다. 그 후 80여년 동안 호주 탐사가 계속되었고 호바트, 브리스베인, 퍼스, 멜버른, 아델레이드가 개발되었다.

1850년 영국정부는 6개의 식민영토에 자치정부를 허용했으며, 1901년 1월 1일 호주 연방정부가 탄생하였다. 1911년 호주 수도로 캔버라로 옮겨지면서 캔버라도 연방의 자치구에 편입되었다.

농업과 목축을 기본으로 하는 호주는 신속히 발전해왔으며 주된 생산물과 수출품은 양털과 밀, 유제품, 육류, 곡류, 설탕과 과일이었으나, 제2차 세계대전 이후로 철강, 자동차, 중공업, 석유, 화학, 섬유, 전기제품과 제조업 등의 산업이 크게 발달하였다.

현재 호주의 인구는 약 2,000만명으로 다민족 복합문화 국가의 성격을 지니고 있으며 전 인구의 61%가 주요 대도시에 거주하고 있다. 총인구의 1/3정도가 New South Wales 주에 살고 있고, 1/4정도는 Victoria 주에 살고 있다.

종 교

대다수 호주인들은 기독교인이고(74%), 기독교 인구의 절반 이상이 가톨릭 신자이며 나머지는 주로 성공회나 신교도들이다. 기독교를 믿지 않는 소수 민족이 이민을 오면서 기독교 인구는 서서히 줄어들고 있다. 이들 소수 민족의 대부분은 이슬람교도(0.9%), 불교신자(0.8%), 유대교인(0.4%)들이다. 대도시에서는 기독교 이외의 다른 종교들의 성전을 쉽게 찾아 볼 수 있고, 심지어는 몇몇 교육기관의 캠퍼스에서도 찾을 수 있다.

호주 사람들 중 10% 이상이 무교이며 이 수치는 1960년대 이래로 점점 증가하고 있다. 사람들과 땅의 관계를 중시하는 전통적인 원주민 문화는 영적인 색채가 강하다. 원주민들은 땅을 자신들의 어머니라고 말하며, 땅이 그들의 소유물이 아니라 오히려 그들이 땅의 일부라고 생각한다. 종교의식은 원주민 사회마다 다양하다.

전통 문화 & 관습

호주는 자외선이 강한 나라다. 그래서 호주인 들은 외출 시 썬텐 오일을 바르고, 모자와, 선 그라스를 항상 준비하고 다닌다. 일광욕은 오전 11시부터 오후 3시 사이를 피하는 것이 좋다.

기후 또한 건조해서 탈수 현상을 예방하기 위해 물을 자주 마셔야 좋다. 이민자 중에서 처음 호주 도착 후 몇일 간 용변을 보지 못하는 경우가 있다고 한다. 환경에 적응치 못해 일어나는 일시적인 현상으로 이럴 때는 일정 기간 수분섭취를 해주면 쉽게 해결된다.

호주는 사람에게 해악을 주는 부분에 대한 법규는 아주 엄격하다. 그래서 어떤 음식이든 안전하게 먹을 수 있고 환경을 중요시하기 때문에 수도 물도 그냥 마실 수 있어서 좋다.

취침은 밤 9시 경이면 거의 모든 사람들이 취침을 하며, 이 시간

이후에 전화를 하거나 방문을 하게 되면 실례가 된다. 선진국이 대부분 그러하듯이 사전예약 제도가 잘되어 있어 사전연락이 없이 방문하게 되면 예의 없다는 질책을 받게 된다.

한국에서는 술을 사서 음식점에 가서 마시는 경우는 주인의 허락을 받아야 하나, 호주는 음식점 앞에 B. Y. O라 쓰여진 곳은 술을 가지고 가서 편하게 마실 수 있다.

주요 음식

■ 피시 & 칩스(Fish & Chips)

흰 살 생선과 포테이토를 기름에 튀긴 것으로 대표적인 영국의 요리의 하나이다.

■ 키드니 파이(Kidney Pie)

양파, 소고기, 소의 신장을 섞어서 파이에 끼워 구워서 만든 음식이다.

■ 에뮤 스테이크(Emu Steak)

새고기의 일종인데 먹어보면 짐승고기에 가까운 맛과 고기의 질이다.

■ 베지마이트(Vegemite)

야채를 페스트 모양으로 만들어서 토스트에 발라서 먹는데 많은 호주인들이 아침식사로 즐겨 먹는다.

베지마이트

■ 미트 파이(Meat Pie)

소고기나 닭을 갈아서 만든 파이로 그린 글레비나 피스 소스를 뿌려서 먹는다. 이 음식은 호주 사람들이 가장 좋아하는 요리이다.

■ 악어크림파이(Crocodile Cream Pie)

호주에서 자체적으로 개발해서 만든 음식으로 악어요리의 일종으로 담백한 맛이 닭고기와 흡사하다.

■ 캥거루 스테이크 (Kangaroo Steak)

캥거루 고기는 딱딱한 느낌은 있지만, 씹을수록 색다른 맛이 난다.

캥거루 스테이크

■ 에버리지니 요리

호주 최초의 원주민인 애버리진이 먹는 요리로 각종 벌레 요리로부터 악어고기 등 색다른 요리가 많이 있다.

주 류

■ 맥주

호주인 1인당 맥주 소비량은 세계 제3위. 세계적으로 유명한 맥주는 포스터(Fosters)로 명성이 높다. 각 주에는 그 지역의 맥주가 있다. 퀸즐랜드주에는 포엑스(xxxx)와 파워스(Powers), 웨스턴 오스트레일리아주에는 웨스트엔드와 스완(Swan), 빅토리아주에는 빅토리안 비터(Victorian Bitter), 뉴사우스웨일스주에는 투헤이즈(Tooheys), 태즈메이니아주에는 케스케이드(Cascade) 등이 있다. 포스터나 포엑스는 약간 가볍고 스완은 강한 맛이다. 색다른 것으로는 알코올 농도 5.8%의 쿠퍼스(Coopers)라는 맥주가 있다. 항아리 안에서 발효시킨 것으로 감칠맛이 난다. 각각의 맥주에는 종류가 있어, 생맥주(draft), 강한 맛(bitter), 쓴맛(lager)이 있다. 1캔에 A$1.5 정도한다.

■ 와인

오스트레일리아의 와인은 역사는 짧지만 맛은 뛰어나다. 긴 세월에 걸쳐 숙성된 깊은 맛보다는 신선한 맛이 핵심이다. 주요 생산지는 '와인주'라 불리는 사우스 오스트레일리아주. 세계적으로 인기 있는 세련된 맛의 적포도주가 생산되며, 이외에도 백포도주 등을 생산하는 다수의 산지가 많이 있다. 대량생산을 하는 브랜드 외인으로는 펜폴즈(Penfolds), 린데만스(Lindemans), 올랜도(Orlando) 등이 있다. 1~2리터 1병에 보통 A$5~10 정도이다.

세계문화유산

■ 카카두 국립공원(Kakadu National Park : 복합, 1981, 1987, 1992)

독특한 고고학적, 민족학적 보호지역으로 이곳에서 40,000년 동안 인류가 생활해 왔음을 알려주는 유적이다. 동굴벽화, 암각화등은 신석기시대의 사냥꾼과 어부로부터 오늘날 그곳에 살고 있는 원주민들에 이르기까지 거주민들의 행동패턴을 잘 나타내주는 기록들이다. 이곳은 조수, 범람원, 고원, 평원을 포함한 생태계의 모범지역이며 희귀동식물의 광범위한 서식처인데 최근 국립공원내의 우라늄광산 개발로 인하여 환경파괴의 논란이 제기되고 있다.

▪ 윌랜드라 호수지역(Willandra Lakes Region : 복합, 1981)

홍적세기에 형성된 오아시스와 호수들이 많은 화석 유적지로 4만 년전부터 인류가 살았던 지역이다. 이곳은 오스트레일리아 대륙의 인류진화연구에 독특한 이정표를 이루는 중요한 유적지이다. 거대한 유대류(캥거루 등 주머니동물) 화석이 잘 보존된 채 발견되고 있다.

▪ 오스트레일리아 중동부 열대우림지대 (Central Eastern Rainforest Reserves : 자연, 1986/1994)

몇 개의 보호지역을 포함하고 있는 이 유적은 오스트레일리아 동부연안의 대해저애(大海底崖)를 따라 넓게 위치하고 있다. 화산분화구 주위로 뛰어난 지형적 특징이 전개되고 우림지대에는 희귀하고 위협받는 생물종이 살고 있어 과학과 보존 측면에서 국제적 중요성을 띠고 있다.

▪ 퀸즐랜드 열대습윤지역 (Wet Tropics of QueensLand : 자연, 1988)

오스트레일리아 북동연안을 따라 450km에 걸쳐있는 거대한 열대습윤 삼림지대로 이 소생물권에는 광범위하고 다양한 식물권이 배치되어 있고 희귀하고 멸종 위기인 동식물과 함께 유대류 및 조류 등이 서식분포하고 있다.

▪ 블루마운틴 산악지대(Greater Blue Mountains Area : 자연, 2000)

유칼리투스의 대표적인 산지이며, 협곡, 폭포, 기암 등 경관이 변화무쌍하다.

이벤트 & 축제

■ 뉴캐슬의 마타라 축제(The Mattara Festival of Newcastle)

뉴케슬의 마타라 축제는 2000년도에 40주년이 되었다. 이 축제는 뉴사우스 웨일주의 헌터 지역과 뉴케슬의 풍요와 역경, 삶의 질을 경축하기 위해 열리는 행사로서 매년 9월에서 10월 사이에 열린다. 2000년도에 40주년을 맞이한 마타라는 1961년에 처음 시작할 때는 아주 보잘것없이 작게 추진되었으나, 지금 현재 90만명이 넘는 참가 인원과 종교, 문화, 스포츠 등의 각계 40여개의 단체들의 지지를 받고 있다. 뉴케슬 시에서도 매년 이 축제에 4000불을 지원하고 있으며 뉴케슬의 문화와 아름다움을 강조하고, 안개 자욱한 공단시에서 새로운 모습으로 변모하는 뉴케슬 시의 이미지를 만들기에 노력을 기울이고 있다. 축제 첫날에는 개식행사와 함께 시빅 파크(Civic Park)에서 예술품을 전시한다. 이 행사가 열리는 날이면 약 40,000명의 사람들이 이곳에 몰려들어 뉴케슬의 전통과 문화를 체험하고 간다.

■ 시드니 게이 앤 레즈비언 축제 (Sydney gay and lesbian mardi gras festival)

전 세계 동성연애자들의 자긍심으로 자리잡은 세계 최대의 게이 앤 레즈비언 축제이다. 동성연애자들의 연극과 파티, 영화제. 전시회, 콘서트 등이 열리고 3월 1일에는 그 유명한 마디그라 퍼레이드(Mardi Gras Parade)가 축제 한 달간의 대장정을 화려하게 마무리한다. 옥스퍼드 거리를 따라 요란하고 환상적인 의상을 입은 게이들이 음악에 맞추어 몸을 흔들고, 자식들을 데리고 나온 게이 부모들, 게이 앤 레즈비언 스쿨의 학생들 등 세계 각국의 동성연애자들이 손에 손잡고 피켓을 앞세워 행진한다. 퍼레이드가 끝나면 성대한 댄스파티가 이어지는데 수 km에 달하는 이 퍼레이드에는 관광객들을 포함해 60여만 명이 참여한다.

■ 시드니 축제

25년의 역사를 자랑하는 시드니 축제는 전세계적으로 유명하다. 멜버른 축제와 비슷한 내용으로 국내외 유명 행사 팀이 참여하는 무용, 연극, 오페라와 음악회, 각종 대중문화적 음악연주회, 미술제가 무료로 거리와 공원 등지에서 펼쳐지고, 행사기간 중에는 거의 매주 토·일요일 밤 시내 곳곳에서 불꽃놀이를 벌여 젊은이들의 잠을 빼앗는다. 올해에는 1월 5일에 폭스영화사 시드니 스튜디오에서 세계 각국의 유명인사, 배우, 가수와 예술가들을 초대한 개막잔치를 선두로 호주 국경일(The Australian Day) 축하 행사가 벌어지는 1월 26일 대규모 불꽃놀이를 크라이맥스로 막을 내린다.

뉴질랜드
NEW ZEALAND

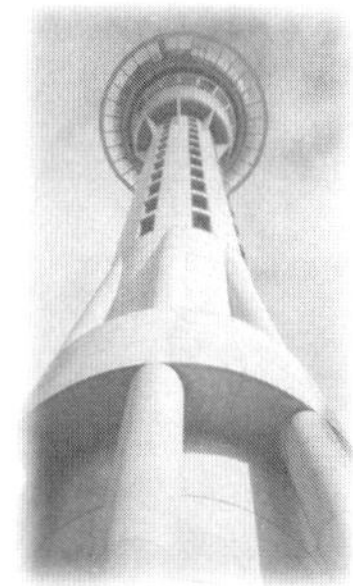

인구 : 약 399만명
면적 : 약 27만km^2
수도 : 웰링턴
주요언어 : 영어와 마오리어
종교 : 기독교(성공회 25.7%, 장로교 16.5% 가톨릭 14.4%)

www.newzealand.com

문화와 자연환경

뉴질랜드는 호주대륙에서 약 200km 떨어진 곳에 2개의 큰섬으로 이루어져 있다. 전체 면적의 3/4이 200m 이상의 고지대이며, 남섬에는 3000m가 넘은 높은 산이 17개나 있다. 환태평양의 신기조산대지역으로 지층이 불안정하여 활화산과 지진이 자주 발생하고 곳곳에 온천이 많다.

뉴질랜드는 호주와 같이 영연방의 일원으로서 성문법이 없으며 의회에서 정하는 법률과 관습법으로 법질서를 유지해간다.

뉴질랜드 경제주축은 농업이지만 농업으로 선진공업국 못지 않게 잘 살고 있다. 농업생산물이 수출액의 55%를 차지하고 있으며 주요 공산품은 수입해서 사용하고 있다.

우리나라의 기후와는 정반대의 기후로 남반구의 온대에 위치한 뉴질랜드는 해양성 기후로 한서의 차가 심하지 않다. 날씨가 자주 바뀌기는 하나 전국에 걸쳐 일조량과 강우량이 충분하다.

여름에는 아열대성 기후가 되고 겨울에는 남 섬의 남부 알프스에 눈이 많이 내린다. 1년 중 가장 무더운 때는 1~2월이며 가장 추운 때

는 7~8월이다. 7~9월까지는 우리로서 1년 중 가장 많은 비가 내리나 폭우가 오는 경우는 드물어 여행에 큰 무리는 없다. 오클랜드를 기준으로 여름철 최고 기온은 약 25℃, 최저 기온은 5℃ 정도이다.

뉴질랜드는 1일 사계절이 나타난다고 할 만큼 기온의 차가 심하다. 따라서 한 여름이라도 여행하려면 점퍼나 긴 바지가 필수이다.

12월부터 3월까지가 여행하기에 가장 적합하다. 여름철에 강한 햇볕으로 인해 피부가 손상되기 쉬우므로 자외선 차단 크림 등 피부 관련 의약품이 필요하다.

역 사

■ 기원후 1000년까지

약 1,000년 전까지만 해도 뉴질랜드에는 아무도 살지 않았고, 유일하게 큰 동물은 새들이었다. 그 이후로 태평양 동쪽에서 첫번째 이주민인 폴리네시안들이 들어왔다. 그들은 두 개의 큰 무리를 지어서 이주해 왔는데, 두 번째 그룹이 뉴질랜드 전역에 그들의 문화를 퍼트린 마오리들이었다. 그들은 이곳을 '길고 흰 구름의 나라'라는 뜻인 '아오테아로아'라고 불렀다.

■ 1700~1900년까지

뉴질랜드가 본격적으로 세계에 등장한 것은 1769년에는 영국인 제임스 쿡(James Cook)에 의해서인데, 대외적으로는 타히티 섬에서의 금성의 태양면 통과 관측이었지만 극비 임무로서 뉴질랜드가 테라 아우스트렐리의 일부인가를 확인하기 위한 것을 계기로 에든버러호가 항해를 하면서 이었다. 그는 약 6개월에 걸쳐 뉴질랜드의 남북 양쪽 섬의 연안을 조사하여 정확한 뉴질랜드 지도를 완성하였고, 이로 인해 유럽사회에 처음으로 뉴질랜드의 존재가 밝혀지게 된다. 쿡은 그 후에 두 차례에 걸쳐 대항해를 했고, 항해 도중 뉴질랜드에 들리는가 하면 뉴질랜드를 남태평양의 섬들을 조사하여 그 사실을 유럽에 알렸다.

호주보다 늦은 약 1800년경에 첫번째 유럽인이 이곳에 정착했다. 이들의 대부분이 영국에서 왔으며, 1840년에 영연방의 한 국가가 되었다. 대부분 영국인으로 이루어진 수천명의 새로운 이주민들이 1840년에 들어왔으며, 오래지 않아 마오리 인구보다 많아졌다.

1840년에는 마오리족과 영국정부가 와이탕기(Treat of Waittangi)를 맺었다. 이 조약에 따라 마오리족은 문서상으로는 영국인이 되었으며, 마오리족의 모든 주권도 영국인에게 넘어갔다. 하지만 영국인은 심한 식민경영을 하지 않았다. 이러한 상황에 웨이크 필드 일당의 토지 수탈에 불만을 품은 마오리족은 1860년 초대 마오리 왕 포타토우 1세 아래 집결해 마오리군과 영국군 사이에서 마오리 전쟁이 12년에 걸쳐 시작되었다. 경제적으로 우위에 앞서던 북섬이 마오리 전쟁으로 황폐하였고, 남섬의 급격한 경제부흥으로 정치적 중심지의 계기가 된다. 북섬의 정치가들이 오클랜드에 수도를 남섬의 웰링턴으로 옮김으로써 남북섬의 균형적 발전을 도모하였다.

■ 1991년~현재

현재 뉴질랜드는 서구 민주주의를 받아들어 태평양을 둘러싼 연안 국가와 아시아와의 대외관계를 통해서 경제, 사회, 문화관계를 맺고 있다.

최근 들어 다른 지역의-특히 남태평양, 한국, 홍콩, 대만 등의 아시아-사람들이 뉴질랜드로 이주해오고 있다.

뉴질랜드는 점점 영국으로부터 독립해가고 있으며, 비록 퀸엘리자베스가 여전히 뉴질랜드의 여왕이지만 지금은 독립 국가이다. 요즘 들어 영국과의 관계가 많이 느슨해진 반면, 태평양과 아시아 국가들과는 점점 발전하는 추세이다.

종 교

뉴질랜드에는 대부분의 기성종교가 다 들어와 있다. 종교는 개인의 선택이며 종교를 이유로 차별대우를 할 수 없도록 인권법에 규정하고 있다. 큰 도시에는 기독교, 불교, 회교, 유태교 등 대부분의 종교를 위한 예배 장소가 있다.

뉴질랜드의 대표적인 종교는 기독교이다. 영국 성공회가 인구의 24.%, 개신교가 18%, 가톨릭이 15%를 차지한다. 그 외에 감리교, 침례교, 안식교, 힌두교, 이슬람교도 등이 있고 무교도의 수도 인구의 16%에 이른다.

뉴질랜드는 개척 초기부터 기독교를 기반으로 한, 깨끗한 사회를 건설하는 것을 이상으로 하였다. 이는 이웃 나라 호주가 유형지의 역사를 가진 데에 대한 반발이기도 하였는데 이 점은 뉴질랜드가 경제적으로 부유한 나라가 된 지금도 하나의 큰 특색이 되고 있다.

전통문화 & 관습

성직자의 결혼을 허락하는 성공회가 많으며, 차를 많이 마시는 국민이라 직장에서도 두 차례 정도의 티타임이 있다. 또한 철저한 핵가족 주의라 개인생활을 존중한다. 인사는 유럽인들은 악수나 가벼운 포옹을 하며, 마오리 원주민들은 '홍이'라고 하여 코를 서로 맞댄다.

어린이와 노약자/장애인을 최우선하는 국민의식으로, 법과 질서를 철저히 지키는 도덕성이 몸에 배어 있다. 차량접촉 사고는 거의 볼 수가 없으며, 본인의 과속이나, 운전부주의로 추락하여 대형사고를 일으키는 경우는 있다. 도로에 경찰차를 찾아 볼 수 없을 정도이며, 운전자가 교통법규를 철저히 지켜 원활한 소통을 보이고 있다.

그리고 살인이라는 단어를 모를 정도로 순수한 인간성을 지닌 낙원의 나라이다.

뉴질랜드인은 야외 활동과 스포츠를 매우 즐기는 것으로 유명하다. 특히 럭비(Rugby)는 국가적인 스포츠로 뉴질랜드를 방문할 때 놓치지 말아야 할 구경거리 중 하나이다.

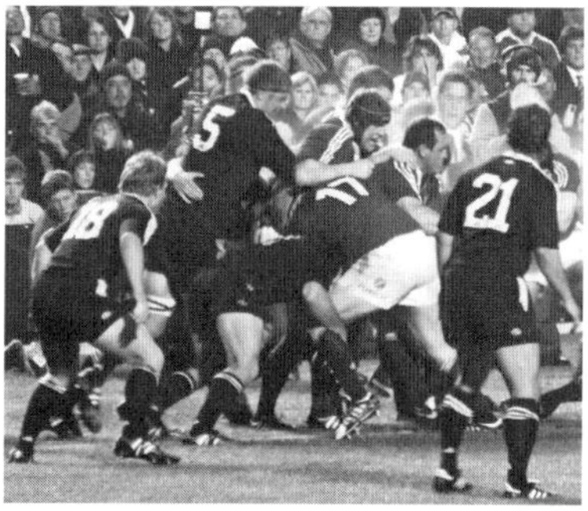

주요 음식

목축왕국인 뉴질랜드의 음식은 육류요리인데, 양고기인 램을 비롯하여 돼지고기, 소고기를 재료로 한 요리가 많이 있고, 최근 사슴사육으로 Venison이라고 부르는 사슴고기는 고급 레스토랑 메뉴의 하나로 인기가 많다. 또한 섬나라로 해산물이 풍부하여 뉴질랜드 특산으로 크레이피시(Crayfish)를 들 수 있다. 피시란 생선이 아닌 랍스터의 일종으로 대형 새우를 말한다. 뉴질랜드의 위치에 따라서 요리도 그 영향을 받아서 육류와 해산물을 이용한 요리를 싸고, 풍부하게 맛볼 수 있다는 장점이 있다.

뉴질랜드의 대중식으로 피시 & 칩스를 들 수 있는데, 흰 살생선의 프라이와 칩스를 함께 먹으면 더욱 맛있게 먹을 수 있다. 이것은 소금, 토마토소스 등을 얹어 먹으며, 바에서는 피시&칩스을 안주로 하여 술을 마시는 일을 흔히 볼 수 있다. 파이도 점심에 대중에게 인기 있는 간편한 음식으로 스테이크파이와 민치파이 등으로 많은 종류가 있는데 거리의 빵집이나 잡화상 등의 한쪽 모퉁이에 팔고 있다. 스콘은 달지 않은 소형 팬케이크의 일종이다. 스트로베이나 블루베리의 잼과 크림과 함께 먹으면 더욱 맛있다. 홍차나 밀크티와 함께 먹어도 좋다.

■ 뉴질랜드 전통요리 항이

로토로아 지역은 각종 온천과 열천이 끓어오른다. 이러한 열천 속에 계란을 넣어두면 잘익게 된다. 따라서 달리 물을 끓여서 요리를 할 필요가 없다. 항이(Hangi)는 이러한 지열을 이용해 요리를 하는 전통의 요리법으로 각종 고기와 야채, 조개 등을 땅속에 넣어 찐 것이다. 로토루아의 큰 호텔에서는 이러한 항이 스타일의 식사와 공연을 곁들여 마오리 콘서트를 한다.

주 류

■ 맥주

맥주의 종류로는 생맥주(draft), 센맛(bitter), 쓴맛(lager)이 있다. 2대 맥주 회사에서 나오는 스타인라거(Steinlager)와 라이온 레드(Lion Red)가 가장 대중적인 뉴질랜드의 맥주이다. 이 밖에도 각 지방별 맥주회사에서 나오는 다양한 상표의 맥주가 있다. 캔 하나에 2$NZ 정도 한다.

■ 와인

많은 포도주 양조장이 있고 특히 백포도주인 샤르도네(Chardonnay)와 소비뇽 블랑(Sauvignon Blanc)은 국제적 명성이 높다.

세계문화유산

■ 테 와히포우나무 공원
(Te Wahipounamu-Suuth Weat New Zealand : 자연, 1990)

뉴질랜드 남서쪽에 위치한 공원으로 연속적인 피요르드(높은 단

애사이의 峽江) 빙하현상, 바위가 많은 연안의 깎아 지른듯한 절벽, 호수와 폭포들이 하나의 거대한 장관을 이룬다. 공원의 2/3정도가 수령 800년된 너도밤나무 숲으로 뒤덮여 있고 희귀조인 앞파인 앵무새의 서식처이기도 하다.

■ 남극연안 섬 (Sub-Antarctic Islands : 자연, 1998)

5개의 군도로 구성되어 있으며 뉴질랜드 남동쪽 해안에 위치하고 있다. 남극과 아열대 수렴대 사이에 위치하고 있으며 고유한 조류 및 식물, 무척추동물의 서식지, 40종의 바다새를 포함한 126종의 새들이 서식하고 있으며, 특히 5종의 바다새는 오직 이 지역에서만 서식하고 있는 것으로 알려지고 있다.

■ 통가리로 국립공원(Tongariro National Park : 복합, 1990/1993)

개정된 문화유산기준에 의해 처음 등록된 유산이다. 공원안에는 문화유적과 마오리족의 종교관습 및 공동체, 환경과 관련된 상징물이 있으며 활화산, 휴화산이 있고 훌륭한 자연경관과 다양한 범위의 생태계가 있다.

이벤트 & 축제

■ 여왕 생일(Queen's Birthday)

뉴질랜드는 1952년 제정된 'Sovereign's Birthday Observance Act of 1952' 조례에 따라 영국 여왕의 생일을 기념하는 공휴일이 지정돼 있다.

■ 앤잭 데이(Anzac day)

뉴질랜드에서는 매년 4월 25일을 앤잭 데이로 제정하고 있다. 앤잭(ANZAC)은 Australian and New Zealand Army Corps(호주 · 뉴질랜드 연합군)의 약자로 정부는 자유를 수호하기 위해 세계 각처의 전장에서 희생된 뉴질랜드인과 호주인들에게 경의를 표하고 이들을 추모하기 위해 앤잭 데이를 공휴일로 지정, 각종 추모행사를 열고 있다.

앤잭 데이 거리행진

앤잭 데이가 처음 생기게 된 연유는 1915년 제1차 세계대전 중 터키의 Gallipoli 반도에 호주 · 뉴질랜드 연합군이 상륙한 일에서 찾을 수 있다. 즉 앤잭 데이는 이 상륙작전을 성공적으로 마치고 8개월 간에 걸쳐 치열한 전투를 벌인 끝에 자유를 위해 희생된 병사들을 기념하고 그 뜻을 후세에 전하기 위해 그 다음해인 1916년 처음 거행됐던 기념행사에서 시작된 것이다.

앤잭 데이가 돌아오면 뉴질랜드 대부분의 기관들은 그 지역 출신의 희생자들을 마음 속 깊이 추모하며 기념식장 가서 헌화하는 행사를 갖는다. 수년 전부터 제1차 세계대전에 참전했던 노병들이 하나

둘씩 이 땅을 떠나감에 따라 앤잭 데이의 의미가 점차 상실되어 가는 듯했지만, 최근 앤잭 데이 기념 퍼레이드에 참석하는 시민들의 수가 급격히 늘면서 앤잭 데이를 국경일로 제정해야 한다는 제안이 쇄도하고 있는 것으로 알려졌다.

한편, 매년 11월 11일은 제1・2차 세계대전에서 희생된 장병들의 넋을 위로하기 위해 세계적으로 널리 제정된 영령기념일(Remembrance Day)로 상이군인 원조를 위해 '붉은 양귀비' 조화를 판매하는 풍습이 있다.

■ 와이탕이 조약 체결 기념일(The Treat of Waitangi)

와이탕이 조약은 흔히 간단하게 표현해서 '조약(The Treaty)'으로 불리기도 한다. 이 조약은 영국정부가 뉴질랜드 통치권을 행사한다는 내용과 더불어 마오리와 파케하(유럽인)의 관계를 제정한 내용을 중심으로 하고 있다.

와이탕이 조약은 1840년 2월 6일 영국 Hobson 부총독과 다수 마오리족을 대표하는 지도자들 사이에 체결된 조약이다.

이 조약에는 또 마오리들의 부동산과 임지 그리고 수산활동에 대한 영구적인 소유권을 보장한다는 내용과 영국시민으로서의 권리와 특권을 그들에게도 동등하게 보장한다는 내용도 포함되어 있다. 이 조약의 중요한 내용들은 Northland의 Waitangi Treaty House에 전시된 전시물에 잘 반영돼 있다. 와이탕이 조약체결 기념일은 Bay of Islands 지역에서 체결된 이 조약을 기념하는 날이다.

■ 마오리 축제(Maori Festivals)

마리오인들이 즐기는 축제중 가장 큰 축제는 2월 6일 와이탕이 조약 체결기념일과 8월에 있는 여왕의 대관식 축제 이 두 가지가 대표적이다. 마오리인들이 축제를 맞았을 때는 먼저 자신들이 초청한

손님이나 친구 또는 자신들과 함께 하는 모든 이들을 환영한다는 의미로 문앞에 서서 기다리는 풍습이 있다. 마오리인들은 이 풍습을 'POWHIRI'라고 부른다. 마오리인들의 축제는 문화 공연이 그들 축제의 주된 활동이다. 그러나 문화공연 이전에 'POI 댄스'를 즐기며 특히 남자들은 'HAKA'라는 춤을 추는데 이 춤들은 모두 친구로서 온 것인 아니면 적대관계로 온 것인지를 묻는 의미를 담고 있다. 또한 이 행사가 끝나면 마오리인들을 대표하는 사람의 연설이 진행되며 연설 후에는 'HANGI' 라고 불리는 만찬이 준비된다.

축제와 관련해 마오리인들에게서 볼 수 있는 특이한 점은 크리스마스나 새해와 같은 휴일에 대해서는 축하하지 않는다는 점이다. 그러면서도 무엇인가 자신들이 특별하다고 여기는 날이나 기억하고 싶은 날이 있다면 그들은 언제라도 그날을 맞아 축제를 갖는다.

또한 마오리인들은 생일, 결혼, 장례식 등에 큰 의미를 두지 않는다. 오히려 그들은 5살이 되는 생일과 15번째와 21번째 생일을 중요하게 여긴다. 5살은 학교를 다니게 되는 나이, 16세는 결혼 적령기 그리고 21세는 성숙한 어른이 된다는 의미를 갖고 있다고 믿기 때문이다.

현재 뉴질랜드에는 약 50개 가량의 마오리 부족이 살고 있으며 이들 부족들마다 상황에 따라 각기 다른 축제를 열기 때문에 공식적으로 뉴질랜드 축제에는 포함되지 않고 있다.

■ 가든 페스티벌

오클랜드에서 11월 중순 엘러슬리 꽃축제가 열리며, 크라이스처치에서는 2월 둘째주, 더니든에서는 10월에 로더덴드론축제가 열린다. 또한 파머스톤노스에서는 11월말 마누와투 장미와 정원축제가 열린다. 이외에도 매년 약 50개의 꽃 축제들이 전국에서 봄, 여름에 걸쳐 거의 매일 열린다.

제5장 ...

유 럽

- 영 국 / UNITED KINGDOM
- 프랑스 / FRANCE
- 네덜란드 / NETHERLANDS
- 독 일 / GERMANY
- 오스트리아 / AUSTRIA
- 스위스 / SWITZERLAND
- 러시아 / RUSSIA
- 스페인 / SPAIN
- 이탈리아 / ITALY
- 포르투갈 / PORTUGAL
- 헝가리 / HUNGARY
- 노르웨이 / NORWAY
- 덴마크 / DENMARK

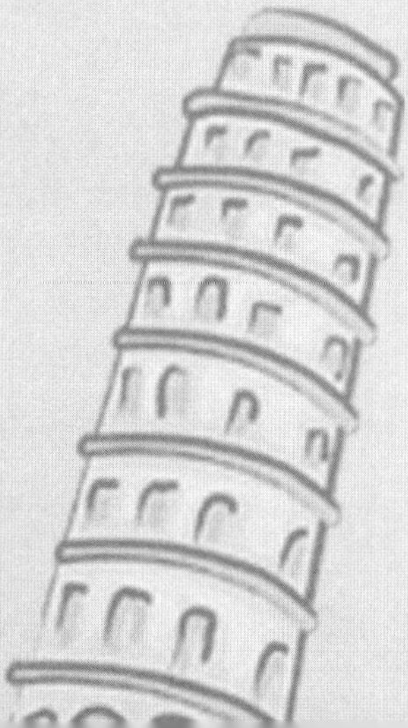

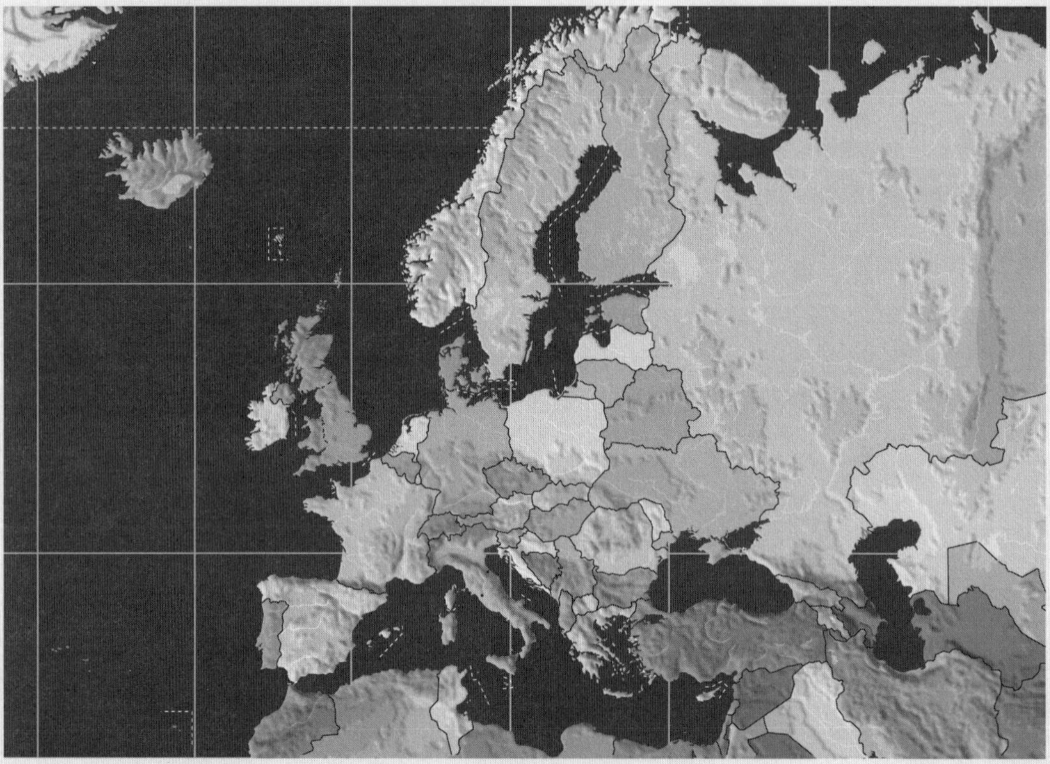

世界文化觀光

영국
UNITED KINGDOM

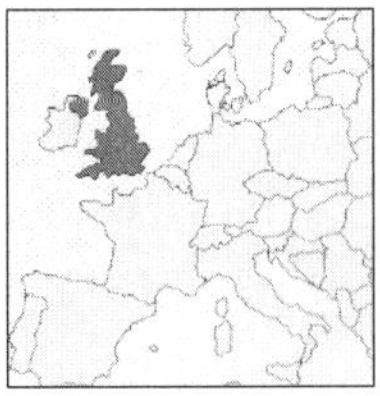

인구 : 약 6,000만명
면적 : 약 24만km^2
수도 : 런던
주요언어 : 영어
종교 : 성공회, 힌두교 등

www.travelengland.org.uk

문화와 자연환경

한때 「해가지지 않는 나라」로서 세계에 큰 위세를 자랑했던 영국은 호주·캐나다·미국·뉴질랜드 등을 한때 식민지로 두었던 노제국(老帝國)이다.

이론 보다도 경험을 바탕으로 한 실질적인 것을 중요시 하는 영국은 사회 내부적으로 엄격한 계급제도가 존재한다. 그러나 계급간에 갈등없이 나름대로 자기 세계를 가지고 열심히 살아가고 있다.

영국은 잉글랜드·스코틀랜드·웨일즈·북아일랜드로 구성되어 자칭 그레이트 브리티언이라 한다.

영국인들의 종교는 잉글랜드와 웨일즈지방에 성공회, 스콜틀랜드는 장로회, 북아일랜드는 신교도가 우세하였

으나 지금은 상당수가 정기적으로 교회에 나가지 않고 있으며 오히려 회교·시크교·힌두교 등 타 종교들이 신장되고 잇다. 그러나 교회는 영국인들의 삶에 큰 영향을 주고 있다. 아직도 많은 상점들이 일요일에는 문을 열지 못하며 특히 일요일 오후 2시에서 7시 사이에는 캔 맥주 같은 알코올 음료를 살수 없다.

영국은 서안해양성기후로 여름에 선선하고 겨울에 따뜻하다. 이러한 기후는 주로 난류인 북대서양 해류와 편서풍의 영향을 받기 때문이다. 영국의 날씨는 '하루 동안에 4계절이 있다'라는 유명한 말이 있듯이 변덕스러운 날씨가 특징이다. 한여름에도 해가 가리거나 비가 내리면 냉기가 들 정도이다. 멕시코 난류와 편서풍의 영향으로 대체적으로 온난한 기후를 나타내며 대서양에서 불어오는 편서풍 때문에 비가 많고 날씨가 자주 변한다.

겨울철 특히 바람이 없는 날에는 안개가 끼고 비 내리는 날이 많다. 연간 강수량은 많지 않으며 1년 내내 날씨가 흐리고 지나가는 비가 많다. 비교적 날씨가 좋은 시기는 5~10월이다.

1~2월의 평균 기온은 5℃이며, 7~8월의 평균 기온은 16℃로 비는 연중 고르게 내리지만, 평균적으로 3월~6월까지가 가장 건조한 시기이고 9월~1월까지가 비가 가장 많이 내리는 시기이다. 위도가 높기 때문에 여름에는 8~9시까지 밝지만 겨울에는 3시에 벌써 해가 지는 날도 있다. 복장은 우리나라 가을쯤으로 준비하는 것이 좋다.

역 사

영국의 원주민은 프랑스 북부지역에서 이주 해온 켈트록, 5세기경 유럽대륙에서 앵글로 색슨족이 대거 들어왔다.

1066년 프랑스 노르만디공 윌리암이 잉글랜드를 정복하여 노르만디 왕국을 세워 중세 국가의 기반을 잡았다.

이후 플랜타지미트(1154~1399), 랭카스타(1399~1451), 요크(1451~1485), 튜터(1485~1603), 스튜어트(1603~1714), 하노비(1714~1901),

색스코버(1901~1917), 윈저(1917~현재) 왕조 등으로 이어져 왔다.

16세기 헨리 8세 때 근대 국가가 성립되어 엘리자베스 1세는 튼튼한 절대왕정을 마련하여 본격적인 해외진출에 나섰다. 1707년에 그리이트 브리튼 왕국이 성립되었고 18세기에는 산업혁명으로 식민지를 세계도처에 확보하고 빅토리아 여왕의 황금시대를 누렸다. 그러나 19세기 후반부터 쇠퇴하기 시작하여 2차 대전이후에 세계 정치·경제 주도권을 미국에게 넘겨주게 되었다.

종 교

성공회가 주요 종교이나 다종교 사회이다. 종교단체나 집단은 종교적 의식을 집전하고 법의 한계 내에서 자신들의 신앙을 전파하고 자산을 소유하며 학교를 운영하고 그 밖의 다양한 자선활동을 수행할 수가 있다. 영국의 주된 종교는 기독교이지만, 세계의 종교들 대부분이 이곳에서 신봉되고 있다.

영국에는 힌두교, 유대교, 이슬람교, 시크교를 믿는 대규모의 공동체들이 있고 바하이교, 불교, 자이나교, 조로아스터교를 믿는 소규모의 공동체들도 있으며 신흥 종교들의 추종자들도 있다. 반면에 종교도 믿지 않는 사람들도 많고 모든 형태의 종교적 신앙을 거부하는 사람들도 있다.

영국 인도주의 협회나 영국 현세 협회 같은 단체들은 모든 형태의 종교를 거부하는 관점을 대표하고 있다. 잉글랜드와 웨일스 대부분은 국교인 '성공회'파이며, 스코틀랜드는 장로파가 다수다. 북아일랜드는 개신교의 색채가 강한 반면 아일랜드 공화국은 구교도파가 많다.

전통 문화 & 관습

영국인들은 겉으로는 매우 차갑고 꼼꼼한 인상을 주지만 대체로 공손하고, 인내심이 강하고 매우 유머스럽다.

영국의 대부분의 상점들은 일요일에는 문을 열지 않고 월요일에서 토요일까지 문을 연다. 영국에서 상품 구입 시 불만스런 일을 당하면 시민상담소에 찾아 가서 소비자 권리보호를 요청할 수 있다. 한편, 영국에서는 쇼핑할 때 반드시 줄을 서는 관습이 있다. 또한 어느 가게에서든 흥정을 하지 않는다는 것을 하나의 관습으로 지키고 있다.

영국에서는 광범위한 분야의 문화활동이 성행하고 있으며 많은 영국인들이 예술 및 언론 분야에서 국제적인 명성을 떨치고 있다. 종교는 영국 국교인 성공회가 약 60%를 차지한다.

주요 음식

■ 로스트 비프(Roast Beef)

대표적인 영국 요리로는 로스트 비프를 꼽을 수 있다. 로스트 비프는 고기를 덩어리 채로 오븐에 구운 것으로 고기를 구울 때 나오는 육즙에 적포도주를 넣어 만든 그레이비 소스가 곁들여진다. 보통 영국의 가정에서는 일요일 점심식사를 이 로스트 비프로 하는 경우가 많다. 옛날에 금요일에는 생선밖에 먹을 수 없었고, 일요일 교회를 다녀와서 온 가족이 모였을 때 모처럼 고기요리를 해먹던 습관이 남은 것이라 한다.

레스토랑에서느 이 로스트 비프 덩어리를 급사가 잘라주지만, 집에서 먹을 때는 그 집의 가장이 잘라서 나누어 주는 것이 전통이라고 한다.

■ 요크셔 퓨딩(Yorkshire Pudding)

주요리에 곁들여지는 음식으로 영국의 요크셔 지방에서 만들기 시작하여 요크셔 푸딩이라는 이름이 붙여졌는데, 이는 주로 꽃가루, 고기기름, 물을 혼합하여 만든 것으로 우리가 알고있는 맑고 투명한 푸딩과는 달리 양과자 슈크림의 겉껍질과 같이 얇지만 좀 느끼하다. 이것은 주요리인 로스트 비프에 곁들여지는 인기있는 음식이다.

■ **피시 앤 칩스(Fish & Chips)**

섬나라인 영국에서는 생선요리도 풍부한데, 그 중에서 서민들이 즐겨 먹는 생선요리로 피쉬 칩스가 대표적이다. 주로 대구에 튀김옷을 살짝 입혀 튀긴 것으로, 소금과 몰트 비네거(식초)를 듬뿍 쳐서, 튀긴 감자와 같이 먹는다. 피쉬 & 칩스 전문식당도 있고, 들고 나와서 먹는 테이크 아웃 전문점도 있다.

음료, 주류

■ Afternoon Tea

영국이 홍차로 유명하다는 것은 누구나 아는 사실이다. 애프터눈 티는 그저 오후에 마시는 홍차 한 잔이 아니라, 영국에서는 아침을 잘 먹고, 점심은 가볍게 먹고, 저녁은 일러도 8시 정도로 늦게 먹는 편이므로 당연히 오후 4시경이 되면 출출해지기 마련이다. 이 출출한 오후에 우아하게 즐기는 것이 애프터눈 티(Afternoon Tea)이다

■ **영국의 맥주**

▷ 비터(Bitter)

색이 진하고 쓴맛이 강하다. 대표적 영국맥주이다.

▷ 마일드(Mild)

이름처럼 좀 순한 맛이다. Bitter와는 상대적인 개념으로 알코올 함유량도 낮고 색깔도 옅은 편이며, 특히 병에 든 Mild는 'Brown Ale' 이라고 부른다.

▷ 페일 에일(Pale Ale)

색은 연하지만 알코올도수가 높고 탄산이 많이 들어있다.

▷ 스트롱 에일(Strong Ale)

알코올도수가 높고 개성적인 맛이다. 오래 발효시켜 만들어서 알코올 도수가 높고 주로 병으로 제공하는데 Barley Wine 이라는 브랜드는 무려 10%의 알코올을 함유하고 있다.

▷ 스타우트(Staut)

흑맥주. 호프를 듬뿍 넣어 알코올 함유량도 높고 맛이 강한 검은색 맥주인데, 대표적으로는 아일랜드산 기니스가 유명하다.

이벤트 & 축제

Chelsea Flower Show

■ Chelsea Flower Show

5월 : 런던의 첼시 왕립병원 Royal Hospital 안에서 개최되는 영국 최대의 꽃 축제이다.

■ Official Birthday

5월 마지막 주 주말 : 여왕의 실제 생일은 4월 21일이지만, 여왕의 공식

탄생일로 근위기병대에 의한 퍼레이드 등이 벌어진다.

■ Edinburgh Festival

8월~9월 : 스코틀랜드 에든버러에서 8월과 9월 사이에 열리는 축제이다.

■ Notting Hill Festival

8월 마지막 주 주말 : 카리브빈(Caribbean) 트리니대드(Trinidad)에서 영국으로 이주 온 흑인들로부터 시작된 행사로 화려한 가장행렬을 볼 수 있다.

에든버러 축제

■ Puppy day

11월 12일 : 전쟁 추모 기념일. 제1차 세계대전의 종전일과 가장 가까운 일요일에 의식이 행해진다. 이 날에는 양귀비꽃을 가슴에 꽂는다.

세계문화유산

■ 더햄 성과 대성당 (Durham Castle and Cathedral : 문화, 1986)

11C~12C에 건립된 사원으로 베네딕트 수도공동체의 중요성을 나타내준다, 사원 뒤의 성은 더햄의 대주교가 머물렀던 곳으로 고대 노르만의 요새이다.

영국의 로마네스크 건축을 대표하는 '앵글로 노르만 양식'의 전형으로 알려진 대성당이다. 1093년 잉글랜드 북동부의 더럼시에서 주교 윌리엄에 의해 착공되어 1133년까지는 주체 공사가 끝났으나 13세기와 15세기에 새로 보완되어 오늘의 모습을 갖추게 되었다. 유네스코가 정한 세계유산목록에 들어 있다.

▪ 스톤헨지 유적
(Stonehenge, Avebury and Associated Sites : 문화, 1986)

커다란 돌을 조각하여 만든 스톤헨지는 지금부터 4000년 전에 만든 유적이다. 근대영국이 탄생하기 오래전에 영국에 살던 원주민들은 25톤이나 되는 돌을 20마일 이상 운반하여 이 유적을 만들었다. 그 당시에는 이러한 건축물을 이용하여 태양과 달이 뜨고 지는 시각과 고도를 측정하여 시간을 측정했다. 그런데 스톤헨지의 돌들은 현대적 기준에는 물론 당시의 기준으로도 정확하게 배열되어 있지 않다. 따라서 현대의 학자들은 스톤헨지가 시간을 재기 위한 건축물이 아니라 규칙적으로 계절을 반복하게 하는 태양을 기념하기 위한 거대한 기념물일 것으로 생각하고 있다.

▪ 대방죽 연안
(The Giant's Causeway and its Coast : 자연, 1986)

북아일랜드 앤트림 고원가의 해안을 따라 뻗은 현무암질의 절벽으로, 약 40,000여개의 원주(Column)가 바다로부터 튀어나와 늘어서 있다. 이 특이한 지형은 지리학자들의 연구의 초점이 되어 지구과학 발달에 크게 공헌하였다.

▪ 헤이드리안 성벽(Hadrian' s Wall : 문화, 1987)

A.D.122년 헤이드리안 황제에 의해 잉글랜드와 스코틀랜드 사이

에 건설된 성벽으로, 길이는 118km로 군사지대 조직의 뛰어난 전형으로 로마인들의 기술적, 전략적, 지정학적 관점을 엿볼 수 있다.

블렌하임 궁전

블렌하임 궁전
(Blenheim Palace : 문화, 1987)

옥스퍼드 근교에 있으며, 조경전문가 브라운이 설계하고 1705~1722년 사이에 완성되었으며, 18C 궁전의 전형이다.

웨스트민스터 궁/수도원과 세인트 마가렛 교회
(Westminster Palace/Abbey and St. Margaret's Church : 문화, 1987)

웨스트민스터 궁은 신고전주의의 전형이다. 웨스트민스터 사원은 11C이래 영국 국왕의 대관식을 거행했던 곳이며, St. 마가렛교회는 고딕양식의 전형이다.

캔터베리 대성당, 성 오거스틴 수도원 및 성 마틴교회
(Canterbury Cathedral, St. Augustine's Abbey, and St. Martin's Church : 문화, 1988)

영국 켄트현 캔터베리에 있는 대성당으로 중세기에는 영국의 정신적 중심지였다. 최초의 성당은 1070~89년 세워진 로마네스크 양식의 건축이었다. 그 후 여러 번 증·수축하여 동서에 제실(祭室)·익랑(翼廊)·수도원과 도서관이 있는 현재의 이중 본전식(二重本殿式) 대성당이 되었다. 1174년 화재 후 프랑스인 윌리엄 오브 센즈에 의해 일부 증축되어 프랑스 번성기의 고딕양식이 도입되었다. 계속 영국인 건축가 윌리엄 및 존 복스, 헨리 예벨레 등에 의하여 건조된 부분에는 영국 특유의 퍼펜디큘라 양식이 보인다.

프랑스
FRANCE

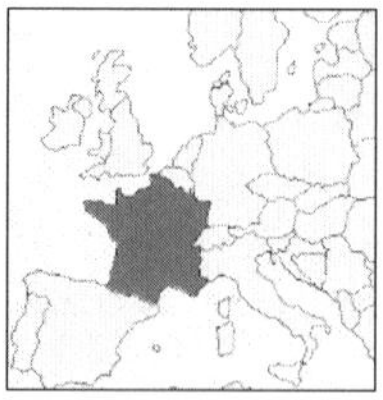

인구 : 약 5,889만명

면적 : 약 55만km^2

수도 : 파리

주요언어 : 프랑스어

종교 : 가톨릭교

www.franceguide.com

문화와 자연환경

프랑스는 5세기에 프랑크 왕국이 세워지고 843년 베르뎅조약으로 오늘의 국토모습이 갖추어 졌다. 14세기의 백년전쟁 등 여러 전쟁후 중앙집권의 절대 왕정이 열리면서 정치·경제·문화 등 각 반면에서 전성기를 이루었다.

1789년 자유·평등·박애의 이념을 내세운 불란서 혁명이 일어났고, 1800년 무렵 나폴레옹 시대를 거쳐 공화제가 정착되었다.

프랑스는 몇 차례의 혁명을 통해 나타난 진취적이며 합리적인 프랑스 정신이 세계의 정치·사회에 큰 영향을 주었다.

프랑스가 유럽의 중앙에 위치하여 교통 여건이 좋아 주변 국가와 교류가 활발했다. 그래서 인종과 문화·언어가 다양하다.

프랑스에 맨 먼저 켈트록이 정착한 후 토마인, 게르만족이 들어와 오늘날 프랑스인이 되었다. 영국에서 건너온 브리튼족도 여러민족과 혼혈되어 오늘날 프랑국민의 주민족은 라틴계민족이다.

기후는 해양성 기후와 대륙성 기후의 중간쯤 되며 사계절의 구분도 상당히 명확한 편이다. 위도상 북위 42~51°에 자리잡고 있으나 멕시코 난류의 영향으로 그리 춥지는 않다. 프랑스 기후는 유럽의 축소판같이 대양성 기후, 대륙성 기후 및 산악지형 기후 등 다양한 기후를 포함하고 있으며, 전반적으로 온화하나 기후가 변덕스러울 정도로 변화가 많다. 특히 파리의 하늘은 하루에도 몇 번씩 변하는 변덕스러움 때문에 오히려 시인 및 화가들에게 영감을 주어서 명시와 명화를 낳게 하는 원인이 되었을 정도이다.

프랑스 북부 여름의 최고 기온은 24~25℃ 정도이므로 지내기 아주 좋다. 7~8월부터 본격적인 여름이 시작되는데, 밤에는 서늘하고 때에 따라서는 털옷을 걸쳐야 할 정도로 으스스할 때도 있어서 여행자는 얇은 스웨터를 준비하는 것이 좋을 듯싶다. 겨울은 길고 최저기온은 0℃ 전후이며 최고기온이 6~7℃ 정도이므로 겨울 날씨로서는 추운편이 아니다. 프랑스 남부의 기후는 전형적인 지중해성 기후를 보이므로 북부에 비해 겨울에는 4℃ 정도, 여름에는 3℃ 정도 높지만 혹서와 혹한은 없다.

한국과 마찬가지로 사계절이 구분되나 지중해성 기후의 영향으로 여름은 건조하고 평균 기온은 17℃ 정도로 지내기 좋은 반면, 겨울은 혹독하게 춥지는 않으나 계속 비가 내리고 습하며 우중충한 날이 많다. 그래서 프랑스인 들은 여름에 연 4주 내지 5주의 휴가를 보낸다.

역 사

■ 고대(B.C. 7~5세기)

BC 600년 무렵에 켈트(Celt)족이 프랑스 전역에 정착하여 부족사회를 형성하고 로마인들은 이 지역을 갈리아(Gallia)라고 불렀다. 그리고 이 지역에 정착한 켈트족을 갈리아 족이라고 불렀다(이 후 Gallia가 불어 명으로 골〈Gaule〉이 되었음).

■ 중세(481)

AD 400년을 전후하여 4~5세기에 걸쳐 게르만 민족의 대이동이 시작되어 갈리아의 영토가 붕괴되기 시작하고 이어 아틸라가 이끄는 훈족이 침입하였다. 프랑크족을 통일한 크로비스가 메로빙거 왕조를 창립하자 508년에 파리는 그 수도가 되었다. 751년에 카롤링거 왕조 때는 샤를마뉴 대제가 지금의 독일, 이탈리아까지 점령하여 거대한 제국을 건설하였다.

그 후 게르만족이 침입을 물리친 파리 백작 우드의 자손이 987년에 카페왕조를 창시함으로써 '프랑스 왕국'이 탄생하였다. 발로아 왕조는 영국의 침입을 받고 1337~1453년에 걸친 백년전쟁 끝에 영국인들을 축출하는데 성공하였다. 또한 영국과의 투쟁 와중인 1348~1360년간 흑사병의 창궐로 인구가 격감하고 국토는 황폐화되었다.

백년전쟁이 끝나자 봉건 영주의 세력이 약해지고 중앙집권화가 진행되면서 15C말 이탈리아로부터 르네상스 문화가 도입되었다. 16C에는 귀족을 중심으로 프랑스 르네상스의 전성기를 이루었다.

■ 근세(1589)

루이 14세(재위 1643~1715) 시대에 접어들자 절대왕권이 강화되었으며 파리의 인구도 50만명을 넘어섰다. 루이 14세는 왕궁을 베르사유로 옮기고 귀족과 더불어 사치스러운 나날을 보내며 화려한 궁정문화의 꽃을 피웠다. 그러나 이러한 도에 넘치는 사치는 민중의 생활을 압박하게 되고 이것이 도화선이 되어 프랑스혁명이 일어나게 된다.

※ 프랑스 대혁명

상업자본주의 발달에 따라 부르주아 계급이 새로운 세력으로 대두하였고 백과전서파에 의하여 확산된 계몽주의 사상의 영향으로 자유주의, 평등주의 사상이 확산되어 귀족, 승려 등 특권층에 대한 피지배 평민계층의 비판의식이 높아진데다 부패한 왕실에 대한 시민의 불만이 고조되어 대혁명이 발발하게 되었다.

1789년 7월 14일 파리 시민은 바스티유 감옥을 습격하였으며, 국민의회는 봉건제도 폐지를 채택하고 '인권선언'을 결정하였다. 루이 16세는 이를 인정하지 않고 저항하다가 왕비와 함께 국외로 도망하려 했으나 체포되어 1793년에는 단두대의 이슬로 사라졌다. 그 후에도 공포정치와 테러가 이어지면서 국가사회는 극도의 혼란에 빠지고 이 틈에 나폴레옹이 즉위하여 나폴레옹 3세가 되었다.

■ 파리 코뮌과 그 이후(1870~현재)

1870년에 나폴레옹 3세가 프러시아와의 전쟁에서 패하여 퇴위하자 파리시민은 궐기하여 파리 코뮌을 수립하였다. 그러나 이 세계 최초의 노동자 정권은 불과 72일 만에 무너지고 말았다. 1876년 몽마르트 언덕에 사크레쾨르 사원이 세워지고 그로부터 20C초에 걸친 제 3공화제 아래에서 파리는 눈부시게 발전하였다.

종 교

프랑스는 가톨릭 국가로 세례나 결혼 등 많은 예식이나 관습들이 종교적 방식을 따른다. 프랑스인의 87%는 가톨릭 신자이다. 이처럼 국민 대다수가 가톨릭 신자이므로 자연히 국민의 생활 속에서 가톨릭은 큰 비중을 차지한다.

프랑스에서는 태어나자마자 세례를 받고 7살쯤 되면 성체 수령의 의식을 거행하게 된다. 하지만 정기적으로 교회에 나가는 인구는 전체의 1/5도 채 되지 않는다고 한다. 최근 젊은이들 사이에서도 전통적인 신앙의식이 엷어져 가는 경향이 있지만, 이런 현상은 시대의 단편적인 풍조일 뿐 프랑스 생활 속에 뿌리내리고 있는 가톨릭 의식은 변함이 없다.

그 외에 개신교도는 1%정도이며 400만명 정도는 이슬람교도로서 대부분 북아프리카에서 이민 온 사람들이다. 그 밖에 75만명에 이르는 유대교 신자가 있다.

주요 관습

프랑스인들은 금연 장소에서 담배를 피우지 않으며 식사중에도 디저트가 나올 때까지는 담배를 피우지 않는다. 그리고 프랑스인들은 거리에서 남과 부딪혔을 경우 Pardon(파르동)하고 사과를 한다. 차에서 내릴 때도 사람이 막고 있으면 그냥 헤치고 나오지 않고 꼭 Pardon(파르동)하고 말한다.

프랑스에서는 빨간 장미는 구애를 뜻하기 때문에 아무에게나 선물하면 안되고 연인 사이에만 주고 받는다. 그리고 한국에서 어버이날 감사의 의미로 선물하는 카네이션이 프랑스에서는 장례식용으로 불길한 꽃이라고 생각할 수도 있다. 또 프랑스 사람들은 향수에 대해 너무 잘 알고 있고 기호품이기 때문에 선물용으로 적합하지 않으며 프랑스 사람에게 와인을 선물하는 것은 한국 사람에게 막걸리나 소주를 포장해서 주는 것과 같으므로 주의해야 한다.

전통문화

가톨릭 국가의 전통에 따라 종교적인 명절과 비종교적인 명절로 구분한다. 종교적인 명절로는 부활절, 예수 승천절, 대축일, 성모 마리아 승천일, 만성일, 성탄절 등의 가톨릭 축일이 있고, 비종교적인 명절로는 대부분의 나라에서 기념하는 민간축제로 정월 초하루와 노동절이 있고, 역사적으로 중요한 국경일인 바스티유 감옥의 탈취 기념일, 제1차 세계대전 휴전기념일, 제2차 세계대전 승전기념일 등이다.

■ 1월 1일 설날

0시가 되면 모든 사람들이 서로 껴안고 새해 인사를 나누며 거리에서는 자동차들이 경적을 울려댄다. 크리스마스의 밤참이 가족들의 파티라면 섣달 그믐날 저녁의 파티는 친구들의 모임이다. 편지나 전화로 새해 축하인사를 전하거나 연하장을 교환하기도 한다. 할아버지는 손자들에게 세배 돈을 주며 수위에게도 약간의 선물을 주는 것이 관례이다.

■ 1월 6일 주현절

공휴일이 아니라 친구간에 우의를 다지는 날이다. 갈레뜨를 먹다가 세라믹이나 플라스틱으로 된 잠두를 발견하면 그 사람이 왕이나 여왕이 된다. 준비된 금종이 왕관을 씌워주며, 왕은 여왕을, 여왕은 왕을 선택하도록 한다. 그러면 모두들 왕 만세, 여왕 만세를 외치면서 샴페인을 건배한다. 루이 16세를 처형한 그들이 엘리제궁이나 대통령의 사저에서도 이러한 행사를 계속한다는 것은 재미있는 일이다. 이 잠두를 발견한 사람에게는 일년 내내 행운이 온다는 속설 때문에 찾는 사람이 많아지자 빵집에서는 1월 내내 왕관과 함께 갈레뜨 과자를 팔고 있다. 이러한 관습은 루이 14세 때부터 시작된 것이다.

■ 2월 14일 발렌타인데이

엥글로 색슨의 전통에서 비롯된 것으로 연인들이 작은 선물을 주고받는 날이다.

■ 4월 1일 만우절

친구들에게 거짓말을 하며 즐거워하는데 이날 속는 사람을 구어로 'poisson d'avril'이라 부른다.

■ 부활절 월요일

가장 큰 기독교 축일이다. 공교롭게도 봄이 오는 날과 일치하여 3

월 말이나 4월 초가 될 수 있다. 전설에 의하면 종들이 로마에서 프랑스의 하늘로 날아 오다가 초콜릿으로 만든 계란을 떨어뜨렸고, 이것을 아이들이 정원에서 주웠다고 한다.

■ **7월 14일 혁명기념일**

1789년 바스티유 감옥을 파괴한 것을 기념하는 날이다. 이 날은 프랑스 제일의 국경일로 삼색기가 공공건물과 버스 위에서 휘날리며, 각 군은 공화국 대통령 앞을 분열하고, 저녁에는 군중들이 광장으로 몰려 나와 불꽃놀이를 하며 춤을 춘다.

■ **12월 25일 크리스마스**

가장 중요한 기독교 축일이다. 예수의 탄생을 축하하며 성탄카드를 보낸다. 미사에 참석하건 안하건 일년 동안 헤어졌던 온 가족이 전나무 아래 모여 레베이용이라는 밤참을 먹고 파티를 연다. 푸아 그라, 연어, 칠갑 상어알, 굴, 밤 등을 넣은 칠면조가 이 때의 필수 요리이다. 고급 포도주와 샴페인으로 만남을 축하하며 디저트로는 나무토막 모양의 길고 둥근 장작 모형의 케익을 먹는다. 가톨릭 신자들은 자정미사 이후에 이 파티를 시작하지만 일반인들은 그 전에 시작한다. 아이들은 일찍 잠자리에 든다. 크리스마스 추리 아래에 선물을 놓고 갈 산타 할아버지를 보면 안되기 때문이다.

주요 음식

■ **거위간요리(포아 그라)**

포아 그라(Foie gras)는 전채요리로서 살이 오통통하게 오른 거위의 간을 이용해 만든 요리로 프랑스 3대 전채요리에 속한다.

■ 달팽이요리(에스카르고)

에스카르고(Escarigo)는 달팽이 요리로 더운 전채요리에 속한다. 달팽이를 데친 것에 마늘과 파슬리, 버터를 잔뜩 넣어 구운 음식이다. 달팽이가 껍질째 식탁에 올려지며, 왼손으로는 달팽이요리용 집게(tong)를 잡고 오른손으로는 포크로 껍질 안에 담겨져 나오는 달팽이를 먹는다.

■ 오뇽 그라티네 수프

냄비 국수와 같은 뜨거운 음식으로 잘게 썬 양파를 기름에 볶은 다음 쇠고기를 넣고, 구운 빵 조각을 띄운 후 치즈를 얹어서 끓여 내는데 출출할 때 요깃감으로 적당하다.

■ 쇠고기 포도주 찜

가정에서 흔히 만들어 먹는 보편적인 부르고뉴식 쇠고기 요리로 쇠고기를 홍당무, 양파, 샐러리, 표고버섯, 향신료와 함께 포도주에 버무려 은근히 찌는데, 부르고뉴산 포도주와 함께 먹는다.

■ 생굴(oyster) 요리

가을 바람이 불기 시작하면 시내의 모든 음식점에 생굴이 등장한다. 생굴은 약간 비싼 전채요리이지만 우리 입맛에도 잘 맞는다. 크기는 대, 중, 소가 있으며, 작은 것일수록 비싸다. 한 접시에 보통 여섯 개인데, 9~12개까지 나오기도 한다. 레몬을 굴 위에 짜서 포크로 찍어 먹으면 된다.

■ 해물 모듬

브르타뉴의 바다에서 나는 해물이 얼음 위에 듬뿍 올라 있는 호화로운 전채요리로 굴, 조개, 소라, 게, 새우 등에 빵과 버터가 곁들여 나온다. 1인분을 두 사람이 나누어 먹으면 적당한 양이며, 먹는 방식은 생굴과 같다.

주 류

▪ 프랑스의 포도주

프랑스의 포도주는 법규제(1930년 이후)가 엄격하여 지역 명칭과 담근 곳의 표시가 반드시 상표에 기재되어 품질을 보증하고 있다. 특히 프랑스에서도 버겅디(Burgundy), 보르도(Bordeaux), 샹파뉴(Champagne) 등의 지방에서 나는 포도주가 더욱 유명하여 보르도의 적포도주는 선홍색과 섬세한 맛으로 「포도주의 여왕」이라 호칭하고, 버겅디의 백포도주는 맛이 드라이(dry)하며, 적포도주는 부드럽고 연한 것이 특징이다. 또한 샹파뉴의 샴페인은 자연 발효되어 생산되는 발포성포도주로 유명하다.

▪ 지방별 와인

보르도(Bordeaux)

세계가 인정하는 프랑스 최고의 적포도주 산지이다. 그 가운데에서도 Emilion, Haunt-Medoc, Pomerol 등의 지역이 유명하다. 백포도주로는 Sauteme의 것이 유명하다.

부르고뉴(Bourgogone)

보르도의 부드러운 맛에 비해 강한 맛이 나는 적포도주가 특색으로 Romanee-Conti, Beune, Chambertin이 유명한 산지이다. Chablis, Meursault, Montarchet는 신맛이 나며, 고급 백포도주로 유명하다.

보졸레(Beaujolais)

보르도나 부르고뉴에 비해 적당한 가격으로 맛을 즐길 수 있는데 상큼하고 뒷맛이 가벼워 요즘 사람의 입맛에 잘 맞는다. 약간 차게 해서 마시는게 더욱 좋다.

발드르와르(val de Loire)

낭트 부근에서 생산되는데, 어패류에 잘 어울리는 신맛이 나는 백무스카데(Muscadet)와 로제와인 앙주(Anjou)가 유명하다.

■ 샴페인(Champagne)

프랑스의 샹파뉴(Champagne)지방에서 생산되는 천연 발포성포도주(sparkling wine)로 축배용으로 흔히 애용하는 술이다. 샴페인의 특징은 흔쾌하고 탄산이 포화상태에 있는 까닭에 독특한 풍미를 준다.

■ 브랜디(Brandy)

술 중에서도 가장 고귀한 술은 역시 브랜디일 것이다. 향기로운 냄새와 그 맛의 품위를 자랑하는 브랜디(brandy)는 불어로는 오드비(eau-de-vie) 혹은 브랑드 빙(brandevin), 독어로는 브란트바인(Brantwein) 또는 바인 브란트(Weinbrand)라고 부르고 있다.

원산지명칭 통제라는 법률이 만들어져 코냑(cognac)의 생산지역이 한정되고, 코냑지방에서 생산되는 브랜디만을 코냑(Cognac)이라 칭하고 그 외의 지방에서 생산되는 브랜디는 단순히 브랜디라고만 칭하여 오늘날의 코냑이 세계적으로 유명한 것이다.

세계문화유산

베르사이유 궁원(Palace and Park of Versailles : 문화, 1979)

파리 근교에 위치하여 파리관광의 주요코스이다. 루이 14세~루이 16세가 거주했던 궁전으로 내부장식, 조경, 건축미가 탁월하여 프랑스 궁궐건물의 대표적 유적이다.

몽셀미셀 만(MontSaint-Michel &Its Bay : 문화, 1979)

'서부의 경이(驚異)'라고 불리는 노르망디와 브리타니 사이의 해류가 드나드는 작은 섬으로 성 미카엘 천사에 헌정된 고딕양식의 베네딕트 수도원과 수도원의 보호아래 성장한 마을이 있다.

샤르트르 대성당(Chartres Cathedral : 문화, 1979)

1145년에 건설이 시작되어 1194년에 화재이후 26년 동안 재건축되었으며 프랑스 고딕양식의 정점을 이루는 곳으로 12~13세기의 스테인드글라스가 돋보인다.

베제레계곡의 동굴벽화(Decorated Grottoes of the Vezere Valley : 문화, 1979)

147개의 선사유적(구석기시대)과 25개의 동굴군으로 이루어져 있으며 벽화에는 사냥하는 장면, 동물군들이 그려져 있어 선사시대 연구에 귀중한 자료이다.

■ **베젤레 교회와 언덕(Vezelay Church and Hill : 문화, 1979)**

베젤레 교회는 12세기 수도원적 교회로 로마네스크풍의 걸작으로 베젤레 언덕은 1146년 제2차 십자군원정때 성 베르나르드가 원정의 당위성을 역설했고 또한 1190년 제3차 원정때에는 영국왕 리처드와 프랑스왕 필립이 동맹을 결의 하였던 역사적 장소이다

■ **아미엥 대성당(Amiens Cathedral : 문화, 1981)**

13세기 고전 고딕양식의 대표적 건축물로서 내부장식과 회랑의 아름다움이 뛰어나다.

■ **퐁텐블로 궁전과 정원(Palace and Park of Fontainebleau : 문화, 1981)**

12세기 프랑스 왕들이 사용했던 궁전으로 16세기 프랑스와 1세가 증축하였으며 르네상스와 프랑스 예술의 조화가 특징이다.

■ **퐁테네의 시토파 수도원(Cistercian Abbey of Fontenay : 문화, 1981)**

시토파 수도원으로 1119년 성 베르나드가 건립하였으며 당시의 교회, 식당, 숙소, 빵공장 등이 남아 있어 초기 시토교도의 공동체 생활을 나타내주는 유적이다.

■ **오량쥬지방의 로마시대 극장과 개선문(Roman Theatre and it's Surroundings and the Triumphal Arch' of Orange : 문화, 1981)**

팍스로마나 시대(아우구스투스)에 건립된 개선문과 정면 103m의 고대 로마시대 극장이다.

■ **아를르의 로마시대 기념물(Roman and Romanesque Monuments of Arles : 문화, 1981)**

아를르는 중세유럽문명에 고대도시를 잘 혼합한 훌륭한 모범적 도시이고 B.C. 1세기의 로마시대 원형극장 등 기념물과 11~12세기의 수도원, 교회 등이 혼재해 있다.

■ **아르크 에 세낭 왕립 제염소(Royal Salt works of Arc-et Senans : 문화, 1982)**

루이 16세 때 1775년 건립된 공업 건축물로 계몽주의적 이상을 반영한다.

■ **생 사벵 쉬르 가르탕페 교회 (Saint-Savin-Sur Gartempe Church : 문화, 1983)**

로마네스크 시스틴 예배당으로 알려진 이 교회는 11~12세기의 벽화가 원형 그대로 보존되어 있다.

■ **퐁뒤가르-로마시대 수로(Pont du Gard-Roman Aqueduct : 문화, 1985)**

가르강을 가로지르는 50km의 수도교(水導橋)이며 고대로마시대에 건설된 50m높이의 수도관으로 공학적, 예술적 걸작품이다.

■ **스트라스부르 구 시가지 (Strasburg-Grande Ile : 문화, 1988)**

대성당과 4개의 고대교회, 로한 팔레등 기념물들이 중세도시의 특징을 잘 나타내주고 있다.

■ **파리의 세느강변(Paris, Banks of the Seine in Paris : 문화, 1991)**

루브루 박물관, 에펠탑, 콩코드 광장, 그랑팔레등 세느강변에 위치한 이들 건축물 또는 기념물은 파리의 역사와 발전과정을 보여준다. 노트르담 성당과 생트 샤펠성당은 건축학적 걸작품이며 호스만의 넓은 광장과 거리는 19세기말, 20세기의 전세계 도시화에 영향을 주었다.

■ **노트르담 성당과 상트레미 수도원 및 타우 궁전(Cathedral of Notre-Dame, Former Abbey of Sanit-Remi and Palace of Tau, Reims : 문화, 1991)**

노트르담 성당은 13세기의 가장 뛰어난 신건축기법으로 건축과 조각의 조화로운 결합을 이룩한 고딕 예술의 걸작으로 상트 레미사원에는 프랑스 국왕의 성직임용을 주관하였던 St. 레미(440-553) 대주교의 유물과 9세기경의 아름다운 본당 회중석이 잘 보존되어 있다. 타우 궁전은 이전에 대주교가 중요한 종교적 행사를 거행하던 곳으로 현재 건물은 17세기에 복원된 것이다.

■ **아비뇽 역사 지구(Historic Centre of Avignon : 문화, 1995)**

프랑스 남부도시로 14세기에는 교황의 거처였으며 시몬 마르티니와 마테오 지오바네티가 호화롭게 실내장식을 한 교황청이 엄숙한 모습으로 남아 있다. 광장에는 뛰어난 고딕건축의 모범인 쁘띠뜨 팔래와 노트르담 로마네스크 성당이 세워져 있어 아비뇽의 14세기 유럽지역 그리스도교 전파의 중요한 역할 수행 사실을 잘 웅변해 주고 있다.

▪ 미디 운하(Le Canal du Midi : 문화, 1996)

근대의 뛰어난 기술 공학적 성취물 중의 하나로서 360km의 수로망이 328개의 구조물에 의해 지중해와 대서양을 연결하고 있다. 산업혁명과 근대기술시대를 직접 이끌었던 기술 번영기의 모델을 제공하고 있으며 미디 운하는 기술혁신에 의해 높은 미적, 건축학적, 경관까지 가미된 디자인으로 유명하다.

축 제

▪ 아비뇽 페스티벌

7월 중 3주간 : 세계에서 가장 규모가 크고, 화려한 연극 축제로 '아비뇽 페스티벌'이 남부프랑스 아비뇽에서 열린다.

▪ 니스의 카니발

해마다 2월 중순이면 프랑스 남부는 축제의 흥겨움으로 들뜬다. 겨울에 다른 곳에서는 보기드문 남불 특유의 눈부신 햇살과 따사로움이 지중해에 반사되는 풍경이란 감탄의 탄성을 저절로 자아

내게 한다. 니스의 카니발은 니스의 축제를 사랑하는 모든 이들에게 항상 신비롭고 친근하게 다가오는 큰 축제이며 매년 각기 다른 주제로 15일 간에 걸쳐 열린다.

■ 망통의 레몬축제

망통 레몬축제에는 매년의 Asterix와 Tintin, Lucky Luke 등의 만화가 주제로 선정된다. 이 재미있는 주인공과 더불어 예년과 마찬가지로 수많은 귤과 레몬들로 이루어진 거대한 행렬이 다채롭게 펼쳐지는 것이 망통의 레몬축제다. 레몬축제의 행렬이 준비되기까지는 각 방면의 많은 사람들의 참여가 필요하다. 오렌지 및 레몬 재배자를 비롯하여 정원사, 화가, 금속 가공업자 등 다양한 업종에 종사하는 사람들이 참여하고 자그마치 500,000개의 고무줄과 130톤에 달하는 오렌지와 레몬이 이 축제에 소요된다고 한다.

■ 깐느 영화제

매년 2주 동안 멋지고 빛나는 영화들이 프랑스의 태양빛에 물든 이 도시에서 모인다. 깐느는 세계3대 영화제중의 하나로 가장 멋진 필름 페스티발로 유명하다. 이 페스티벌은 또한 오스카 상에 버금가는 최대의 이벤트이기도 하다. 황금종려상을 받는 것보다 더 중요한 것이 디자이너의 옷을 자랑하는 배우들이라 할 만하다. 이 축제는 사람들에게 커다란 기회를 주기도 한다. 브리지뜨 바르도와 오마 샤리프도 이곳에서 처음으로 일반인의 눈에 띄었다.

■ 보졸레 누보 Beaujolais Nouveau 축제 "레 사르망뗄" Les Samentelles

프랑스 전역이 포도주의 산지이지만 그 중에서도 론 지방의 보졸레(Beaujolais)는 해마다 출시를 축하하는 축제를 여는 것으로 유명하다. 보졸레는 평균 고도 300m의 언덕으로 이루어진 고장이다. 마꽁

(Macon)과 리용(Lyon) 사이에 위치한 보졸레는 22,000헥타르에 달하는 포도밭에서 포도를 생산해내고 있다. 보졸레 포도주는 세 가지로 분류되는데, 보졸레(Beaujolais)와 보졸레 빌라쥬(Beaujolais Village), 그리고 10개의 그랑 크뤼(10 Grands Crus) 등으로 나뉘어진다. 해마다 11월 셋째주 목요일이면 프랑스 대부분의 레스토랑 곳곳에 '보졸레 누보 상륙'이라는 포스터가 붙어 있으며 사람들은 온통 축제분위기에 흠뻑 젖어 막 도착한 보졸레 포도주를 시음한다. 연도가 오래될수록 맛이 좋다는 보통 포도주와는 달리, 해마다 수확한 직후에 마시는 이 보졸레 포도주는 그 맛 또한 독특하여 애주가들의 많은 사랑을 받고 있다.

네덜란드
NETHERLANDS

인구 : 약 1,615만명

면적 : 약 4만km^2

수도 : 암스테르담(Amsterdam)

주요언어 : 네덜란드어

종교 : 가톨릭교, 신교

www.holland.com

문화와 자연환경

해수면보다 낮은 국토라는 의미로 네덜란드(Nether Lands)라 부르기 때문에 국민들은 홀란드(Holland)라 칭하는 것을 더 좋아한다.

바다를 막는 제방건설 기술이 세계에서 가장 뛰어나 우리나라의 충주·화천 등 주요 댐을 축조할 때 네덜란드인들의 기술이 많이 사용되었다. 네덜란드는 국토의 반 이상이 해수면 아래에 있어 대부분 평야와 늪지대이다.

홀란드는 우리에게 튤립과 풍차의 나라로 알려진 낭만의 국가이지만 실제로 바다를 막아 물과 수세기동안 끊임없이 싸운 매우 강인한 민족이다.

국토의 농업여건이 좋지 않아 일찍부터 유럽사회에 중계무역을 하여 상업국이 되었고 국민들은 중계무역에 필요한 영어·불어·독일어 등 국제적으로 통용되는 언어를 습득하여 다국어에 매우 능통하다.

네덜란드는 온난한 해양성기후로 겨울은 그리 춥지 않고, 여름은 따뜻하다. 봄에는 비가 적어 수선화, 튤립 등이 만개하며 이때가 여행하기 가장 좋은 때이다. 강수량은 연중 큰 차이가 없지만, 그 중 7, 8월에 비가 가장 많이 오는 편이다. 비가 가장 많은 달은 5~8월, 가장 따뜻한 달은 6~9월이다. 그러나 평평한 지형적 특성으로 바람이 불기 시작할 때면 방해물이 없으므로 모든 것이 일순간에 변해 버린다.

역 사

고대에서 17세기 이전까지의 네덜란드 역사는 그야말로 끊임없는 이민족의 침략과 수난의 역사이다. 고대에는 로마제국의 지배를 받았고, 그 이후엔 프랑크 왕국, 14세기에는 프랑스, 15세기 말까지는 합스부르크 왕가의 지배를 받았다.

16세기에는 유럽의 최대 강국이었던 스페인의 국왕 펠리페 2세의 통치를 받게 되나, 1568년 오렌지공 윌리엄을 선두로 독립운동을 전개하여 1581년 네덜란드 공화국을 건설하였다. 그 이후 네덜란드는 17세기와 18세기에 유럽의 상공업과 무역을 주도하면서 유럽의 강국으로 발전하였다. 20세기 초에는 인도네시아, 남아프리카를 비롯하여 본국의 60배에 해당하는 식민지를 가졌으나, 제2차 세계대전 후 대부분의 식민지를 잃고 독일 군에게 점령되었다가 1944년 연합군에 의하여 해방되었다. 1947년에는 벨기에, 룩셈부르크와 함께 정치・경제 동맹체인 베네룩스 3국을 결성하였으며, 오늘날에는 근대적 선진 공업국으로 자리를 잡고 있다.

종 교

대부분의 네덜란드인이 신교를 믿고 있다. 종교적 역사를 살펴보면 중세 가톨릭교회는 14세기의 교회분열로 인하여 보편적 권위를 잃고 보헤미아에서는 J. 후스에 의하여 교회개혁을 강요당하고 있었다.

콘스탄츠공의회(1414~16)는 분열의 해결 즉 교회 전체의 통일과 후스 처리에 일단은 성공하였으나 교회 전체의 개혁에는 실패하였다.

그 뒤 신학자・신비주의자를 비롯해서 각 방면으로부터 개혁요구가 제시되었으나, 가톨릭교회는 세속적 영화와 권세를 추구하여 교의의 형해화(形骸化), 성직자의 부패를 쇄신하지 못하였다. 이때 M. 루터가 주장한 종교개혁은 새로운 신앙원리에 바탕을 둔 시도였으나, 결과적으로 가톨릭교회를 분열시키고 프로테스탄트교회를 수립하는 계기가 되었다.

이 종교개혁운동은 J. 칼뱅의 등장으로 새로운 전기를 보이며 유럽 각지로 퍼져나갔다. 이 무렵 유럽의 주요 국가들은 중앙집권적 국가가 형성되는 단계여서, 그 과정에 종교개혁운동이 끼어들게 되었다. 각국의 정치사정에 따라 그 전개양상은 여러 가지 변화를 보였는데, 국왕권력의 절대화에 이바지하는 경우도 있었으며, 국가의 독립운동의 사상적 근간이 되는가 하면, 양심의 자유도 낳게 하여 근대화에 이바지하는 측면이 나타났다.

전통문화 & 관습

네덜란드인은 예술적 재능에 뛰어나 일찍이 렘브란트, 반 다이크, 고흐 등의 화가가 났으며, 어느 도시에나 미술관이 있다. 또한 기록영화는 세계적으로 정평이 나 있다. 상영영화의 검열은 엄격하며, 일반적으로 전 연령용, 14세 이상용, 18세 이상용의 세 가지로 구별된다.

1년의 반이 겨울인데다, 산이 없다는 자연조건 등으로 축구・스케이트・자전거 경기가 인기가 있으며, 1년 내내 벌어지는 프로축구리그에서는 도박인 토토칼치오(totocalcio)를 하기도 한다. 네덜란드 축구는 세계 최고의 수준이며 다른 나라 프로축구리그에서 네덜란드 출신의 많은 선수가 활약하고 있다. 올림픽에서는 유도와 스케이트가 강하며, 여자수영도 전통적으로 강하다. 네덜란드에서는 자전거 타기가 생활화되어 있으며 국제대회에서도 전통적으로 강세를 보이고 있다. 마을 곳곳을 연결하는 운하가 얼면 국민 누구나 스케이트를 즐기며, 해가 잘 나지 않는 날씨 때문에 여름이면 에스파냐, 포르투갈, 그리스의 해변으로 휴가를 떠난다.

네덜란드인들은 매우 관대하고 특히 성(性)에 대한 사고가 상당히 개방적이다. 남녀평등이 이루어져 있으나, 국가의 개방성으로 인해 인접 국가에서 동성애자 및 마약 복용자들이 몰려들어 사회문제를 겪고 있다.

비즈니스 뿐 아니라 일상생활에 있어 사전 약속과 시간 엄수는 필수이고 논리적인 언변을 구사하는 것이 좋다. 타 유럽 국가들과 마찬가지로 철저한 신용이 요구되어 한 번 합의된 사항은 변경이 어려운 측면도 있다. Lady First도 일반적이다.

더치 페이(Dutch Pay or Dutch Account)란 단어 자체가 네덜란드인의 생활방식에서 유래된 것이다. 분명하고 합리적인 사고방식으로 인해, 자신이 부담하는 자리임을 사전에 밝히지 않는 경우에는 각자 부담하는 것이 원칙이다.

네덜란드인에게 선물을 할 때에는 포장을 잘 해야 하고, 꽃다발의 경우 꽃의 수를 홀수로 해야 한다. 또 음식선물은 가급적 하지 않는 것이 좋다.

네덜란드인이 집에 초대했다면, 집 주인은 손님이 미리 식사를 하고 올 것을 기대한다. 식사 초대는 흔치 않은 일이며 만약 그렇다면 초대할 때 확실하게 밝힌다. 일반적으로 남의 집에 가서는 차와 과자류 이상을 기대하지 않는 것이 좋다.

주요 음식

네덜란드인들은 대체로 대식가나 미식가 계열에는 끼지 못하지만 그들만의 독특한 음식문화를 이루고 있다. 하우다(Gouda) 치즈는 세계적으로 유명하며 요구르트 등의 유제품이 잘 발달되어 있다. 첨가물이 들어 있지 않은 플레인 요구르트는 보통 1리터 포장으로 판매되며 요구르트와 푸딩의 중간쯤 되는 플라(Vla)는 기호에 따라 과일, 초콜릿, 캐러멜 등을 넣어 먹기도 한다. 감자가 주요리로 많이 사용되며, 특히 으깨서 각종 소스나 다른 재료를 넣은 감자요리를 좋아한다. 여기에 단골로 등장하는 것은 헬더란트 훈제 소시지(Gelderse Rookwoorst)로 헬더란트 주에서 유래한 것이다.

청어요리

네덜란드 요리는 비교적 소박한 편으로, 주로 수프와 스튜를 곁들인 스테이크, 치킨 또는 생선이 주메뉴다. 특히 드넓은 평원에서 공급되는 고기와 우유, 치즈는 맛도 좋고 신선해 인기가 높다. 바다와 인접해 있어 어패류도 다양하고 푸짐한데, 매년 5월이 되면 청어를 파는 가게가 거리 곳곳에 들어선다. 잘게 썬 양파를 곁들인 청어요리는 네덜란드인들이 즐겨 먹는 요리 중의 하나. 겨울 음식으로 사랑받는 명물요리는 에르텐수프(Erwtensoep)와 쌀을 주원료로 육류, 생선 등을 곁들인 인도네시아 요리 레이스타펠(Rijstafel)이 있다. 식사와 함께 하면 좋은 음료로는 네덜란드의 맥주 하이네켄과 레모네이드가 있다.

주 류

식민통치 역사는 차 문화에서 만큼은 네덜란드인을 미식가로 만들었다. 영국과 마찬가지로 차는 상류사회의 음료로 간주되었고 커피는 상대적으로 가난한 사람들의 음료라고 생각했다. 벨기에 사람들은 차에 우유를 넣어 마시지 않지만, 네덜란드 사람들은 설탕대신 우유를 넣어 마신다.

세계문화유산

■ 쇼클란트와 그 주변지역(Schokland and its Surroundings : 문화, 1995)

반도(半島)이던 쇼클란트는 바닷물의 침식작용으로 15세기경 섬으로 변했다가 1859년에 배수되었고 다시 1940년대에 육지의 한 부분이 되었다. 선사시대 인간거주의 주요 유적으로 바다와 경쟁하였던 네덜란드인들의 불굴의 투쟁을 보여준다.

■ 암스텔담 방어선(Defence Line of Amsterdam : 문화, 1996)

네덜란드의 근대사에서 간척사업은 국가의 국토 대확장 사업이었다. 우리나라 주요 댐축조기술은 네덜란드의 도움을 받을 정도로 방조제 기술은 세계 최고 수준이다.

19세기말에 창안된 수(水) 역학공법을 응용한 근대적 도시의 통합시스템으로 네덜란드인들의 창의성을 엿볼 수 있다. 도시를 중심으로 135km에 달하며 1883~1920년에 만들어졌다.

■ 킨더디지크-엘슈트 풍차망(The Mill Network at Kinderdijik-Elshout : 문화, 1997)

해수면보다 낮은 국토를 가진 네덜란드의 국토유지 노력을 극적으로 보여주는 상징물로서 제방, 저수지, 배수지 등 관련유적이 잘 보존되어 있다. 풍차가 한때는 1만개도 넘었지만 지금은 900여개 남아있다. 로테르담 남쪽 10km 거리에 있는 킨더디지크 일대에 19개의 우람한 풍차는 네덜란드인의 물과의 응전을 보여주고 있다.

■ **윌렘스타드 내륙지방 역사지역과 항구(Historic Area of Willemstad, Inner City, and Harbour : 문화, 1997)**

1634년 Curacao섬에 세워진 무역지로 유럽의 도시계획과 네덜란드 및 스페인 · 포르투갈 식민도시의 모습을 잘 보여주고 있다.

■ **D. F Wouda 증기기관 양수장 (D. F. Wouda Steam Pumping Station : 문화, 1998)**

1920년에 세워진 세계최대 규모의 증기기관 양수장으로 현재까지 운영되고 있으며 해수면보다 낮은 국토와 국민을 보호하기 위한 네덜란드의 노력을 보여주는 대표적 유물이다.

■ **벰스터 간척지(Droogmakerij de Beemster : 문화, 1999)**

이 유적은 고대와 르네상스의 이상이 조경디자인에 적용된 창조적인 계획의 대표적인 유적으로 이 해안 간척지의 창조적이고 상상력이 풍부한 경관미는 유럽뿐 아니라 다른 지역의 간척사업에 깊은 영향을 끼쳤다.

■ **리에트벨드 슈로더 하우스(Rietveld Schroderhuis : 문화, 2000)**

유트레흐트(Utrecht) 근교에 건축가 리에트벨트(1888~1965)가 신조형주의 차원에서 작은집을 건축하였다. 집은 벽, 바닥, 지붕, 발코니 등을 서로 교차 · 돌출 · 관통 시켜 시각적 효과와 공간의 연속을 최대화 함으로써 독특성을 보이고 있다. 이 건축양식은 건축에 있어서 현대화 운동의 상징이며 데스틸(De Stijl)운동에 의해 발전된 사상과 개념의 순수성에 있어서 인간의 창조적 재능을 잘 표현하고 있으며 디자인과 공간활용의 급진적 접근으로 현대 건축발전의 시원적 위치를 차지하고 있다.

이벤트 & 축제

▪ 봄꽃축제

굴지의 꽃 생산지인 북부 네덜란드에서 4월에 열리는 축제로서 40여대의 꽃차는 넘칠 정도로 꽃으로 채워진다. 여성이나 어린이들이 타고 있는 꽃차는 주의 거리 하렘으로부터 노르도익까지 약 30km의 길을 하루 종일 행진한다.

▪ 산타클로스 축제

산타클로스 하면 우리는 흔히 북극에 살고, 사슴이 끄는 썰매를 타고 빨간 선물 주머니를 등에 멘 흰 수염의 뚱뚱한 할아버지를 연상한다. 그러나 이것은 미국판 산타클로스이다. 이 산타클로스는 네덜란드 사람 'Sinterklaas(신터클라스)'에서 유래된 것으로 네덜란드에서 이 신터클라스의 생일은 크리스마스만큼이나 중요한 전 국민들의 축제일이다. 12월 6일은 성 니콜라스(St. Nicolas) 또는 네덜란드 말로 신터클라스의 생일이다.

신터클라스는 자신의 생일 약 3주 전에 스페인으로부터 작은 증기선을 타고 네덜란드로 온다. 수만명의 아이들은 그를 맞을 준비를 하고, TV를 통해 그가 도착하는 장면이 생중계될 정도로 그의 인기는 대단하다. 신터클라스 축제는 그의 생일 하루 전 저녁에 열리는데, 원래는 아이들만의 축제였다가 전 가족축제가 되었다고 한다.

독일
GERMANY

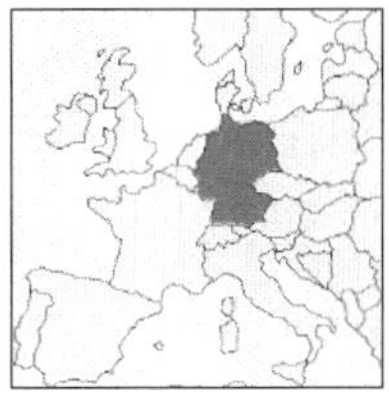

인구 : 약 8,200만명
면적 : 약 36만km^2
수도 : 베를린
주요언어 : 독일어
종교 : 기독교 · 가톨릭

www.germany-tourism.de

문화와 자연환경

강인하면서도 부드러운 외강내유(外剛內柔)의 나라이다. 우직하면서도 치밀한 보수적 성향의 대표적인 게르만 민족이다.

군사적으로는 투쟁적이지만, 경제적으로는 산업의 합리화, 과학화를 통해서 세계 일류 상품을 만들어 내고 예술방면에서는 음악과 문학 분야에서 섬세함과 이성의 조화를 잘 표현하고 있다.

독일에서는 대다수 사람들이 신 · 구 기독교를 믿는다. 북부에 신교도가 많고 남부나 서부는 로마 가톨릭교인이 많다.

이들은 오랜 전통이나 관습을 교회를 중심으로 한 의식으로 많이 나타내고 있다.

독일의 라인 강을 빼놓고 관광과 자연을 이야기 할 수 없다. 하이네의 시에 의해서 로렐라이로 더 잘 알려진 라인강은 알프스를 떠나 북해로 흘러간다. 130km를 흐르는 이 강은 아름다운 요정이 뱃사공을 부르는 전설과 갖가지 신비로운 옛이야기가 스며있다.

독일은 위도가 높아 겨울에 추울 것 같지만, 한국에 비하여 독일의 겨울은 춥지 않고 여름은 덥지 않다. 한국의 폭설이나 장마와 같은 기후는 없다. 다만, 햇빛을 볼 수 있는 기간이 짧아 많은 사람들이 일광욕에 상당한 관심이 많다.

기온은 계절에 따라 차이가 큰데, 7월의 기온은 남쪽이 높고 북쪽이 낮아 등온선이 위도에 평행하게 거의 동서방향으로 놓이는 데 반해, 1월의 기온은 동쪽이 낮고 서쪽이 약간 높다.

연평균강수량은 서부와 남부에 많고 특히 남부의 산지에서는 1,400mm 이상이다. 함부르크, 베를린, 뮌헨의 1월과 7월의 평균기온은 각각 0℃와 -2.2℃, -0.5℃와 19.4℃, 17.3℃와 17.7℃이고, 연강수량은 각각 720mm, 556mm, 964mm이다.

역 사

유럽의 대부분이 중앙집권 정치로서 강력한 국가를 형성하여 유럽의 역사를 주도해 나갔다면 독일은 지방분권체제를 유지해 오다가 1871년 비스마르크에 의하여 통일된 독일을 이룩한 후 역사의 전면에 등장하게 된다.

독일이 역사상에 처음 등장한 것은 소련의 볼가강 근처에 있던 훈족이 남하하면서 시작한 게르만족의 이동에서 부터였고, 1843년 베르뎅 조약에 의하여 현재의 프랑스인 서프랑크와 지금의 독일지역인 동프랑크로 나뉘면서 역사를 갖기 시작한다.

그 후 하인리히 1세와 신성로마제국의 오토1세 시대를 거쳐 1871년 프로이센에 의하여 역사상 처음으로 통일제국을 건설하게 되었으며 오스트리아 황태자 프란츠페르난드가 사라예보를 방문하다가 저격을 당한 사건을 계기로 제1차 세계대전에 뛰어 들었다가 패전국으로 전락하였으며 혼란기를 틈타 뮌헨에서 시작한 히틀러의 나찌스당이 출현하였고 삼국동맹을 맺어 다시금 제2차 세계대전을 일으켰으나 미, 영, 불, 소련에 의하여 일본과 함께 다시금 패전국이 되어 동, 서로 분할되어 국토를 강제 점령당하는 수모를 겪게 된다.

그러나 단일민족이라는 민족적 동일성과 경제대국을 이룩한 저력으로 1990년 10월 꿈에 그리던 통일을 이룩하게 된다. 통일 뒤의 정치 제도를 살펴보면 의회는 양원제로 16개 주정부(서독 11개주, 동독 5개주)에서 인구비례에 의하여 선출되는 연방참의원과 비례대표제로 선출되는 연방의회로 구성된다. 국가와 국기 및 통화는 서독의 것을 그대로 사용하며 수도는 과거의 정통성의 맥을 잇는다는 차원에서 분단 이전의 수도인 베를린으로 정하기로 하고 이전 전까지는 본에서 임시 수도를 정하게 되었다.

종 교

현재 독일에는 가톨릭과 개신교가 공존한다. 독일문화와 정신의 뿌리는 기독교이며 아울러 현재의 독일도 엄연히 기독교국가인 것이다. 하지만 점차로 많은 사람들이 교회를 떠나고 있는 실정이다. 교회를 떠나는 이유는 정신적·물질적 요인으로 나누어 볼 수 있다. 정신적이 면이라면 물질문명과 산업화에 따른 서구특유의 개인적 소외 현상이다.

선불교, 티베트교, 요가 등 다른 종교에 대해 관심을 보이고 있는 사람들이 꽤 있다. 물질적이라면, 독일인은 누구나 종교를 가진 사람이면 자동적으로 소득의 일부를 종교세로 내야 하는데, 교회를 가지 않으면서도 종교세를 내던 사람들이 이제는 더 이상 내지 않으려고 하고 있는 것이다. 이에 몇 몇 주의 교회에서는 기존의 종교세를 강화하여 그간 교회를 다니는, 혹은 종교가 있는 가장의 총임금에서 1%를 받았던 것을, 비록 가장이 다니지 않더라도 배우자가 다닐 경우에도 역시 교회세(Kirchgeld)를 내는 것으로 변경했다.

전통 문화 & 관습

독일인들은 적당주의를 싫어한다. 실제로 독일어에는 묵음이 거의 없을 정도로 알파벳 하나하나를 정직하게 다 발음한다. 원칙에 대한 독일인의 엄격함은 융통성을 중시하는 프랑스인들의 성질과 크게 차이가 난다고 볼 수 있다. 프랑스 사회가 금지되어 있는 것 외엔 모두 허가되어 있는 곳이라면, 독일 사회는 허가된 것 외에는 모두 금지된 곳이라고 보면 된다.

깐깐하기로 소문난 독일인들은 '횡재, 날림, 우연, 적당히 때우기'란 것을 좋아하지 않는다. 칼 같은 시간감각으로 유명했던 철학자 임마누엘 칸트를 보면 알 수 있듯이, 독일인들은 한마디로 정확성이 체질화된 사람들이다. 특히 자기 전문분야에 한해서는 거의 인간이 아니라 기계 같다고 느낄 정도로 꼼꼼한 사람들이라고 보면 된다. 예를 들어서, 독일어에 '그만하면 됐다(gut genug)'란 말이 있는데, 우리말이나 영어에선 '평균 이상은 되니까 넘어가자(That's good enough)'는 헐렁한 의미인데 반해서, 독일인들은 거의 완벽한 수준이 되어야 비로소 이 말을 쓴다. 그러니 독일제, 특히 자동차나 시계가 세계적으로 그 수준을 인정받을 수밖에 없는 것이다. 그러므로 독일인들과 상대할 때는 아주 철저하게 준비된 모습을 보여 주지 않으면 안될 것이다.

주요 음식

전통적으로 독일인들은 돼지고기, 소시지를 많이 먹고, 감자를 제외한 야채 섭취는 적고, 물 대신 맥주를 많이 마시며, 음식 맛은 시고, 짜고, 게다가 달기까지 한 것으로 알려져 있다. 한마디로 독일의 음식은 주변의 국가들에 비해서 특별한 것이 없다는 이야기도 된다.

독일의 음식 명성이 다른 국가보다 낮은 이유는 지리적인 상황이 크게 작용했다고 볼 수 있다. 독일은 바다와 육지에서 풍부한 해산물과 고기 그리고 많은 곡식이 자라는 지역이 아니다. 이탈리아와 프랑스는 풍부한 일조량이 없고, 산림지역이 많아 다양한 먹거리가 부족했다. 독일인들은 과거부터 감자, 밀, 돼지고기, 쇠고기 등을 즐겨 먹었다. 그러나 독일 음식을 대표하는 것이 있는데, 소시지와 햄 그리고 맥주는 그 명성이나 맛에서 세계적으로 유명하다

독일인의 대중적인 돼지고기 요리로는 포크촙(Porkchop, 독일어로는 Schweinskotelett)과 오븐에 구운 돼지고기(Schweinebraten)가 있다. 이외에 돼지 넓적다리를 오븐에 구운 슈바이네학세, 식초와 소금 그리고 향료와 함께 삶은 아이스바인(Eisbein)도 대중적인 음식이다.

독일은 소세지를 각 지역마다 생산을 하여 지역색이 있다. 종류만도 천여종이 넘는다. 대표적인 것으로는 뉘른베르크 소시지, 물에 삶아 먹는 복(Bock) 소시지, 소 간소시지, 그릴 판에 구워 먹는 크라카우어 소시지 등이 있다. 한국에서 유명한 프랑크소세지는 독일의 프랑크푸르트(Frankfurt)라는 도시의 이름에서 유래되었다.

독일인들이 육류 중 돼지고기를 많이 먹지만, 선호하는 육류는 소고기이다. 대중적인 소고기 요리로는 로스트비프(Rinderbraten)가 있다. 유럽과 미주지역의 사람들은 모두 소고기를 많이 먹지만, 독일식 로스트비프의 특징은 소스에 있다. 이 요리의 명칭은 얹은 소스에 따라 결정된다. 독일 음식의 맛은 소스에 의해서 좌우되며, 이 소스를 잘 음미할 줄 알아야지만 음식의 진수를 알 수 있다.

독일인들의 아침은 주로 빵과 커피를 마시고 점심은 간단하게 그리고 저녁은 푸짐하게 먹는 편이다. 아침에 많이 먹는 빵으로는 주먹만한 브뢰첸(Broechen)이 있는데, 프랑스의 바게트처럼 겉은 딱딱하지만, 밀가루, 효모와 물 이외에는 다른 첨가물이 들어가지 않는다.

주 류

독일에서 맥주의 양조방식은 1516년이래 법으로 정해져 있는데(순수성 유지법, Purity Law), 이 법에 의하면 호프, 물, 맥아의 순수 자연원료 외에 방부제 같은 화학물질을 첨가하면 불법이라고 한다. 그런데 유명세에 비해 미국 맥주처럼 전세계에 널리 퍼져 있지 않은 이유는 순수성 유지법에 따라 만들면 방부제를 넣을 수 없기 때문에 장기 보존이 어렵고, 냉장보관을 해야하는 등 유지비용이 많이 들어서 국제경쟁력이 떨어지기 때문이다.

또한, 독일에는 4,000종이상의 맥주가 있고, 전세계 맥주공장의 1/3이 자리하고 있다.

과거 수도원에서는 맥주를 만들어서 그 판매비용으로 수도원을 운영하기도 했다고 한다. 지금도 각각의 수도원의 이름이 붙은 맥주가 판매되고 있기도 하다. 그리고 독일에서는 매달 10월 옥토버부르스트라는 맥주축제가 열리는데, 이 기간 동안만 독일인들은 500만 리터에 해당하는 맥주를 마신다. 이때에는 남에게 절대 피해를 주지 않는 독일인들이 평소의 그 엄숙하고 진지함에서 해방되어 자유분방하고 거리낌없는 모습을 보여주는 때로 마시고, 취하고, 노래부르는 축제가 연일 계속 된다.

세계문화유산

■ 꼴로뉴 성당(Cologne Cathedral : 문화, 1996)

쾰른이란 도시의 명칭은 식민지란 뜻이 이탈리아어 '콜로니아'에서 유래된 것으로 지금도 영어와 프랑스어로는 콜로니라의 어원을

그대로 나타낸 Cologne으로 통하고 있다. 쾰른에서의 대성당은 쾰른을 의미하고 쾰른은 곧 대성당을 의미할 만큼 쾰른 대성당은 이 도시의 유일한 상징이며 명소이다. 대성당이 위치한 자리는 원래 로마 식민지때 북쪽 성벽이 축조되어 있던 곳으로 그 후 네번에 걸쳐 교회가 들어섰던 곳이다. 이교회의 옛 터전에 현재의 대성당이 시공된 것은 1248년으로 이로부터 600년만인 1880년에 완공을 보았다. 높이 140미터의 첨탑이 내리누를 듯한 성당 안으로 들어서면 로히너의 작품 '박사들의 예배'가 걸려 있다. 고딕 건축물의 회당 한 중앙을 보면 높은 천장이 돌기둥들에 의하여 떠받혀 있고, 강론대가 있는 공간에는 1000명 정도가 앉을 수 있는 좌석이 배열되어 있다. 모두 519개의 계단으로 된 대성당 남쪽 탑의 전망대에서는 라인강 양쪽 시가지와 주택가와 녹지대 등이 한 눈에 들어온다.

■ **슈파이어의 대성당(Speyer Cathedral : 문화, 1981)**

슈파이어에 있는 웅장한 로마네스크식의 대성당은 슈파이어 시의 잘 알려진 큰 성당유적이다.

황제들에 의해 지어졌으며, 매장지로 정해졌다. 곧 황제들이 가진 권력의 상징이었다. 1030년경 프랑켄 잘리에르왕조의 황제 콘라트 2세 때에 건축공사가 시작되었고, 1061년에 성당이 헌정될 수 있었다.

웅장하며 중랑과 두개의 측랑으로 구성된 본당을 가진 고대풍의 그 회당은 건축사적으로 봤을 때 성당건축의 한 특징적인 수평단면 형태를 완성했는데, 그 형태는 이후 11세기와 12세기 로마네스크식 건축의 발전에 지대한 영향을 미쳤다.

■ 뤼베크한자도시(Hanseatic City of Lubeck : 문화, 1987)

독일 최초로 유네스코 세계문화 보호도시로 등록된 아름다운 옛 도시이다. 옛부터 한자동맹의 맹주로 군림하여온 독일 북부 최대의 상업도시이다. 뾰족한 지붕의 홀스텐문을 지나면 교회와 시청사 등이 있는 구시가가 펼쳐진다.

이벤트 & 축제

■ 뮌헨 10월 맥주 축제

독일에서의 맥주는 1516년 바이에른 왕국 빌헬름 4세 때 발표된 맥주 원료 순수령(세계 최초의 식품 위생법)으로 그 품질이 계속 유지되었으며 국민적 음료로 사랑받아왔고 사육제 · 부활절 축제 · 종교 행사 등에도 빠질 수 없는 필수품이 되었다. 맥주의 나라 독일에서는 일년 중 각 지방의 특색에 맞춰 전국에 걸친 맥주 축제가 열리는데 그 중에서도 축제기간 중 1000여 개의 고유 민속행사가 개최되는 세계적 관광명소인 뮌헨 맥주 축제가 가장 유명하다.

이 축제는 1810년 바이에른 왕국의 황태자 루드비히와 작센의 테레사 공주와의 결혼을 축하한 경마 모임에서 비롯되었다. 현재는 기타 유럽국가를 비롯 전세계에서 매년 약 600여만명의 맥주 애호가가 축제 기간 중 모이며, 이 기간 중 소비되는 맥주는 약 500만 리터, 닭은 65만 마리, 소시지는 110만 톤이나 되는 세계 제1의 맥주축제가 되었다.

■ 쾰른의 제5의 계절

대부분의 세상 사람들은 단지 네 개의 계절만을 알고 있다. 그러나 쾰른 사람들은 그들의 축제기간을 자랑스럽게, 그리고 애정이 어려 있는 태도로 제5의 계절이라고 부르고 있다. 한 해의 다른 계절과 마찬가지로 이 축제의 계절은 기간이 3개월이나 된다. 그러나 기간이 비슷하다는 것 이외에는 축제의 계절과 다른 계절의 공통점은 없다.

매년 11월 11일 11시 11분에 구시장터에서의 시끌벅적한 개막행사로 시작되는 이 축제는 고해 화요일에 이르는 마지막 6일 동안 절정에 이르게 되는데, 이 기간에 이르기 전에도 여러 가지 다양한 행사가 계속된다.

■ 라인 카니발

라인 카니발은 라인강 줄기를 따라 독일의 거의 모든 서부 지방에서 펼쳐지는데, 마인츠를 중심으로 하더라도 라인 강과 맞닿지 않은 지방에서도 이 카니발에 어울려 축제를 벌이는 곳이 많다. 라인 카니발은 사순절이 시작되기 일 주일 전인 목요일부터 본격적으로 펼쳐진다. 이날은 '여인들의 목요일'이라 하여 하루 종일 완벽한 여인 천하가 된다. 여인네들이 대낮부터 마음껏 술을 마시고 거리를 떼지어 다니며 가위로 남근의 상징인 남자들의 넥타이를 보는 데로 자른다. 멋모르고 시내 구경 나온 외국인 신사들의 넥타이가 잘려지는 수모가 도처에서 벌어지며, 이 날은 수상도 예외 없이 넥타이를 잘리면서 히죽대고 웃는 사진이 신문마다 대문짝만하게 실린다.

라인 카니발의 하이라이트는 뭐니뭐니해도 그 나흘 뒤인 '장미의 월요일'이다. 이 날엔 마인츠로부터 뒤셀도르프에 이르기까지 라인강변의 도시라면 어디나 성대한 가장 행렬이 벌어진다.

이처럼 실컷 먹고 마시고 노는 장미의 월요일이 지나고 사육제의 마지막은 '참회의 수요일' 또는 '재의 수요일'이라는 Ascher-mittwoch로 마감된다. 이날은 사육제 기간 동안 지은 죄를 참회하고 고기를 먹지 않으며 근신하는 날이다. 언제 그랬냐 싶게 축제의 분위기는 완전히 가시고, 온 나라가 쥐죽은 듯 고요해진다.

오스트리아
AUSTRIA

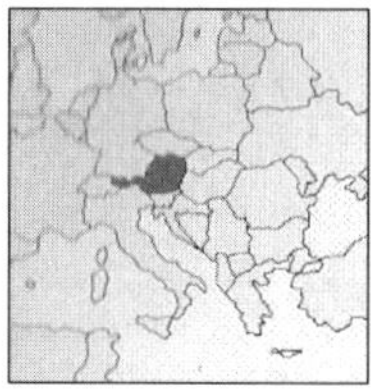

인구 : 약 810만

면적 : 약 8만km^2

수도 : 빈

주요언어 : 독일어

종교 : 가톨릭

www.austria-tourism.at

문화와 자연환경

오스트리아는 60%가 알프스산맥이다. 이 나라의 시골이나 소도시를 여행하다 보면 아담한 교회와 독특한 중세시대의 가옥들이 아름다운 조화를 이루고 있다.

일찍이 음악과 예술 그리고 건축이 발달하여 아름다운 시가지 건축물 속에 예술과 아름다운 음악이 흐르는 것을 보고 느낄 수 있다.

국민 대부분이 독일어를 사용하는 게르만 민족의 독일계이며 약 90%가 로마 가톨릭이다. 그리고 시골에서 전통적으로 내려오는 전통과 풍습은 이 나라의 관광산업에 큰 매력이다.

오스트리아는 약 3800m에 달하는 최고봉 그로스 글리코너를 주봉으로 알프스 산기슭과 빙하호수, 도나우 강변과 보헤미아의 숲 그리고 동 유럽으로 쭉 뻗어가는 언덕과 평원이 목가적인 정서를 자아내는 아름다운 나라이다.

오스트리아 여름(6~8월)의 평균기온은 20~25℃이며 겨울(11~3월)의 평균기온은 -5℃ 정도이다. 10월에서 12월에 걸쳐 강수량이 많으며, 11월 하순부터 눈이 오기 시작하면 3월까지 많은 적설량이 기록된다. 겨울에는 습기가 많아 상당히 추우며, 전체적으로 겨울을 제외하면 온난한 기후를 나타낸다.

일교차가 심하고 같은 계절에서도 날씨 변덕이 심하며 특히 4월과 9월의 기후는 아주 변화가 심하다.

'Wiener Luefterl'(북서쪽에서 항상 부는 미풍)의 영향으로 한여름에도 저녁에는 늦가을 날씨처럼 쌀쌀하다. 강수량은 서쪽에서 동쪽으로 이를수록 감소되고 고도가 높아짐에 따라 증가한다. 비가 많은 서부지역은 연강수량이 약 1,000mm이며, 동부 농업지역은 다소 적다. 저지대와 산이 많은 동부지역의 평균 기온은 -1℃(1월)~20℃(7월)에 이르며 3,000m가 넘는 산들은 1년 내내 눈으로 덮여 있다.

역사

▪ 합스부르크가 지배 이전(6세기~1278년)

6세기 초 바이에른인이 도나우강 유역으로부터 알프스 산기슭에 걸친 일대를 지배한 무렵부터 오스트리아의 역사는 시작된다. 신성로마제국 황제 오토 2세(재위 973~983)가 976년에 이 지역을 바이에른 후작의 변경령으로 정하였고, 다음 대인 오토 3세(재위 983~1002) 무렵에 처음으로 'Osterriche(동쪽의 나라)'라는 이름이 나타나기 시작하였다. 당시 이 지방은 바벤베르크 변경 수령이 통치하였으나, 얼마 후인 1278년 합스부르크가의 초대 황제 루돌프 1세(재위 1273~1291)의 영유지가 되었다.

▪ 합스부르크가 지배 성립(~1620년)

15세기에 합스부르크가는 도나우 강 유역을 중심으로 영토의 확대정책을 추진하고, 프리드리히 3세(재위 1440~93)가 모든 영토를 통합하였다. 다음의 막시밀리안 1세(재위 1493~1519)는 다시 네덜란드 · 북 티롤 등을 병합하는 한편, 혼인정책에 의해서 에스파냐 왕국과도 결합하였다. 뒤를 이은 황제 카를 5세(1519~56)는 독일의 합스부르크가령을 동생인 페르디난트 1세에게 물려주었다.

■ 근대국가의 확립(1648년~1812년)

17세기 중반 오스트리아는 30년 전쟁 후 베스트팔렌조약에 의해서 독일의 제후는 완전한 연방주권을 획득하였으나 10년 후에 즉위한 레오폴트 1세(재위 1658~1705)는 사보이공 오이겐의 힘으로 다시 투르크의 침입을 막고 전 헝가리 령을 평정하였다. 에스파냐 계승전쟁(1701~13)에서는 프랑스를 격파하고 위트레흐트 평화조약의 결과 밀라노 · 나폴리 · 네덜란드 등을 획득함으로써 오스트리아는 그때까지의 에스파냐 의존체제에서 벗어나 프랑스와 어깨를 겨루는 유럽의 열강이 되었다.

1806년 나폴레옹이 라인동맹을 조직했고 프란츠 2세는 황제의 지위에서 물러났으며, 이에 따라 중세 이래의 신성로마제국은 해체되었다.

■ 빈회의에서 제1차 세계대전까지(1814년~~1918년)

나폴레옹 몰락 후 유럽의 재건을 위한 열강회의를 빈에서 개최한 오스트리아는 재상 메테르니히의 수완에 의해서 국제적 지위를 높이고, 1815년 오스트리아를 맹주로 하는 독일연방이 성립되었다. 그러나 오스트리아는 영내에 마자르인 · 슬라브족 등 많은 이민족이 살고 있는 데다가, 또 근대산업의 발달도 뒤늦었기 때문에 국가적 통일을 유지하기 위해서는 힘에 의한 정치체제를 고집해야 했다. 메테르니히가 신성동맹이나 5개국 동맹을 이용해서 국내뿐만 아니라 전 유럽에서 자유주의 · 국민주의운동을 억압하는 데 주력한 것도 이 때문이다.

그러나 이른바 메테르니히체제도 1830년 7월혁명을 계기로 동요하기 시작하여 1848년 2월혁명의 영향을 받아 3월 13일에는 빈에서

동란이 일어나 메테르니히는 영국으로 망명하고 입헌정치가 성립하였다. 1859년에는 이탈리아의 통일전쟁이 일어나 롬바르디아 지방을 상실하였다.

또 점점 융성하기 시작한 프로이센과 독일의 주도권을 에워싼 싸움은 1866년 프로이센-오스트리아전쟁으로 발전하였고 이 싸움에서 패배한 오스트리아는 독일연방을 탈퇴하여 주도권을 프로이센에 넘겨준 데 이어 1861년 베네치아 지방을 통일한 이탈리아에게 할양하였다. 이에 따라 국가의 통일은 중대한 위기에 직면하고 이민족의 독립운동을 억압한다는 것은 지극히 어렵게 되었다.

드디어 1867년 헝가리의 마자르인 대토지소유 귀족과 타협하고 헝가리 왕국의 건설을 허용하여 오스트리아-헝가리 이중제국이 성립하였다.

비스마르크의 은퇴(1890) 후 발칸에서는 러시아의 범(汎)슬라브주의와 독일 · 오스트리아의 범게르만주의가 대립하여 불안이 계속되었다.

1914년 6월 28일 황태자 부부가 보스니아의 수도 사라예보에서 범슬라브주의 비밀조직에 속하는 세르비아 청년에게 암살되자 오스트리아 정부는 세르비아에 강경한 최후통첩과 함께 7월 28일 선전을 포고하여 제1차 세계대전이 시작되었다. 결국 1918년 11월 3일 연합국과의 사이에 단독 휴전조약이 체결되었다. 이와 때를 같이하여 혁명이 일어나 합스부르크가는 쓰러지고 공화제가 성립되었다.

■ **제1차 세계대전 후(1918년~)**

오스트리아는 1919년 9월 생제르망 조약에 의해서 오스트리아-헝가리 이중제국은 해체되고 헝가리 · 체코슬로바키아가 독립하였으며, 또 영토의 일부는 폴란드 · 유고슬라비아 · 루마니아 등 신흥국에 귀속됨으로써 오스트리아의 국토는 전전(戰前)의 1/4로 축소되었다. 또 군비의 제한과 함께 다액의 배상의무, 독일과의 합병 등을 당했다.

1939년 9월 제2차 세계대전에 돌입하였으나 1945년 4월 13일 소련군에게 빈을 점령당하고 4국 관리이사회 밑에 새로운 정부가 재건되었다.

이에 따라 신생 오스트리아 공화국은 군비의 제한 및 독일과의 정치적·경제적 결합금지의 제약을 받았으나, 배상의 의무는 없고 그 해 10월 26일 국회는 영세중립법안을 가결하고, 12월에는 국제연합 가입이 허용되었다.

종 교

오스트리아의 종교는 대부분 가톨릭을 믿고 있으며 장례 및 결혼식은 대부분 교회에서 치러지고 있다. 국민의 90%가 가톨릭교도이며 6%정도만이 개신교를 믿는다. 가톨릭은 오스트리아 인들의 생활을 강하게 지배하고 있으며 풍속이나 습관 연중행사의 많은 부분이 가톨릭적이다. 도처에 멋진 교회들이 있는데, 마을에는 소박한 양식들로 된 교회가 있으며 도시에는 로코코나 바로크 양식으로 지어진 교회들이 많이 있다. 이런 현상은 가톨릭 국가들에게는 전형적인 것으로 다른 유럽 개신교 국가들에서는 일반적이다.

전통 문화 & 관습

오스트리아 사람들은 인생에 대해 매우 느긋하고 낙천적인 태도를 취하는 것으로 유명하다. 어렵고 힘들고 좌절하는 상황에서도 언제나 밝은 모습을 가지고 살아간다. 이것이 바로 오스트리아 사람들의 국민성이다. 오스트리아 사람들은 대체로 호기심이 많으며, 새로운 것을 배우는데 두려움이 없는, 용기 있는 사람들이다.

오스트리아는 질서의식이 높은 나라로도 유명하다. 또 어렸을 때부터 남에게 폐를 끼치거나 양심을 속이는 행동을 하지 않도록 교육하는 나라로도 잘 알려져 있다. 오스트리아는 예의와 관습, 전통을 중요시하는 사람들이다. 그래서 예의와 관습이 지나치다 싶을 만큼 심하다. 오스트리아 사람들은 특별한 경우가 아니면 집으로 초대해서 파티를 여는 관습은 거의 없다.

생활 관습으로 보면, 오스트리아 사람들은 인내심이 강해 어떤 일이든 참고 기다리는 일에 익숙하다. 건물이나 지하철 공사를 할 때도 서둘러 끝내기보다는 시간이 걸리더라도 완벽 하게 일을 마무리짓는 편이다.

주요 음식

대표적인 음식 비엔나 슈니첼(송아지 요리, 돈까스 형식), 타펠 슈핏츠, 굴라쉬, 카이져 슈마렌, 아펠 슈트르델(애플파이), 비엔나커피와 케이크 등이 있다.

오스트리아의 요리는 독일 요리에 헝가리 요리가 가미되어 독특한 맛을 내며, 종류 또한 다양하다. 전통요리로 비엔나 슈니첼(Wiener Schnitzel ; 송아지고기 커틀릿)이 유명하며, 구야쉬(Gulasch ; 매콤한 헝가리식 수프)와 다양한 소시지 요리도 먹어 볼 만하다. 또 커피와 케이크도 맛있다. 음식값은 비교적 비싼 편이지만, 서민 레스토랑인 바이슬(Beisl), 가스트하우스(Gasthaus)에서 싸고 맛있는 가정요리를 맛볼 수 있다.

오스트리아 요리는 바다가 없기 때문에 담수어나 새 요리가 발달하였다. 생크림을 띄운 비엔나커피가 유명한데 빈 사람들은 커피를 터키에서 들여와 유럽의 여러 나라에 전했다. 유명한 크로와상도 빈에서 유래했다. 1683년 터키가 빈을 포위공격했을 때 빈의 빵굽는 사람이 이슬람의 오스만을 상징하는 반달 모양의 퍼프페이스트 과자를 만들어 냈고 마리아 테레지아의 딸 마리 앙투아네트는 이 빈의 빵굽는 전통을 파리에 가져갔다. 구워 만든 과자류는 오스트리아의 특산물이다. 오스트리아에서는

비엔나커피

자커 케이크, 린츠 케이크, 도나우 웰레를 먹어볼만 하다. 오스트리아인들은 단 음식을 좋아한다.

식당의 메뉴판에서는 잘스브루거 녹컬른(salzburger Nockerln : 계란 우유, 밀가루, 설탕으로 만들어 따뜻하게 먹는 단 음식) 팔라트쉰켄(Palatschinken : 쉰켄은 햄이라는 뜻이지만 햄이 아니라 달게 만든 팬케이크이다)들은 항상 찾아볼 수 있다. 오스트리아 음식에 크뇌델(주먹만한 크기에 묽은 전분 가루를 묻혀 끓는 물에서 둥근모형이 된 것)이 있다.

주 류

■ 와인

오스트리아는 약 2700년 전부터 와인을 만들기 시작, 그 양은 많지 않지만 뛰어난 맛과 향을 자랑한다. 특히 고급 백포도주는 세계적으로 인정받고 있으며, 와인 관광코스도 마련되어 있다. 약 20여 종의 포도를 기본으로 생산되고 있는데, 권할 만한 와인으로는 백포도주의 경우 Riesling, Gruner Veltliner, Welschriesling등이 있고, 적포도주로는 Zweigelt, Blaufraenkisch, Blauer Portugieser 등이 있다.

세계문화유산

■ 잘쯔부르크시 역사지구
(Historic Centre of the City of Salzburg : 문화, 1996)

드라마틱한 도시전경, 역사적 의미가 깊은 도시구조, 수세기에 걸쳐 많은 교회 건물과 유서깊은 건축물 등을 가지고 있는 유럽 교회적 도시형태의 중요한 사례이며 특히 이 도시는 모차르트를 비롯한 유명 음악가들이 활동했던 예술의 도시이

기도 하다.

■ **쉔브룬 궁전과 정원(Palace and Gardens of Schonbrunn : 문화, 1996)**

바로크 궁전 건축이 잘 보존된 뛰어난 사례이며 이 궁원은 근세기 유럽의 명문왕가인 합스부르크家의 취향, 관심, 열정 등을 잘 보여주고 있다.

■ **할스타트-다슈타인문화경관(Hallstatt-Dachstein Salzkammergut Cultural Landscape : 문화, 1997)**

B.C. 2000년경 소금광산들에 대한 탐사로부터 시작된 유적, 이 소금광산들은 20세기 중반까지 이 지역 문화유산 형성에 기초가 되었다.

■ **그라쯔시 역사지구(City of Graz Historic Centre : 문화, 1999)**

시대의 흐름에 따른 건축양식의 변화를 잘 보여주고 있는 유적으로 각 시대별 독특한 건축양식의 건물들이 잘 보존되고 있다.

■ **와차우 문화경관(The Wachau Cultural Landscape : 문화, 2000)**

오랜 역사적 진화의 물질적 증거인 산맥에 의해 경계가 형성된 강변경관의 뛰어난 전형으로 건축, 인간 정주지, 농경은 기본적인 중세의 경관을 생생하게 보여주고 있다.

■ **비엔나 디오스쿠리드 필사본(Vienna Dioscurides : 기록, 1997)**

고대약학의 가장 중요한 원천으로 여겨지고 있을 만큼 중세 의사들의 사전으로 사용된 저작으로서 고대서적 예술의 걸작으로 평가된다.

■ **비엔나 의회의 마지막 기록물**
(Final Document of the Congress of Vienna : 기록, 1997)

나폴레옹 전쟁이후 50년 이상 유럽의 새로운 정치구조를 평등한 입장에서 재규정하여 결정한 비엔나 의회 관련 기록물로 비엔나 의회는 나라의 문화경계를 초월하여 세계역사에 많은 영향을 미쳤다.

■ **역사적 음악 기록문**
(The Historical Collections(1899-1950) : 기록, 1999)

1899년 설립된 세계최초 음악관련 도서관인 비엔나 Phonogrammarchiv에 소장된 1899~1950년까지의 음악관련 녹음기록물이며 4,000개 이상의 민족 언어학, 민족음악학 관련 기록들을 포함하고 있으며 서구문명 영향이전의 구전문화에 대한 많은 기록을 가지고 있다.

■ **에르츠헤르초크 라이너의 파피루스**
(Papyrus Erzherzog Rainer : 기록, 2001)

오스트리아 국립박물관에 보관중인 18만개의 파피루스 문서들로서 기원전 1,500년부터 서기 1,500년까지의 이집트의 문학, 교과서, 마술, 종교, 사후세계, 법률, 경제, 군사, 의학 등 다양한 생활의 측면들을 담고 있다

■ **슈베르트 컬렉션**(The Schubert Collection : 기록, 2001)

오스트리아 비엔나 도서관이 보유하고 있는 세계에서 가장 방대하고 체계적인 슈베르트 컬렉션이다.

이벤트 & 축제

여름과 가을에 걸쳐 시청앞 광장에서 유명한 콘서트와 오페라, 발레 공연을 볼 수 있다.

음악축제가 끊이지 않고 열리는 곳이다. 비엔나에서 신정 콘서트

를 필두로 2월에는 가면 행렬과 춤을 추며 봄을 환영하는 카니발(Fasching)이 있고 성령 강림일 다음 목요일의 Corpus Christi에는 많은 카니발이 있다 카머굿의 호수에서 열리는 카니발이 볼만하다.

하이라이트는 비엔나 국제 페스티벌(5월 중순~6월 중순)로 다양한 예술행사들이 펼쳐지며 6월 21일에는 '한여름 밤의 축제'가 열리는데 이 곳 하늘에 펼쳐지는 불꽃 축제가 장관이다. 찰스부르크 국제 페스티벌은 7월 하순에서 8월까지 열리는데 이 곳에서 태어난 모차르트의 수많은 음악을 들을 수 있다. 10월 26일의 건국 기념일과 12월 5일 성 니콜라스기념일 퍼레이드도 볼만하다.

음악관련 연중 주요 축제는 다음과 같이 계속된다.

□ 신년 음악회(1/1), 오페라 볼(2/11),

□ Sound of Easter(4/3~13),

□ 비엔나 봄 축제(5, 6월)

□ 쉔브룬 궁 야외 오페라 축제(6월),

□ 비엔나 재즈 축제(7월)

□ 시청앞 야외 영화음악 축제(8월),

□ 비엔나 소년 합창단 공연(1~10월),

□ 시청앞 크리스마스 마켓(11~12월)

스위스
SWITZERLAND

인구 : 약 720만

면적 : 약 4만km^2

수도 : 베른

주요언어 : 독일어, 프랑스어, 이탈리어

종교 : 가톨릭 , 개신교

www.myswitzerland.com

문화와 자연환경

알프스의 높은 산에는 백색의 눈, 조금아래는 초록의 침엽수림과, 그 아래는 파랗고 맑은 호수가 그림처럼 아름다워 많은 사람들이 낭만적인 여행지로 꼽는 곳이다. 기후나 농토가 척박하여 옛날에는 유럽 각국의 용병으로 생계를 유지해야 할 때도 있었지만 지금은 유엔 산하 각종 국제기구만 해도 90여개가 넘게 스위스에 본부를 두고 있기 때문에 최고급의 비즈니스 관광객들이 매년 수백만명 찾아오고 비밀을 철저히 보장하는 영세중립국의 은행제도로 막대한 예금이 유치되고 있다. 뿐만 아니라 세계 최고급의 시계만 해도 매년 7~8조원 어치가 수출되어 스위스 국민소득은 항상 세계 최고 수준이다. 이제 너무 많은 관광객들이 찾아와 다소 귀찮다는 시민들의 반응이 엿보일 정도이다.

스위스의 기후는 산지에서 고원에 이르는 지형의 급격한 변화 등 지역에 따라 기복이 크다.

전반적으로는 유럽에서 강수량이 가장 많은 지역이다. 지역에 따라 강수량의 차이가 아주 크다. 강수량은 대개 여름에 많다. 강수량이 가장 많은 달과 가장 적은 달의 율은 약 2대 1이다. 즉 3개월 중 2개월은 최다 강수량을 기록하고 1개월은 최소 강수량을 기록한다.

연간 강수량은 산지일수록 많다. 예를 들면 융프라우의 정상에서는 4,000mm 이상, 생고타르 고개에서 는 약 2,000mm이지만, 저지대가 많은 중앙원에서는 1,000mm 안팎이다.

기온은 알프스의 북쪽과 중앙저지에 있는 여러 도시에서는 1월의 평균 기온이 빙점 이하인 곳이 많으며, 7월의 평균 기온도 20℃를 넘는 날이 없다. 이에 비해 남쪽의 루가노나 로카르노는 1월과 7월의 평균기온이 각각 2℃, 22℃ 안팎을 기록한다. 취리히는 여름에 기온이 30℃를 넘지만 겨울에는 영하 25℃이하로 내려갈 때도 있다. 스위스는 고원지대라서 대체로 서늘하지만 한여름 햇빛은 제법 따가워 기온이 30℃를 넘는 날도 있다.

역 사

■ B.C. 이전 역사 개요

스위스 지역에 처음으로 정착한 민족은 게르만족 갈래의 켈트족 가운데 헬베티족으로 B.C. 107년 로마에 대항한 기록과 B.C. 58년 알프스 지역을 지나 프랑스로 진격하는 로마군을 공격한 기록이 있다.

이후 로마에 정복당하여 오늘날의 스위스 지역은 로마 제국에 편입되었다. 동부 지역은 레에티아(Raetia) 주에, 서쪽은 벨기카(Belgica) 주에 속하였다. 그후 론 강 계곡에 부르군트 왕국을 포함해서 서부 스위스의 대부분이 성립되었고, 동쪽으로는 알라만 공국이 위치해 있었고, 동남부의 산악 지대는 그 당시 오도아케르의 이탈리아 제국에 속해 있었다. 부르군트족은 라틴화되고 알라만족은 게르만 색이 강하여 언어의 경계가 형성되었다.

알라만족의 지배 지역에서는 독일어가 사용되기 시작하였고 부르군트 제국에서는 프랑스어를 사용하였으며, 이탈리아어를 사용하는 지역은 역사적으로 이탈리아 왕국의 지역이었다.

■ AD 1년~1900년까지의 역사

1254년 호엔슈타우펜 왕조의 마지막 왕 콘라트 4세가 죽은 다음 신성로마 제국은 왕이 없는 대공위 시대(1254~1273년 합스부르크가의 루돌프 1세가 황제로 선출될 때까지의 기간)로 들어가게 되었다. 이후의 왕들은 작센의 황제나 호엔슈타우펜 왕국과 같은 지위를 누리지 못하였고 왕권은 교황과의 서임권 투쟁의 결과로 매우 약화되어서 점차 명칭뿐이고 형식적이 되었다. 일부 지역의 독자적인 지배는 점점 영주들의 손에 넘어갔으며, 공작, 백작, 주교, 수도원장, 많은 기사와 도시들의 지역 공동체가 형성되기에 이르렀다. 이런 상황에서 13세기 전후 하여 스위스의 주(칸톤)들이 성립되었다.

바젤과 콘스탄츠는 자치를 얻은 제국도시였고 그 외에 몇 개의 자치공동체, 작은 백작령, 수도원령의 다수가 공동체 내에서 재판권을 행사할 수 있도록 황제의 특권을 받았다. 그것은 합스부르크가의 지배요구로부터의 자유를 의미하였다.

이웃 영주들의 팽창욕을 막기 위해서 지역공동체 여러 개가 동맹을 맺었다. 1291년 우리(Uri), 운터발덴, 슈비츠가 연방으로 결성되었다. 이 연방은 합스부르크가와 갈등관계에 빠지는데, 프리드리히 쉴러의 '빌헬름 텔'이 잘 묘사하고 있다. 이는 1332~1536년 사이에 계속 확장되었고 당시의 영토경계는 미미한 변화를 제외하고는 오늘날까지 고수된다.

스위스는 그들 스스로 창안해 낸 고유한 공화적 헌법을 통해 이웃 국가들과 구별되었고, 16세기 초의 종교개혁은 스위스의 특성을 드러내는 또 하나의 기준이 된다. 츠빙글리가 이끄는 신교파와 산악지방의 가톨릭 동맹주들은 카펠에서 두 번의 전투를 벌이게 되어 신교 동맹군대는 패하고 츠빙글리도 전사한다. 그러나 이후 제네바에서 캘빈은 신교 교회를 설립하고 신교가 전 유럽에 퍼지는데 중요한 기틀을 마련한다. 캘빈은 신교의 포교뿐 아니라 정치·경제 문제에도 관여하여 많은 공장을 세우고, 지금까지도 유명한 시계와 섬유공업을 발전시킨다. 그러나 정작 유럽을 강타한 30년전쟁에서는 중립을 선언하고 전쟁의 피해를 벗어났다. 1648년 30년 전쟁을 종결시킨 베스트팔렌 조약에서 스위스 연방의 정치적 독립과 중립이 유럽의 강국들에 의해 인정되어 스위스는 네덜란드와 함께 독립하게 된다.

네덜란드와 비슷하게 스위스에서는 중앙권력이 약하고 주들이 강한 권력을 행사하고 있었다. 프랑스에서 혁명이 일어났을 때, 스위스도 영향을 받았다. 나폴레옹은 스위스 동맹을 깨고 헬베티아 공화국을 세워 중앙 집권제로 제도를 바꿔, 개별 연방주에 비하여 중앙 권력이 강해지게 하였다. 스위스는 1847년 이후로 더 이상의 전쟁이 일어나지 않았고, 오래된 중립 정책이 오늘날까지도 계속 추진되고 있다.

앙리 뒤낭(Henri Dunant)이 프랑스와 오스트리아의 전쟁 중인 1859년 솔페리노 전투에서 부상당한 군인들을 보고 전쟁의 희생자들을 지원하는 국제 적십자를 기초하였고 제네바에 설립하였다. 1901년 앙리 뒤낭은 첫 번째 노벨 평화상을 받았다(뒤낭의 생일인 5월 8일을 적십자의 날로 정하여 기념하고 있다).

■ 1991년부터 현재까지

제1차 세계대전에서도 스위스는 중립을 지켰다. 스위스는 다른 민족 국가들보다 당시의 민족주의 해악에 덜 영향을 받았다. 독일어권 스위스 인들은 독일, 프랑스어권 스위스인 들은 프랑스로부터 많은 영향을 받았지만 수백 년을 이어온 공화국 전통이 언어의 경계를 무너뜨리고 스위스라는 국가 의식을 만들었고 그것은 제1차 세계대전의 어려운 시기 동안 스위스를 지탱시켜 주었다. 연합군의 승리 이후에 유럽의 새로운 형성 과정에서 국제 연맹이 결성되었고 제네바가 그 소재지가 되었다.

제2차 세계대전에서도 스위스는 중립을 유지하였다.

히틀러의 독일군은 프랑스 애틀랜타 해변의 서쪽에, 우크라이나 동쪽에, 아프리카 남쪽에 주둔하여 유럽 요새를 형성하였다. 스위스는 하나의 섬이었고, 계속적인 존립은 히틀러의 호의에 달려 있었다. 그래서 스위스는 외교정책에서 독일에 자극을 주지 않으려 노력하였다. 제2차 세계대전 후에도 스위스 정부는 계속 중립정책을 폈다.

종 교

가톨릭 46%, 개신교 45% 기타 9%의 종교분포도를 보이고 있으며, 제네바를 중심으로 한 유그노(Huguenot) 개신교파의 스위스 경제 발전에 기여한 것이 높이 평가되어 교세가 크게 확장되고 있는 실정이다.

전통 문화 & 관습

산악지대라는 생태학적인 환경과 유럽 강대국 사이에 위치한 지정학적, 역사적인 영향을 받아 스위스 기질이 형성되었다. 언어권과 지역별로 상이하고 개인에 따라 상이하다. 이들의 전반적인 기질은 정직하고 융통성이 없으며, 사고방식이 건강한 편이나 편협하다. 근면하지만 유머감각이 없고 애국 애향적이면서 외국인에게 배타적이다. 충직한 성품을 갖고 있으며 에고이즘이 강하고, 보수적이고 규범적이다.

부유한 생활을 하면서 자선행사에 적극적 참여하지만 돈을 사용하는 데는 인색하다. 자신과 견해가 다른 사람과 충돌하지 않으면서 타협점을 찾는 데 천부적인 기질이 있다. 반면 자신의 실수나 잘못은 좀처럼 시인하려 들지 않는 등 옹고집 성격이 강하다.

스위스의 은행은 비밀엄수로 유명하다. 비밀엄수는 신뢰성에 속한다. 사람들이 공식 석상에서 돈에 대해 말하지 않고, 그 자신이나 다른 사람의 돈에 대해 말하지 않는 것은 스위스식이다. 또한 사람들은 자신의 재산을 공연히 드러내지 않는다. 스위스인은 겸손하고, 신중하고 수수하다. 화려한 것은 스위스식이 아니다. 스위스회사의 제품들은 화려함보다는 높은 질로 명성이 높다.

식사 초대를 받았을 때는 방문할 집의 여주인에게 포장하지 않은 꽃을 선물하는 것이 관습이다. 공공장소에서의 복장은 대체로 간편한 옷이면 무난하지만, 일류 레스토랑이나 호텔 레스토랑, 중요한 사교모임 등에서는 정장이 필요하다. 팁에 대해서는 모든 호텔과 레스토랑, 카페, 술집, 택시, 미용실의 서비스에 15%의 서비스료가 포함되도록 법에 의해 규정되어 있다.

주요 음식

스위스는 독일·이탈리아·프랑스의 다양한 문화가 혼합되어 요리는 한 주에서 다른 주로 가면 요리도 바뀐다. 다양한 나라의 음식을 스위스 요리사들과 가정에서는 그들만의 방식으로 다시 만든다. 스위스는 요리의 다양성뿐만 아니라 요리솜씨가 좋기로 정평이 나

있다. 추천할 만한 요리에는 다음과 같은 것이 있다.

■ **치즈 퐁뒤(fondue)**

스위스 전 지역에서 맛볼 수 있는 유명한 스위스 요리. 샤브샤브처럼 식탁에서 즉석으로 요리해먹는 것으로 알프스 지방의 독특한 요리이다. 냄비에 2~3가지의 치즈와 백포도주를 넣고 끓여 긴 포크 끝에 잘게 썬 빵을 꽂아 발라 먹는 요리이다. 퐁뒤를 먹을 때는 치즈의 소화를 돕는 백포도주를 곁들이는 것이 좋다.

발리스(Vallis) 지방의 펜단트(Fendant) 화이트 와인이 뛰어난 맛을 자랑한다.

■ **미트 퐁뒤**

끓는 기름에 꼬치에 낀 쇠고기를 넣어 튀긴 후 여러 가지 소스에 찍어 먹는 요리이다.

■ **퐁뒤 시누아**

끓인 수프에 얇게 썰은 쇠고기 등을 익혀 여러 가지 소스에 찍어 먹는 요리이다.

■ **라크렛**

라크렛 치즈를 반으로 잘라서 자른 쪽을 불에 녹여서 녹인 치즈와 삶은 감자를 접시에 같이 담아 먹는 요리이다. 오이나 양파 피클 등이 같이 나온다.

■ **뢰슈티**

얇게 썬 삶은 감자를 프라이팬에 양면으로 구운 감자전 같은 요리이다. 독일어권 지역에서 맛볼 수 있는 것으로 일반적으로 게슈닛첼테스(작게 썬 송아지 고기에 크림소스와 버섯을 더한 것)나 구운 소시지와 함께 먹는다.

주 류

■ 스위스 백포도주

스위스의 향토요리에서 빼놓을 수 없는 것이 스위스의 포도주이다. 치즈요리와 함께 먹는 포도주 맛은 일품이다. 적포도주도 있지만 백포도주의 생산량이 더 많다. 해외에서는 스위스의 포도주를 구하기 힘들기 때문에 스위스에 있을 때 맛보는 것이 좋다.

세계문화유산

■ 베른 구시가지(Berne Old City : 문화, 1983)

U자 형의 아르강에 둘러싸여 있으며 1848년 스위스 수도가 되었으며, 중세 주요한 도시풍이 원형대로 잘 보존된 건축물이 많이 남아 있다.

스위스에서 가장 높은 탑을 가진 대성당 중세풍의 아케이드 상가. 15세기의 시계탑 상대성 원리를 고안해낸 아인슈타인의 집, 곰광장 그리고 수 많은 분수들이 베른의 아름다움이다.

■ 세인트 갤 수도원(Convent of St. Gall : 문화, 1983)

카롤링거 수도원의 전형으로 고즈버트(816~837) 대수도원장에 의해 증축됨, 이 수도원에는 바로크시대의 귀중한 원고와 초기 건축설계도면 및 양피지 문서 등이 소장되어 있다.

수도원의 도서관에는 최고의 필경사들이 뛰어난 솜씨를 그린 채색 악보가 보관되어 있다.

■ **뮤스테르의 성 요한 베네딕트 수도원**
(Benedictine Convent of St. John at Mustair : 문화-1983)

카롤링거 시대 그리스도 수도원 쇄신의 특징적인 것으로 그리슨 계곡에 위치하고 있으며 A.D. 800년경에 그려진 프레스코 벽화 시리즈가 유명하다.

■ **베린존 시장마을의 성과 성벽**
(Three Castles, Defensive Wall and Ramparts of the Market-town of Bellinzone 문화, 2000)

티치노 계곡의 고대마을을 방어하기 위한 성으로 이탈리아와 국경지대의 베린존(Bellinjone) 도시에 13세기 축조된 성벽이다. 성벽위에서 내려다 보는 티치노(Ticino) 계곡의 전망은 절경으로 유명하다.

이벤트 & 축제

■ **스위스 멘드리시오 포도축제**

온화한 기후로 양질의 포도가 생산되는 스위스 티치노(Ticino) 지방의 멘드리시오(Mendrisio) 에서 포도 수확의 때를 맞추어 축제가 열린다.

멘드리시오 포도축제(Grape festival Mendrisio)'는 온 지역주민들의 참여로 성대하게 치러진다.

유명 공연을 시작으로 축제의 장이 열리며 매일 밤 민속공연 등 다양한 음악속에서 와인의 깊은 맛을 음미할 수 있다. 또 포도농장의 안마당에서는 문화와 스포츠가 어우러진 다양한 경기를 주최하며 이 곳에서 좋은 품질의 와인을 구입할 수도 있다.

■ 섹세로이텐 축제

매년 4월 셋째 주말에 열린다. 어린이들이 전통의상을 입고 가장 행렬을 하는 것을 시작으로 하여 25개의 길드(guild : 중세 유럽의 직업별 협동조합)회원들이 악대들을 동반하여 음악을 연주하며 말이나 마차를 타고 행진하기도 한다.

■ 크로이세(사당패)의 축제

음력 12월 31일부터 1월 13일까지 열린다. 한해를 무사히 보낸 것에 감사하며 새해에도 가정의 행운과 건강을 기원하는 크로이세들의 축제이다.

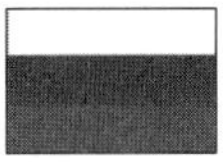

러시아
RUSSIA

인구 : 약 1억 4,489만명

면적 : 약 1,708만km^2

수도 : 모스크바

주요언어 : 러시아어

종교 : 러시아 정교

www.russiatourism.ru

문화와 자연환경

옛 소련이 해체되고 독립국가연합(Commonwealth of Lndependant States)으로 새로 등장한 국가가 러시아연방이다.

1917년 11월 사회주의 혁명으로 1922년 소비에트 사회주의 공화국 연방이 성립 당시 백러시아, 우크라이나, 우즈베크, 카자흐 등 15개 공화국으로 구성되었다.

레닌시대 이후 약 70여 년 동안 미국과 함께 세계 정치를 이끌어 갔으나 1980년대에 들어 정치적 부패와 비능률적인 경제 정책으로 인해 사회적 모순이 드러나기 시작했다.

1985년 당 서기장으로 선출된 고르바초프는 그라스노스티(공개성)와 페레스토이카(재건)를 부르짖으며 기차로 체제개혁에 착수하였으나 개혁파와 보수타의 갈등으로 실패하여 소련 연방이 해체되기에 이른다. 고르바초프가 몰락하고 러시아의 옐친이 등장하게 된다. 1991년 12월 독립국가연합 11개국이 카자흐 수도 알마아타에 모여 독립국가연합을 선언하고 국제관계에서는 구 소련의 공식적 계승국이 되었다.

러시아연방은 옛 러시아 제국으로 거슬러 가는 역사적인 국가로서 문화와 예술적 자원이 대단히 풍부한 국가이다.

국토가 넓기 때문에 여러 가지 기후가 나타나고 있다. 북극해 연안은 1년 내내 얼음으로 덮이고 짧은 여름 동안에는 얼음이 녹아 이끼 같은 것이 자라는 툰드라가 넓게 펼쳐져 있다. 모스크바에서 동부 시베리아까지는 타이가라고 불리는 침엽수림지대, 카스피해 북부와 동부 연안은 강수량이 적어 스텝이라는 초원지대, 또 카스피해와 흑해 연안의 크림 반도의 남부는 따뜻하고 비도 많이 내리는 온대기후이다.

러시아의 기후는 매우 한랭하고 긴 겨울과, 짧고 서늘한 여름을 가지는 전형적인 대륙기후이다. 남쪽의 중앙아시아에 발달한 산악지대가 습윤한 아열대성 기단을, 또 동쪽의 험준한 습곡산지가 태평양의 해양성 기단을 차단하며 서쪽의 대서양 기단의 영향은 거의 받지 않는다. 따라서 대부분 지역이 겨울에는 급속히 추워지는 반면 여름에는 급속히 기온이 상승한다.

기온의 연교차는 지역에 따라 큰 차이를 보이는데, 시베리아 베르호얀스크의 경우 연교차가 60℃를 넘어 세계에서 가장 큰 연교차를 보이고 있다. 이에 비해 모스크바는 연교차가 30℃에 못미치고 있으며, 발트해와 태평양 연안지역은 이보다 작다. 일부 지역을 제외하고 무상기일이 150일 이하로 작물의 생육기간이 짧다. 1월에는 매우 한랭한 고기압권이 시베리아에서 형성된다. 바람이 육지에서 해양으로 불기 때문에 대부분 지역이 영하로 떨어지며 살인적인 추위를 느끼게 한다. 러시아의 여행은 여름철이 좋다.

역 사

■ 초기

초기의 러시아는 지금의 러시아와는 달랐지만 여러 도시가 합쳐지면서 점차 하나의 왕국으로 통합되었다. 9세기 초반에는 바이킹족으로 알려진 스칸디나비아인이 발트해를 건너 동유럽에 정착했다. 1237년 징기스칸의 손자인 바투칸은 현재의 카잔로부터 키예프 루시를 침략했다. 그 다음 3년에 걸쳐 몽고는 모든 주요 도시를 파괴하였다

이 기간 동안 러시아는 서유럽으로부터도 침략을 받았는데 먼저 스웨덴 민족으로부터 침략을 받았다. 이반 4세의 시대에 이르러서야 러시아는 통일된 국가를 형성했다. 이반은 3살의 나이에 아버지인 바실리 3세를 계승하여 모스크바의 대공이 되었다 .

이반 대제가 죽은 후 그의 아들 표도르가 왕위를 계승했는데 표도르는 독재적인 지배에는 전혀 맞지 않는 성품을 갖고 있었다. 표도르는 왕국 대부분의 관리권을 자신의 매부인 보리스 고두노프에게 맡겼다.

■ 로마노프왕조

로마노프 왕조는 러시아 혁명이 차르(황제) 국가를 종식시킬 때까지 304년 동안 러시아를 지배했다. 러시아를 유럽의 거대한 강국으로 만들려고 한 표도르의 희망은 사실상 예카테리나대제에 이르러서야 달성되었다. 1812년 6월 나폴레옹의 러시아 침공이 있었으나 그 후 러시아의 영토와 세력은 19세기에 걸쳐 크게 팽창했다. 1894년 니콜라스 2세가 왕위에 올라 러시아를 점점 더 극동으로 세력을 확대함에 따라 일본의 적대감을 불러일으킨 일이었다. 1905년 1월에 일본이 공격을 개시하여 러시아는 잇단 패배를 겪었으며 일본과의 전쟁이 종결된 후 니콜라스 2세는 새로운 국가적 자유분위기를 역전시키려고 했으나 실패하였다. 노동자와 병사들의 불만은 혁명으로 이어졌고 폭동이 일어났으며 진압 주둔군까지 반란을 일으켰다.

그 결과 카렌스키 임시정부가 들어섰지만 곧이어 10월 25일 레닌이 이끈 볼셰비키는 겨울궁전을 밀고 들어가 케렌스키 임시 정부를 물러나게 했다.

볼셰비키가 1920년에 최종적으로 승리를 거두기까지 10월혁명 이

후 3년 동안 러시아는 내전으로 황폐화되었다 . 그 후 레닌의 죽음은 공산당 내에서 권력을 둘러싼 광범하고 극히 분열적인 투쟁으로 이어졌고 1920년대 후반 스탈린이 승자로 등장했으며 그는 즉각 러시아를 아주 다른 방향으로 돌려놓았다. 1930년대 말 소연방은 예전의 어느 때보다 대중의 삶이 더욱 엄격하게 규제되는 국가가 되었다.

그러나 소련연방은 1990년 스스로 해체되기 시작했고 각 구성공화국들은 독립을 선언하기 시작했다. 구 소련은 독립국가연합으로 대체되었고 마침내 12월 25일 고르바초프는 소련연방 대통령직을 사임했으며 12월 자정 크렘린 꼭대기의 소비에트 국기는 러시아의 삼색기로 바뀌었다.

종 교

러시아에서 규모가 가장 큰 종교집단은 러시아 정교이다. 키예프루시 시대에 받아들인 러시아정교는 1000년 동안 러시아 민족의 주요 종교로 자리를 지켜왔다.

고대 교회는 로마제국에서 발생하여 전교구(全教区)를 로마, 예루살렘, 알렉산드리아, 안디옥, 콘스탄티노플 등의 5대교구였다. 그 중 로마교회만이 11세기에 분리되어 로마 가톨릭 교회로 발족했으며 다른 교구의 교회는 동방정교회로 남았다. 동방정교회의 중심이던 터키의 비잔틴제국이 오스만 투르크 제국 지배하에 놓이게 되자 동방정교회는 북쪽 러시아 지역으로 교세가 옮아가 오늘날 러시아 정교가 되었다.

러시아 정교회는 교회법상 독립된 자치단체로 동방 정교회 중에서 가장 큰 규모이며 별개

의 총대주교가 교회의 대표이다. 신도는 약 육천만명이다.

기독교가 국가로부터 공인된 것은 키예프의 섭정왕 올가와 그 손자 블라디미르가 세례를 받은 후인 10세기 때이다.

전통 문화 & 관습

일반적으로 러시아인들은 높은 교육수준을 지녔으며, 친절하고 자신의 조국과 동료들에게 충실하다. 그러나 러시아는 지난 몇년간 극적인 변화를 겪고 있는 중이라 러시아인들도 새로운 민주주의 및 자유시장체제에 적응하기 위해 노력중이다. 많은 젊은이들이 영어를 배우고 있으나 아직 대부분의 러시아인들은 영어를 하지 못하므로, 러시아내에서 영어로 의사소통을 기대하기는 어렵다. 러시아 가정을 방문하면 최상의 극진한 식사접대를 받게 될 것이다. 또한 집안에서 많은 여가선용이 이루어진다.

러시아 사람들은 선물받는 것을 좋아하기 때문에 특별히 금기하는 물건은 없다. 가능한 한 많은 기회를 만들어 자주 선물한다면 더욱 좋다. 적당한 품목으로는 향수, 라이터, 계산기, 지갑, 카메라 등이 좋다.

방문할 때 손님은 일반적으로 꽃이나 술을 가져가고 연령별로 살펴보면 어린 아이들에게는 추잉검, 젊은이나 어른들에게는 인기 있는 레코드, 담배, 청바지, 책, 넥타이 등이 좋고 특별한 사람에게는 비싸지 않은 휴대용 계산기나 작은 향수병 등이 제격이다. 꽃을 선물할 때 축하의 의미는 홀수이고 애도의 의미는 짝수이다.

러시아인들은 마음속으로 매우 애국적이다. 러시아인들은 음악, 예술, 문화를 사랑하며 의사소통만 되면 외국인들과 문화에 대해 토론하는 것을 즐거워한다.

공공장소에서 러시아인들은 소득수준에 관계없이 신발과 옷을 깨끗이 하는 등 자신들에 대한 긍정적 인상을 주기 위해 노력한다.

음 식

러시아 요리는 지역마다 차이가 있지만 일반적인 식단은 전채, 수프, 따뜻한 요리, 후식, 음료수 등으로 나눌 수 있다. 전채로는 각종 차가운 육류, 철갑상어알인 캐비아, 청어 절임에 야채 샐러드가 곁들여지며, 포도주나 보드카와 같은 알코올음료도 함께 나온다. 수프로는 양배추를 넣어서 끓인 쉬와 쉬에 토마토를 넣어 붉게 물을 들인 보르쉬(borshchi) 그리고 잘게 썬 고기와 야채를 듬뿍 넣은 솔랸카, 생선을 우려낸 우하 등이 있다. 따뜻한 요리로는 쇠고기를 크림소스로 끓인 비프 스트로가노프, 양고기를 구워서 만든 샤실리크 등이 있다. 후식으로는 아이스크림이나 각종 파이, 케이크와 잼을 곁들인 홍차 등이 나온다.

러시아에서 회식을 할 때는 보드카와 함께 전채요리(자쿠스카)를 먹은뒤 이어서 스프를 먹는다.

■ 빵

빵은 러시아인들의 주식으로 주로 호밀이 주원료이다. 호밀을 러시아의 한랭하고 척박한 땅에서도 잘 자랐고 이를 원료로 한 검은 빵은 영양이 많다고 하여 러시아인들에게 늘 사랑을 받아왔다. 러시아의 검은 빵은 다른 유럽 등지의 검은 빵보다 더 찰지고 신맛이 나는 것이 특징이다. 또한 빵과 소금은 러시아인들의 삶 속에서 손님에 대한 환대를 상징한다. 실제로 러시아에서는 귀빈을 맞을 때 둥근 모양의 큰 빵에 소금을 한 줌 얹어서 내오는 것이 관습처럼 되어 있고 손님도 그것을 한 조각 뜯어서 입에 넣는 것이 예의로 되어 있다.

■ 뻴메니

뻴메니는 러시아 전통 만두이다. 그러나 알이 작고 내용물에 고기만 넣으며 껍질이 두껍고 쫄깃쫄깃한 것이 특징이다. 고기 냄새를 없애기 위해 내용물에 러시아 특유의 풀을 섞는다. 뻴메니는 푹 삶아서 스메타나나 마요네즈와 함께 먹는다.

■ 숯불 꼬치구이

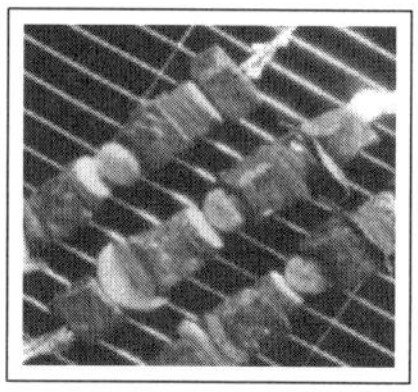

양고기, 쇠고기, 닭고기에 양념을 해서 숯불에 구워먹는 '샤쉴릭'은 토마토와 양파를 곁들여 구으면 한결 맛이 살아난다. 재료에 따라서 비프 샤쉴릭, 치킨 샤쉴릭, 포크 샤쉴릭 등으로 불린다. 특히 돼지고기로 만든 '샤쉴릭'의 인기가 높은데, 한꺼번에 조리하는 것보다 갓 구운 것을 한 개씩 집어 먹는 것이 훨씬 맛있다.

■ 철갑상어알

어금니에서 씹히면, 석류알처럼 터져버리는 철갑상어알 '캐비어'

세계에서 가장 품질이 좋다는 러시아산 캐비어는 토마토와 야채 등에 얹어 먹어도 맛있고, 호밀빵 위에 버터와 함께 발라 먹는 것도 일품이다. 보드카에 늘 함께 먹는 캐비어는 러시아 여행에서 꼭 먹어봐야 할 별미이다.

주 류

■ 크바스

러시아 특유의 갈색 청량음료로 아주 오래전부터 마셔왔다. 호밀이나 보리의 맥아를 원료로 해서 효모 또는 발효시킨 호밀빵을 넣어 만든다. 제조법이 비교적 간단하기 때문에 러시아에서는 가정에서도 손쉽게 만들어 마신다. 최근에 도시에서는 전문 공장에서 대량 생산하여 여름철에는 크바스 전용 탱크차가 다니면서 길거리에서 판매하기도 한다. 탄산과 젖산 그리고 약간의 알코올 기운도 함유하고 있어 맛이 독특하지만 갈증을 푸는 데는 그만이다.

■ **마로제노예(아이스크림)**

러시아에서는 유지방이 듬뿍 함유된 '마로제노에(아이스크림)'가 있다. 길모퉁이나 키오스크에서 판다. 러시아인들은 겨울에도 남녀노소를 불문하고 마로제노에를 즐긴다.

세계문화유산

■ **모스크바의 크레믈린궁과 붉은광장**
(Kremlin and Red Square, Moscow : 문화, 1990)

크레믈린은 13C이래 러시아의 중요한 역사적·정치적 사건과 밀접한 관련을 가지고있으며 14C~17C 사이에 러시아 및 외국의 뛰어난 건축가들에 의해 건립된 황족의 거주지이며 종교적 중심지이다. 붉은광장에 있는 성벽과 성 바실리카 교회당은 러시아정교 예술의 가장 뛰어난 기념물 중의 하나이다.

■ **콜로멘스코예 교회**
(Church of the Accension, Kolomenskoye : 문화, 1994)

모스크바 근처의 콜로멘스코예 위치해 있으며, 1532년에 훗날 '공포의 황제' 이반4세가 되는 왕자의 탄생을 기념하여 건립하였다. 이 교회는 목조텐트로 된 지붕과 돌 및 벽돌로 이루어진 하부구조 형식으로 되어 있으며 러시아교회 건축발달에 지대한 영향을 끼친 유적이다.

■ **바이칼 호(Lake Baikal : 자연, 1996)**

세계에서 가장 수심이 깊은 호수(1,700m)이다. 전세계 不凍 청정호수의 20%를 포함하고 있으며 다양하고 광범위한 동·식물상이 분포되어있어 진화 연구학의 높은 가치를 지니고 있으며 자연경관도 일품이다.

■ **씨커트 알린산맥 중부지역(Central Sikhote-Alin : 자연, 2001)**

세계에서 가장 풍부하고 드문 온대림이 위치하고 있다. 타이가 기후와 아열대가 혼합된 이 지역에는 남부 종과 북부 종이 동시에 서식하고 있으며 멸종위기에 있는 여러 동식물의 생존에 중요한 지역이다.

이벤트 & 축제

■ **백야축제**

축제는 보통 6월 중순에 시작하여 7월 초(15일간) 까지 진행된다.

상트 페테르부르크를 비롯한 북부 러시아는 북극에 가까이 위치한 관계로 겨울에는 아침 11시가 되어서야 조금 훤해지다가 오후 3시가 되면 밤이 된다. 그러나 반대로 여름에는 새벽 2시가 되어서야 겨

상트 페테르부르크의 백야

우 어슴푸레해지다가 새벽 3시경이면 다시 해가 중천에 떠오르는 장관을 이루는데 이것이 바로 그 유명한 백야이다. '나의 밤은 낮보다 훨씬 아름다운 것이었다'는 도스토예프스키 소설 '백야' 속 주인공의 독백처럼 게르기예프가 초대하는 상트 페테르부르크의 백야는 까만 밤하늘에 못지않게 아름답고 화려하다.

공식적인 백야축제는 그리 오래되지는 않았지만 그 시초는 더 오래되어 정확히 언제부터 시작되었는지는 아무도 모른다. 이렇게 자연 발생된 백야축제는 이제는 국제적 축제로 발전하여 세계인들이 주목하는 축제가 되었다. 백야축제는 연인간의 만남이 이루어지는 주요한 계기가 되기도 하며 네바 강변에서는 많은 사람들이 일광욕을 즐기기도 한다.

스페인
SPAIN

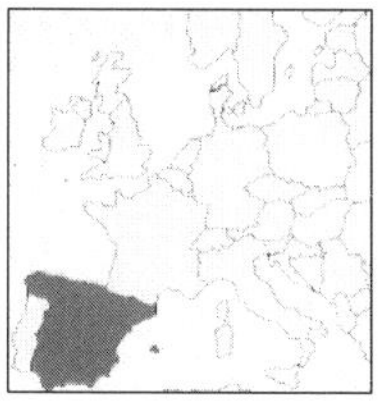

인구 : 약 4,021만명
면적 :약 50만km^2
수도 : 마드리드
주요언어 : 에스파냐어
종교 : 천주교, 개신교

www.tourspain.es

문화와 자연환경

이슬람 문화와 기독교 문화가 접목하여 '유럽 밖에 있는 유럽'이라는 평가와 매력을 동시에 가지고 있다.

나폴레옹도 스페인과 프랑스 국경인 티레네 산맥을 넘으면 더 이상 유럽이 아니라고 했듯이 기후나 문화적으로 다른 서부 유럽과는 상당한 차이가 있다.

8세기에 북아프리카의 무어인에 의해 사라센제국이 세워진 뒤, 1437년 스페인 왕국이 통일되기까지 근 7세기동안 이슬람 문화권인 사라센의 지배를 받아 이슬람 문화가 오늘날 기독교 문화권인 스페인에 깊숙이 베어 있다.

플라멩고 춤과 투우는 스페인을 상징하는 대명사이다. 이 춤은 블레토 · 환딩고 · 세기 델랴스 · 세빌랴나스 등 많은 민속무용 중에서도 스페인 사람들이 가장 즐기는 스페인 민족 춤이다. 여가수와 투우사는 스페인에서 가장 사랑받는다. 가끔 목숨을 빼앗기는 투우를 일종의 예술로 보는 스페인 사람들의 노래와 춤은 생활 자체이다. 이런 국민적 기질은 라틴아메리카 이민자에게도 그대로 전해졌다.

스페인은 북반구 온대지역에 속하며, 일반적으로 서부 지중해기후 권에 속한다. 북대서양 바람이 연중 계속 불어오며, 사하라로부터 불어오는 덥고 건조한 기류의 영향도 받는다.

스페인의 기후는 크게 3부류로 나눌 수 있는데, 해양성기후인 대서양과 지중해 연안지역, 중앙고원지역은 대륙성기후, 북부산악지대는 강우량이 많다.

북부지역은 습윤한 기후로 낙엽수림과 초원으로 덮여 있고, 비스케이만을 따라 동서로 칸타브리아 산맥이 자리 잡고 있으며, 북서부의 갈리시아 지방에는 유명한 리아스식 해안이 발달되어 있다. 다른 문화에 있어서도 아랍적 색채를 덜 받은 지역이라 하겠다.

중부지역은 피레네 아래의 에브로하 계곡에서 메세타의 남쪽 끝인 시에라 모레나 산맥까지의 광대한 고원지역으로 총인구의 3/1이 살고 있다. 내륙성 기후이며 삼림은 거의 볼 수 없는 황토지대이다. 에스파냐의 중심이라고 할 수 있는 지역이나 산업혁명에 뒤지고 전근대적인 대토지 소유제에 의해 후진지역이 되었다.

지중해성 기후에 속하는 남부지역은 과달키비르 강이 안달루시아 저지를 흐르고 있으며, 풍부한 햇빛까지 겹쳐 오렌지, 벼, 올리브 등이 재배된다. 주로 라티푼디아라는 대농장의 영향을 받고 있으며, 스페인에서 가장 농업이 발달된 지역으로 북아프리카의 더운 기운에 의해 특히 덥고 건조한 편이다.

역 사

이베리아 반도는 유럽과 아프리카의 교두보로 오랫동안 침략전쟁의 목표물이 되어왔다. 기원전 3000년에는 북아프리카에서 여러 부족들이 지브랄타 해협을 건너와 반도에 정착했고, 기원전 1000년경에는 켈트족이 스페인 북부에 자리 잡았으며, 거의 비슷한 시기에 페니키아와 그리스 상인들은 지중해 연안에 뿌리를 내렸다. 기원전 2세기 로마의 침공은 스페인 전역이 하나의 권력아래 통합되는 계기가 되었고, 서서히 로마법과 언어, 관습 등이 피지배 민족들에게도 전해졌다. 그리하여 서기 74년까지 스페인 사람들은 모두 로마제국의 시민으로 간주되었다. 서기 409년, 스페인의 로마정부는 막강한 게르만군의 침략을 받아 무너지고, 419년에 이르러 비지고스 왕국이 들어선다. 이 왕국은 711년까지 이베리아 반도를 지배하다가 이슬람이 지브랄타 해협을 건너 고트 왕국의 마지막 왕조인 로데릭왕조를 쳤을 때 멸망했다.

■ 무어인의 스페인과 왕정복고운동

714년까지 이슬람 군이 북부 산악지대를 제외한 스페인 전역을 지배하고 있었다. 스페인 사람들이 알 안달루스(Al Andalus)라고 부르는 무어족의 남부 스페인 점령은 거의 800년이나 계속되었다. 이시기 동안 예술과 과학은 발전했고, 새로운 곡물과 농경법이 소개되고, 궁전, 이슬람 사원, 학교, 정원과 공중목욕탕이 세워졌다. 722년, 비지고스(Visigoth) 왕인 펠라요(Pelayo)가 북부 스페인의 코바돈가(Covadonga)에서 무어족에 대한 첫 번째 반격을 가했는데, 이 전투는 기독교인들에 의한 스페인 왕정복고 운동의 첫 움직임이라는 상징적 의미를 가진다. 펠라요와 그 후계자들은 작지만 강력한 기독교 왕국을 세우고, 영토 내에서 무어족을 쫒아내는데 성공한다. 그 후 9세기 초까지, 영토를 계속 확장한 기독교왕국과 무어족의 이슬람왕국사이에, 바르셀로나에서 대서양에 이르는 국경이 생겼다. 1085년 톨레도의 뒤를 이은 알퐁소 4세(Leon과 Castile의 왕)는 무어족을 물리치기 위해 북아프리카의 알모라비즈(Almoravids)에게 도움을 청하였고, 알모라비즈는 대부분의 알 안달루스 지역을 획득하여

바로셀로나의 항구·콜롬버스가 첫 항해했던 곳

1144년까지 스페인을 실질적으로 지배한다. 이 권력은 다시 다른 북아프리카 부족 알모아즈(Almohads)에게 넘어가 1212년까지 지속된다. 그러나 1266년까지는 정통 스페인 기독교왕조가 그라나다 주를 제외한 전 스페인을 장악하기에 이른다. 13세기말까지 카스틸(Castile)과 아르곤(Argon)은 기독교 스페인의 두 핵심파워로 부상하였고, 1469년에는 Castile의 이자벨라 공주와 Argon의 페르디난드 왕자의 결혼으로 양국이 통합된다. 가톨릭 통치권으로 된 이 나라는 스페인 전 지역의 통일을 달성하여 황금시대 진입의 초석을 닦게 된다. 그러나 1478년 악명 높은 스페인 종교재판소를 설립하여 유태인과 비교도를 추방하고 처형하는 참극을 자행하기도 한다. 1482년 그라나다를 함락했으며, 그로부터 10년 후 무어왕의 항복을 받아내어 장기간의 왕정복고시대가 막을 내리게 된다.

■ 황금시대(1492년)

1492년 인도로 가는 길을 찾는 도중, 우연히 바하마(Bahamas)에 이른 콜럼버스는 이를 스페인 영토로 선포한다. 이를 계기로 스페인은 해외 개발과 개척의 시대를 맞이하게 되고, 신대륙을 식민화하여 부의 노획과 신대륙 고유문명 파괴에 열을 올리게 된다. 그리하여 신대륙에서 유입되는 금과 은은 3세기 동안 스페인 팽창정책의 재정적 원천이 되었다. 황금시대는 예술분야에 있어서도 황금기를 구가하여, 그레꼬(El Greco), 벨라스케스(Diego de Velazquez)와 같은 화가나 베가(Lope de Vega)와 쎄르반테스(Miguel de Cervantes)와 같은 작가들을 배출해냈다. 1516년 페르디난드 합스부르크 왕가의 일원인 손자 챨스(Charles)에게 왕위를 물려주게 되고, 1519년 챨스는 신성로마제국의 황제로 추대되어, 오스트리아, 남부독일, 네덜란드, 스페인 그리고 북아메리카 식민지에 이르는 거대 제국을 다스리게 된다. 그러나 챨스와 그 후계자들은 미국으로부터 유입되는 금, 은이 줄어들어 재정이 악화되고 있음에도 불구, 침략전쟁을 강행하여, 국가재정을 탕진하였다. 1588년에는 스페인 무적함대가 영국의 드레이크경(Sir Francis

Drake)이 이끄는 함대에 격퇴된다.

■ 18~9세기

찰스 2세가 후계자 없이 운명함으로서 스페인 왕위를 둘러싸고 전쟁이 계속된 끝에 프랑스 국왕 루이의 손자 필립 5세가 왕권을 장악해서 부르봉(Bourbon)왕조의 시조가 되었다. 부르봉 왕조는 스페인을 통일하고 안정과 개혁을 추구하며 경제성장을 이루면서 18세기말까지 지속되었으나, 이런 발전도 1789년 프랑스혁명 이후 유럽의 변혁과 함께 종말을 맞게 되었다. 루이 16세가 1793년 단두대에서 형장의 이슬로 사라졌을 때, 스페인은 신설 프랑스공화국에 전쟁을 선포했으나 패전했다. 1808년에는 나폴레옹 군대가 포르투갈 침략의 경유지라는 구실로 스페인에 들어와서는 찰스 5세를 설득해 결국 왕위를 자신의 동생인 조셉(Joseph Bonaparte) 에게 넘겨주도록 했다. 이에 대항하여 1808년 5월 2일 마드리드 폭동이후 스페인 국민은 하나로 단결, 그 후 5년 간 프랑스에 대한 독립전쟁을 지속했다. 마침내 1815년, 웰링톤(Willington)이 이끄는 군대는 나폴레옹을 몰아내고, 페르디난드 7세를 옹립하고 왕정을 복고하기에 이른다. 페르디난드의 20년 통치는 스페인 정국을 큰 혼란 속에 빠져들게 했다. 1833년 그가 죽자 그의 동생 카를로스(Don Carlos)가 이끄는 보수파와 그의 딸 이자벨라(후에 이자벨라 2세가 됨)를 옹호하는 자유파 사이에 제1차 왕권쟁탈전이 야기된다. 19세기동안 스페인 경제는 이러한 정치적 격동에도 불구하고 산업혁명에 힘입어 번창했다. 그러나 1898년 스페인-미국 전쟁은 급기야 스페인왕국의 몰락을 초래하는데, 미국이 해전에서 잇달아 스페인을 격퇴함으로써 스페인은 그간 확보해 온 식민지들을 잃게 되었다. 일단 쿠바가 독립을 선언했고, 푸에르토리코, 괌, 필리핀이 미국의 손에 넘어갔다

■ 20세기

20세기 초반에 들어서도, 모로코에서 군부가 초래한 혼란들, 증가

하는 정치적 불안과 급진파들에 의한 기초질서 전복 시도 등 스페인을 둘러싼 소란들은 그칠 줄을 몰랐다. 1936년 공화국 경찰에 의한 야당지도자 소테로(Jos Calvo Sotelo)의 암살사건은 군대에 정부 전복의 구실을 제공했다. 뒤이어 일어난 1936~39년 내전동안, 프란시스코 프랑코(Francisco Franco)장군이 이끄는 국수주의 세력은 나치 독일과 파시스트 이탈리아로부터 거의 무제한적으로 군사, 재정지원을 받은 한편, 선출된 공화국정부는 러시아와 유명지식인, 예술인(조지 오웰, 어니스트 헤밍웨이, 로리 리등)으로 구성된 국제조직의 심리적 지원이 고작이었다. 1939년 프랑코가 권력을 장악할 때까지 60만 이상의 스페인 국민이 죽음을 당했으며, 전후에는 수천 공화당원들이 처형되고 감옥에 가거나 국외로 추방되었다. 프랑코가 권좌에 있는 35년 간 스페인은 경제봉쇄로 따돌림받고, 나토와 UN으로부터 축출되었으며, 경제공황에 빠졌다. 그러다가 1950년에 들어서 관광정책이 활성화되고, 미국, 이탈리아와 새로운 조약을 체결하는 등 국교정상화와 외자유치에 힘쓰기 시작하면서 경제가 서서히 회생하기 시작, 1970년대에는 유럽에서 가장 빠른 경제 성장국의 하나로 재부상하기 시작했다. 1975년, 알퐁소 13세의 손자이자 후계자, 본명 후안 카를로스(Juan Carlos), 세칭 프랑코 왕이 죽었다. 그의 재위기간 동안 스페인은 독재 정치에서 민주정치로의 진화를 이룩했었다. 1977년에는 첫 번째 선거가 실시되었고, 1978년에는 새 헌법 초안이 마련되고, 1981년에는 복고주의자의 쿠데타가 있었으나 실패로 끝났다. 1986년 EC(현재의 EU)에 가입했고, 1992년에 이르러 스페인은 일류국가로의 복귀를 주창하고 나서,

제25회 올림픽 경기대회

바르셀로나 올림픽과 세빌리아 92 엑스포를 열고, 마드리드를 유럽문화의 중심지로 선포하기도 했다.

종 교

로마 가톨릭을 국민의 95% 이상이 믿고 있으며 그외 이슬람교와 개신교 신자가 소수 있다.

전통문화 & 관습

스페인은 옛날의 대제국에 대한 긍지가 대단하며, 문화의 모든 면에서 민족적 전통의 보존·발전이 중요시되고 있다. 피카소 등의 경우에서 전형적으로 나타나듯이 현대 스페인 사람의 뛰어난 재능은 흔히 그 활동무대를 국외에서 발견하면서도 스페인적 성격을 잃지 않고 있다. 오늘날의 스페인이 문화적으로 침체한 원인은 사회적·경제적 후진성과 깊이 연관되어 있는데, 그 중에서도 보수적 체제가 취하고 있는 엄격한 통제는 문화발전을 크게 저해하고 있다.

1966년에 '신문보도법'이 제정되어 그때까지의 엄격한 사전 검열제가 자발적 협의로 고쳐졌지만 아직도 사상과 언론의 자유가 확립되지 않은 상태이다. 스페인은 유럽 여러 나라와 매우 다른 독특한 문화전통을 이루어왔고, 지방마다 고유의 풍속·민예를 가진데다가 '태양의 나라(Tierra del Sol)'라고 일컫는 남국적 풍토가 있기 때문에 관광객이 매우 많다.

플라멩고

주로 프랑스·영국·독일에서 해마다 3000만명 이상이 찾는다. 민속행사로는 투우가 있으며 이와 함께 갖가지 무용도 독특하다. 안달루시아는 스페인의 전통 춤인 플라멩고의 본고장으로 이 고장 남부에는 플라멩고 클럽들이 많이 있으며, 여름에는 플라멩고 축제가 열린다.

마드리드 남서쪽 70km에 있는 톨레도는 타호강에 둘러싸인 요새지로 스페인 가톨릭교의 중심이며 화가 그레코가 활약한 곳이기도 하다. 스페인 남부의 안달루시아 지방은 이슬람교도의 지배가 가장 길었던 지방으로 아랍문화의 보고이다. 특히 코르도바·세비야·그라나다의 세 도시는 아랍 지배하에서 번영을 누린 곳이며, 코르도바의 메스가타 대성당, 세비야의 알카사르, 그라나다의 알람브라궁전 등은 옛 문화적 번영을 짐작하게 한다.

음 식

지역마다 역사적, 지리적 환경이 달라 음식 역시 향토적인 특색이 강하다. 주로 육류나 해산물을 이용한 음식들이 많으며, 마늘과 고추를 많이 사용해 우리 입맛에도 잘 맞는다. 아침식사(Desayuno)는 토스트와 커피 등으로 간단하게 해결하며, 점심식사(Almuerzo/Comida)를 가장 중요시하는 편. 저녁식사(Cena)는 점심보다 가볍게 먹는다. 레스토랑은 포크의 수로 등급이 매겨지나 꼭 음식의 맛에 비례하는 것은 아니다.

스페인 사람들은 쇠고기, 돼지고기, 양고기 같은 육류를 즐겨 먹는다. 특히 햄을 이용한 하몽이라는 요리는 스페인 사람들이 즐겨 먹는 전통음식이다. 까요스는 새끼돼지 통구이와 곱창으로 만든 것이고, 볶음밥인 빠에야는 노란색을 띠고 있지만 커리가 아닌 사프란 꽃술에 나오는 색깔로 요리한 것으로 우리나라 입맛에도 맞는 음식이라고 할 수 있다.

전 세계적으로 가장 많이 알려진 스페인 요리는 빠에야와 가스파쵸이다. 빠에야는 스페인식 철판 볶음밥인데, 원래 빠에야라는 말은 바닥이 넓고 깊이는 얕은 프라이팬을 가리킨다. 옛날 스페인 사람들이 들에서 일하다가 포도나 오렌지 나무의 가지를 꺾어서 불을 지피고, 그 위에 빠에야를 건 다음에 주변에서 쉽게 구할 수 있는 재료들을 넣고 조리하던데서 유래되었다. 요즘은 닭고기와 양파, 마늘을 볶다가 쌀과 생선 육수를 붓고 새우, 조개 등의 해산물을 얹어서 만드는데, 사프란을 넣기 때문에 고운 노란색이 난다. 빠에야를 조리하다 보면 바닥부분에 밥이 눌어붙거나 타서 마치 우리나라의 누룽지처럼 되는데, 이것을 스페인말로 '소카라다'라고 한다. 가스파쵸는 한마디로 하면 차가운 토마토 수프. 토마토 퓨레와 피망, 양파, 오이 등의 야채 등을 갈아서 만든 수프로 스페인의 안달루시아 지방에서 발달했는데, 시원하면서 조리하지 않은 생야채라서 몸에 금방 흡수되어 원기를 회복시키는 점으로 인기를 얻었다.

빠에야

가스파쵸

주 류

프랑스와 이탈리아에 이은 세계 세 번째의 와인 생산국이다.

포도밭 면적은 가장 넓지만 날씨가 건조하고 관개가 법으로 금지되어 있어 재배면적당 포도수확량은 많지 않은 편이다.

■ 리오하(Rioja)

리오하(Rioja)는 스페인에서 가장 좋은 와인을 생산하는 지역으로, 19세기 필록세라로 유럽의 포도원이 황폐해질 때 많은 프랑스의 와인 기술자들이 이 지역에 이동해 들어왔다. 그 후 많은 기술자들이

스페인을 떠났지만 그들의 기술과 경험을 리오하인들에게 전수하고 갔으므로 이때부터 리오하에서 좋은 와인이 생산되게 되었다. 이곳에서는 주로 좋은 레드 와인을 생산하고 있고 좋은 화이트 와인도 생산하고 있다. 유명한 와인회사로는 리오하에서 가장 전통 있는 회사인 마르케스 데 리스칼(Marques de Riscal)과 마르케스 데 무리에타(Marques de Murrietta)가 있으며, 그 외에 페데리코 파테르니나(Federico Paternina), 보데가스 리오하스(Bodegas Riojanas), 보데가스 파우스티노 마르티네스(Bodegas Faustino Martinez) 등이 있다.

■ 헤레즈(Jerez)

헤레즈의 영어식 발음인 '세리(Sherry)'로 세계에 알려진 곳이다. 이는 세계적인 명주이며, 스페인 포도의 대명사가 되었다. 영어식 발음이 알려진 것은 영국이 세리 와인의 최대 고객이기 때문이다. 남부 대서양 해안에 1만 5천 헥타르의 삼각주 지역이며, 백암토 토질로 포도주 생산에 훌륭한 여건을 가지고 있다.

■ 카탈루냐(Cataluna)

바로셀로나 인근의 지중해 연안에 위치하며, 북으로는 피레네산맥이 둘러싸고 있고, 동남쪽으로는 지중해 쪽에 면한 산기슭에서 점점 높은 지역으로 올라가면서 포도원이 있다. 지난 20년 동안 이 지역에서 포도원을 확장하여 스페인의 지도를 바꿀 정도로 이 지역을 리오하 지역과 동등하게 유명한 지역으로 만들었다.

■ 카스티야(Castilla)

가장 유명한 와인은 병입 전에 10년 이상 저장하는 아주 좋은 레드 와인인 베가 시실리아이다. 이탈리아식 같은 느낌이 들지만 스페인의 와인이며, 병입 전에 적어도 10년 이상 저장하는 아주 좋은 레드 와인이다.

축 제

세빌라의 봄축제

스페인의 문화행사는 대단히 열광적이며 축제 뒤에는 항상 휴일이 뒤따른다.

2월 San Sebastian 에서 열리는 La Tamborada. 도시 전체가 화려하게 장식되고 열광적인 분위기가 된다). 카니발은 2월말이면 어느 지역에서나 볼 수 있는데, 가장 시끌벅적한 것은 Sitges에서 열리는 것이다.

3월 Valencia지방의 Las Fallas. 1주일간 지속되며 한밤의 댄스파티와 최고의 불꽃놀이, 화려한 행렬이 펼쳐진다.

4월 Semana Santa(성스러운 주)는 부활절 일요일 바로 전주이며 거리 곳곳에서 성스러운 퍼레이드가 펼쳐진다. 이 기간 중 숙박지를 구할 수만 있다면 세빌리야(Seville)가 가장 볼만한 곳이다. 세빌리야에서는 4월 말 1주일간 Feria de Abril축제가 펼쳐진다.

7/8월 7월에 있는 Pamplona의 투우 경주는 가장 유명한 스페인 축제이다.

8월 중순까지는 북부해안가를 따라 Semana Grande 축제가 열린다.

'축제의 나라'라고 말해도 과언이 아닐 정도로 스페인 사람들은 너나 할 것 없이 축제를 즐긴다. 이러한 분위기는 일과 여가 모두를 중요시하는 그들의 국민성과 무관하지 않으며, 또 스페인이 최고의 관광국으로 발전하는 데에 일조를 해 온 부분이다.

■ 산 페르민(San Fermin)축제

산 페르민 축제는 스페인의 북동쪽에 자리 잡은 빰쁠로나(Pamplona) 시에서 매년 7월에 개최된다. 6일부터 14일까지 일주일 동안 거행되는 이 축제는 대개 '소몰이 축제'로 알려져 있다. 거리에

풀려 나온 소 떼와 흥분한 군중들의 함성, 그리고 수많은 참여자들의 질주는 그야말로 스릴과 긴박감 그 자체를 연상케 한다. 하얀 복장을 하고 목과 허리에 빨간 손수건과 띠를 두른 채 앞서거니 뒤서거니 하며 소들의 주위를 뛰어가는 사람들의 모습은 정말 아찔하기까지 하다. 해마다 소의 뿔에 찔려 넘어지기도 하고, 소 떼에 밟히기도 하고, 심지어 사망까지 하는 불상사도 생기지만 산 페르민 축제에 대한 스페인 사람들과 관광객들의 열광은 좀처럼 식을 줄을 모른다. 19세기 중엽에 들어와서 정육사들과 몇몇 주민들, 그리고 소몰이꾼들이 소 앞에서 뛰었던 것을 계기로 오늘날의 모습과 같이 정착되었다는 이야기다.

■ 토마토 전쟁(La "Tomatina")

발렌시아(Valencia) 지방으로부터 서쪽으로 40km 떨어진 곳에 브놀(Bunol)이라는 마을이 있다. 그런데 이 작은 마을이 매년 8월 마지막 주 수요일만 되면 '토마토 전쟁'이라고 하는 이색적인 축제를 벌인다. 축제 참가자들이 탄환 대신 토마토를 무기 삼아 서로를 향하여 사정없이 던지는 것이다. 마을에 있는 모든 사람들이 이 한 시간 동안만큼은 서로에게 적이 되어 승자도, 패자도 없는 '토마토 전쟁'을 치루는 것이다. 삽시간에 온 동네는 그야말로 토마토 즙으로 범벅이 되고, 그 가운데서 사람들은 웃고 떠들며, 넘어지고 달아나며 신나는 축제의 재미에 흠뻑 취하게 되는 것이다.

한 동안 당국의 금지조치로 토마토 전쟁은 순탄하게 전개되지 못했지만 1957년 청년들이 풍자와 코믹의 의미로 토마토 장례식을 거행하면서 결국 당국은 그들의 요구를 받아들여 토마토 전쟁을 허가하기에 이른다. 1980년 이후에는 양상이 바뀌어 오히려 시청이 이 축제를 주도적으로 조직하고 장려하게 되었다. 축제에 사용될 토마토 물량을 스페인 전국 각지에서 주문, 공급할 뿐 아니라 축제에 사용되는 비용도 기꺼이 지불하기에 이르렀던 것이다. 이로 인하여 토마토 전쟁은 해를 거듭할수록 성공을 거두게 되었고 세계 각처에서 몰려드는 관광객들로 인해 브뇰 마을은 일약 세계적인 관광지로 부상하게 되었다. 단, 2시간의 축제에 참가하기 위하여 내국, 외국 관광객들 할 것 없이 이 작은 마을로 몰려들었고, 그들은 숙소가 없는 불편도 마다하지 않고 근처 지방에서 머물며 참석하는 수고도 감수하였다.

세계문화유산

■ 브르고스 대성당(Burgos Cathedral : 문화, 1984)

13C~15C간 건설된 고딕양식의 대성당이다.

천사의 솜씨로 빚어낸 '스페인 고딕의 최고 걸작'이란 평을 받는 이 성당은 영웅 엘시드(EL Cid : 나의 군주)와 그 부인 유해가 안치되어 있으며, 라틴 십자형 평면구도로 되어있다.

■ 코르도바 역사지구(Historic Centre of Cordoba : 문화, 1984/1994)

8C경부터 번영을 구가했던 도시로 300여 개의 모스크와 수많은 궁전, 공회당이 현존한다.

코르도바는 무어왕조가 그라나다에서 수도를 옮겨간 곳이다

25,000명을 수용할 수 있는 큰 사원(모스크) 내부에 세워진 856개의 원기둥은 마치 숲을 보는 듯하다. 말 발굽 모양의 아치가 원기둥들을 하나하나 이어주는 당대한 모습이다. 말 발굽은 이동과 공격의 대상이다. 아랍인들의 기상을 표현해 놓은 것이다.

■ **마드리드의 에스큐리알 수도원 유적**
(Monastery and Site of Escurial, Madrid : 문화, 1984)

16C에 성 로렌스의 순교를 기념하여 건립된 수도원이다. 이 수도원의 엄격한 건축 스타일은 스페인 건축에 큰 영향을 끼쳤다.

■ **알함브라, 알바이진, 그라나다**(Alhambra, Generalife and Albayzin, Granada : 문화, 1984/1994)

알함브라 요새는 13C~14C의 에미르족의 통치지역으로 장엄한 정원 풍경이 뛰어나다. 알바이진은 무어 건축의 보고로 전통적인 조화가 뛰어나다.

알타미라 동굴 벽화

■ **알타미라 동굴**
(Altamira Cave : 문화, 1985)

산탠더 지방의 선사시대 동굴 유적으로 동굴벽화로 유명하며 그림을 통해 구석기인들의 생활상을 엿볼 수 있다.

■ **오비에도 및 아스투리아스 왕국기념물군**(Monuments of Oviedo and the Kingdoms of the Asturias : 문화, 1985/1998)

9C에 건설된 아스투리아의 그리스도 왕국교회이며 로마네스크 양식의 건축으로 이베리아 반도내 중세 건축발달에 큰 영향을 끼친다.

■ **아빌라 구시가지**(Old Town of Avilla with its Extra-Muros Churches : 문화, 1985)

무어인(8C 에 스페인 정복)으로부터 스페인 인들을 보호하기 위해 11C에 건설된 도시로 성테레사의 출생지이며 위대한 재판관 토궤매다의 묘지가 있다.

이탈리아
ITALY

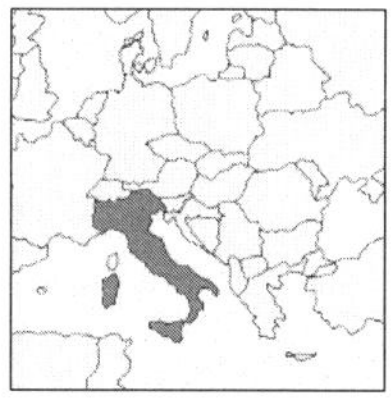

인구 : 약 5,732만

면적 : 약 30만km^2

수도 : 로마

주요언어 : 이탈리아어

종교 : 가톨릭

www.enit.it

문화와 자연환경

이탈리아의 인종은 외향적이며 낙천적인 기질은 가진 라틴족이 거의 대부분을 차지하고 유대인과 슬라브족이 북부에 일부 살고 있다. 국민의 90% 이상이 가톨릭교인이다.

기원전 27년 시저에 이어 아우구스투스가 왕위에 오르면서 시작된 로마제국은 오랜 역사와 영화를 누렸다. 이탈리아는 로마제국을 통해 기원 전후 넓은 영토를 가지고 큰 위세를 떨쳤고 그 후에는 루네상스로 찬란한 문화의 꽃을 피었다.

로마가 초기에는 기독교를 억압하였지만 4세기 말에는 국교로 삼아 널리 전파했다. 476년 게르만족의 침입으로 서로마제국이 멸망한 후 이탈리아는 비잔틴제국(터키), 프랑크 왕국(프랑스), 신성로마제국(독일) 등에 일부 예속 되었다가 1861년에야 이탈리아 반도가 통일되었다.

이탈리아는 고대 로마제국의 찬란한 문화와 루네상스의 예술적 유산을 가진 민족으로 오늘날도 세계 최고 수준의 문화국가이다. 일류 문화상품을 많이 갖고 있는 것은 우연이 아니다.

이탈리아의 기후는 따뜻하고 사계절의 구분이 확실하여 전체적으로 우리나라 기후와 비슷하다. 다른 점이라면 여름이 건조하고 겨울에는 비교적 비가 많이 온다는 점이다. 또 이탈리아는 남북으로 긴 나라이가 때문에 지역에 따른 기온차가 크다는 것에 주의한다.

온난한 지중해성 기후이며 7, 8월의 관광시즌에는 비가 거의 오지 않고 햇빛이 우리나라보다 훨씬 강렬하기 때문에 선글라스는 필수이다.

가을과 늦겨울에는 '푄'이라고 불리는 스위스와 오스트리아 쪽에서 불어오는 고온 건조한 바람이 불기도 한다.

이탈리아는 봄과 가을에 비가 집중적으로 내리고 위도가 높아질수록 많은 비가 내린다.

역 사

■ 초기 7왕국 시대(B.C. 753~A.D. 509)

B.C. 753년 로물루스에 의해 로마가 창건되었다는 건국신화가 전해지고 있고 8세기부터는 라틴과 사비나 도시국가를 합하여 7왕국 시대를 이루었다. B.C. 7세기경에는 이탈리아계 민족을 제압하고 남하하는 켈트족을 무찔러 영토를 보존할 수 있었다. B.C. 509년부터 시작된 공화정 시대에는 매년 2명의 집정관이 귀족 중심으로 구성된 원로원을 지배하였는데 전쟁 중에는 집정관이 장기집권을 할 수 있도록 되어 있었다.

■ 로마 공화정 시대(B.C. 509~A.D.27)

B.C. 3세기에는 남 이탈리아에 있는 그리스의 식민도시도 정복, 이탈리아 반도를 통일시켰고 다시 B.C. 146년에는 카르타고와 마케도니아까지도 합병했다. 그러나 결과로 마리오와 술라같은 집행관이 장기집권하는 폐단이 생겨나게 되었다. 그후 영토가 점차 확장되면서 공화정 말기에는 삼두정치체제가 형성되어 로마제국으로 발전하는

계기가 마련되었다. 당시의 삼두정치 권력자는 시이저, 폼페이우스, 크라쿠스였는데 이것이 제1차 삼두정치이다.

■ 로마제국 시대(B.C. 509~A.D.476)

제2차 삼두정치는 옥타비아누스와 안토니우스, 레피두스가 이끌었다. 이들 중 옥타비아누스가 승리함으로써 그는 B.C. 27년 원로원으로부터 '아우구스투스'라는 칭호를 받고 곧 황제로 추앙되었다. 이로써 로마제국 시대가 열리게 된다. 이후 로마는 5현제로 인해 약 200년에 이르는 긴 세월을 평화롭게 보내며 최고의 전성시대를 누렸다. 이 때의 영토는 북으로는 영국, 남으로는 사하라, 서로는 이베리아반도, 동으로는 이란에 까지 미치는 대제국을 건설했다. 그러나 A.D. 18년 이후 적자승계, 경제력과 군사력이 성장한 지방 속주의 반란, 게르만족의 민족이동과 기독교 세력의 확대 등으로 거대했던 로마제국은 서서히 쇠퇴하기 시작했다.

디오클레시아노 대제와 콘스탄티누스 대제가 로마의 부흥을 꾀하기도 했으나 결국 A.D. 395년 데오도시우스 황제에 의해 로마는 동과 서로 나뉘게 되었고 서로마제국은 A.D.. 476년 게르만족 용병대장 오도아케르에 의해 멸망하고 말았다. 한편, 로마제국에 의해 탄압을 받던 기독교는 A.D. 313년 콘스탄티누스 대제의 '밀라노칙령'에 의해 국교로 승인되었다.

■ 중세시대와 르네상스(11세기~16세기)

서로마제국이 멸망한 후 이탈리아는 동 고트족과 동로마 제국의 유스티니아노 황제, 그리고 롬바르드족, 프랑크 왕국의 샤를마뉴 대제의 지배를 당하다가 962년 오토 1세가 세운 신성로마제국의 지배로 들어갔다. 한편 남 이탈리아는 827년 튀니스에서 건너온 이슬람세력이 시칠리아 섬에 상륙, 비잔틴의 지배하에 있던 시칠리아를 점령하고 팔레모를 중심으로 발전해나갔다. 그러나 이슬람교도의 시칠리아 지배는 노르만인들에 의해 끝났다. 11세기 이후 황제의 권력이 약화되면서 각 영주들이 지방을 장악하게 되어 봉건영주의 도시국가로 분열되고 말았다. 이때부터 로마황제와 교황간의 세력쟁탈이 시작되었다. 그러나 10세기말부터 시작된 비잔틴과의 교역을 통해 11, 12세기에 로마의 경제가 회복되기 시작했다. 도시국가의 수공업과 상업이 번성하면서 베네치아, 제노아, 피사, 밀란, 플로렌스 등의 도시는 산업과 상업, 금융의 중심지로 발전해 나갔다.

또한 북부 이탈리아와 중부 이탈리아에서는 기사계급도 상인과 토지 소유자들로 구성된 도시세력과 결탁, '코무네'라는 황제의 권력으로부터 독립된 자치제를 이루었다. 이 도시들은 왕조체제의 강화로 인해 오래 가지는 못했고 14세기에 들어서 도시국가는 외부의 위협과 내란에 직면하게 되면서 자치도시를 포기하고 각 도별로 절대군주의 권력시대가 열렸다. 이렇게 도시의 발전과 비잔틴을 비롯한 주변문화와의 교류, 상인들의 생각의 변화에 기초해 고전학문과 예술을 되찾자는 인문주의를 바탕으로 한 르네상스 문화가 탄생했다.

이후 1453년 동로마제국이 멸망함에 따라 오스만투르크가 지중해로 진출하면서 무역이 발달했던 베네치아, 제노아와 같은 상업도시는 점차 쇠퇴하기 시작했고 대서양을 중심으로 프랑스, 영국, 포르투갈, 스페인 등이 절대 군주의 통일국가를 형성하게 되면서 이탈리아는 세력확장을 노리는 강대국의 각축장으로 변하고 말았다. 특히 이탈리아의 많은 도시국가는 16세기 이후부터 19세기 초까지 스페인과 프랑스의 지배를 받게 되었다.

■ 국가통일

이탈리아에 자유이념을 심어준 계기가 된 것은 나폴레옹과 프랑스혁명이었다. 나폴레옹은 이탈리아에서 오스트리아와 에스파냐 세력을 몰아내고 봉건적 특권을 폐지했으며 교회 재산까지도 몰수하는 등 프랑스혁명 정신을 전파하는 역할을 했다.

1831년에는 마찌니에 의해 이탈리아에 자유, 독립, 국가통일, 그리고 공화국의 건설을 주창하는 '이탈리아 청년당'이 결성되었다. 결국

이탈리아는 1848년 사보이 왕국의 엠마누엘2세 국왕, 카보우루 재상, 가리발디 장군 등이 주축이 되어 프랑스, 오스트리아와의 계속적인 외교교섭과 3차에 걸친 끈질긴 독립전쟁(1차 : 1848~1849, 2차 : 1859년 불·오전쟁, 3차 : 1870년 보·불전쟁)을 통해 1870년 염원하던 반도전체를 포함한 국가통일을 이루었고 다음해인 1871년 로마를 수도로 정했다. 또 가리발디 장군은 시칠리아를 원정, 섬 전체를 손안에 넣었다. 이로써 반도 북동부의 오스트리아 영토와 교황의 영향권에 있던 로마를 제외한 대부분의 이탈리아를 통일, 엠마누엘 2세를 국왕으로 하는 이탈리아 왕국이 탄생했다.

통일 후 이탈리아는 자유무역주의를 지향하면서 국가의 통일된 행정과 경제제도를 채택해 실질적인 통일의 효과를 노렸으나, 한편으로는 자유무역과 북부의 제도를 남부에 강요하는 꼴이 되어 이에 적응하지 못한 남부의 경제는 쇠퇴해 갔다. 남북간의 격차가 심화되자 정부는 주민들의 빈곤을 해결하기 위해 북아프리카의 식민지 경영에 나섰고 1880~1910년에 이르는 30여년 동안 소말리아와 에티오피아를 얻는 성과를 거두었다.

한편, 정치적으로 국내에 사회주의와 국가주의의 기운이 팽배한 가운데서도 중화학공업을 중심으로 경제가 살아나는 듯 했으나 파업과 폭동이 발생, 사회적 혼란에 빠지고 말았다. 이런 상황 속에서 제1차 세계대전이 발발했고 이탈리아는 연합국 측에 가담했다. 전쟁이 연합국 측의 승리로 끝나자 이탈리아는 이에 대한 성과로 아디제江 상류와 이스트리아 지방을 오스트리아로부터 얻어내는 성과를 거두었지만 경제불황으로 사회는 불안에 빠져들었다.

■ 현 대

식민지를 넓혀가던 이탈리아는 1915년~1918년 사이의 제1차 세계대전에서 영국과 프랑스, 러시아와 함께 연합군에 가담, 승리는 하였으나 세계적인 경제불황으로 국내 경제사정이 나빠지고 정치적인 불안이 쌓이면서 1923년 무솔리니의 '파시스트 정권'이 대두하였다.

무솔리니는 세계공황에 대응해 중요산업과 은행에 정부자본을 투입하고 정치적으로는 독재체제를 강화하는 한편 북아프리카 시장확보에 나서 1936년 에티오피아를 점령했다.

이후 1937년에는 독일, 일본과 함께 반공(ANTICOMINTERN)동맹을 맺고 국제연맹을 탈퇴한 후 이어서 1939년에는 독일과 비밀협약인 '철의 동맹'을 체결하는 등 제국주의에 앞장섰다. 무솔리니는 독일의 지원을 받아 이탈리아 북부에 '사회공화국'을 세워 독일군과 함께 저항을 하면서 잠시 체면을 유지하였으나 연합군의 상륙으로 그것마저도 결국 1945년 붕괴되고 말았다. 이 때 스위스로 도주하던 무솔리니는 처형되었고 이후 이탈리아의 정치는 기독교민주당, 사회당, 공산당 등 반 파시즘과 레지스탕스 운동을 한 세력이 주도권을 쥐게 되었다.

전후 1946년 5월에는 이탈리아 국왕이었던 에마누엘 3세가 퇴위하면서 왕세자인 움벨트 2세가 섭정을 하기 시작했다. 그러나 1946년 6월 제헌의회 선거와 함께 실시한 정치형태 선택을 위한 국민투표에서 왕제를 폐지하고 공화국 체제를 취하기로 결정되었다. 이에 1947년 12월에는 제헌의회의 토의를 거쳐 '공화국 헌법'이 공표되었고 1948년 1월부터 시행에 들어가 초대 대통령으로 DE NICOLA가 지명되었다. 이탈리아는 1947년 2월 '파리강화조약'으로 식민지시대에 개척한 많은 영토를 잃고 말았는데 리비아는 독립국가로, 에리트리아와 에티오피아는 연합국가로, 소말리아는 10년간 UN의 신탁통치에 들어갔다.

종 교

이탈리아의 주요 종교는 가톨릭이다. 예수의 사망 후 그의 사도들이 포교를 본격화한 곳이 로마이며, 로마는 가톨릭의 중심지인 바티칸이 있는 도시이기도 하다.

이탈리아에는 가톨릭 외에도 개신교가 일부 존재하며, 최근에는 이슬람교 및 기타 신흥종교도 점차 부상하고 있다. 또한 가톨릭의 경우에도 주일마다 정기적으로 미사에 참석하는 인구는 10%선에 머물고 있어 사회의 세속화와 교회의 사회에 대한 영향력의 감소를 실감케 하고 있다.

전통문화 & 관습

전통문화에 대한 이탈이아인들의 애정과 보호노력은 어디에서나 찾아볼 수 있다. 이탈리아 사람들은 다른 나라에서처럼 미술품들이 유리상자안에 보관되기보다는 자연상태 그대로 보존되길 바란다. 과거의 문화유산에 새로운 가치를 접목하여 과거를 현재 속에 구현하는 거의 이탈리아 인들의 전통적인 생활방식이다.

지방별로 이탈리아인들의 특징을 살펴보면 북부인들은 공업지역이고 발전된 문화권에 살고 있었던 까닭으로 냉정하고 까다로운 반면, 남부 사람들은 정열적이고 쾌활한 성격을 지니고 있다. 흔히 노래하고 춤추는 유쾌한 이탈리아 인들의 모습은 남부인들의 특징이다.

가족간의 유대관계가 강하고 특히 결혼 등 집안의 큰 행사에는 일가친척들이 모두 모여 며칠간 축제를 즐기며 축하하는 풍습이 있다. 결혼한 후에는 가족의 모임, 그 중에서도 식사와 주말의 피크닉과 같은 행사를 매우 중요하게 생각한다.

주요 음식

■ 피자

고대 이탈리아 중서부 에트루리아에서 밀반죽을 돌 위에 구워 기름이나 식물로 간을 하고 수프나 고기를 그 위에 얹어서 먹은 것이 피자의 시초이며, 요즘과 같은 피자는 약 100년 전부터 만들기 시작했다. 어떤 사람이 빨간 토마토, 향신료로 쓰는 초록색의 바질, 그리고 흰색의 모짜렐라 치즈로 피자를 만들어 여왕에게 바쳤다는 전설도 있다. 이것을 제2차 세계대전 후 이탈리아에 파병 나가있던 미군들이 본국으로 돌아가면서 피자도 같이 가져갔는데, 이때를 계기로 전 세계에 널리 퍼지게 되었다. 원래 이탈리아의 피자는 얇고 토핑은 1~3가지 정도로 조금만 올려서 담백하게 만드는 반면, 미국식은 푸짐하다는 생각이 들 정도로 토핑을 다양하게 많이 올리는데, 현재 우리나라 사람들이 즐겨먹는 피자는 이탈리아식이라기보다 미국식에 더 가깝다고 할 수 있다.

■ **파스타**

우리에게는 스파게티로 더 잘 알려진 파스타, 파스타는 인파스타래리라는 이탈리아 말에서 온 것으로, 밀가루를 물과 반죽한 것의 총칭이다. 나비와 바퀴, 알파벳, 칼국수 등 모양과 당근, 오징어먹물, 시금치 등등 재료에 따라 수백여 가지가 있으며, 그 중 하나인 단면이 동그란 국수모양의 면을 스파게티라고 부르는 것이다. 파스타요리는 전 세계적으로 널리 퍼져 있으며, 이탈리아에서는 우리나라처럼 한 끼 식사로 먹기보다는 앞에서 본 것처럼 애피타이저와 메인요리 사이에 먹는다. 파스타 요리는 사용하는 면과 소스에 따라 무척 다양한 조합이 가능한데, 잘 알려진 것으로는 크림소스인 카르보나라, 볼로냐 지방에서 유래한 토마토 미트 소스의 볼로냐, 이탈리아어로 '조개'라는 뜻의 봉골레 등이 있다. 이 외에 가운데에 소를 넣고 싸서 만드는 만두와 비슷한 라비올리, 감자와 밀가루 반죽으로 수제비처럼 생긴 뇨키 등 다양한 응용이 가능하다. 이탈리아에는 파스타 디자이너라는 직업이 따로 있어서 1년에 한번씩 모여서 발표회를 갖기도 한다.

주 류

이탈리아는 세계에서 와인 생산국으로 가장 중요한 지역 중의 하나이다. 와인을 생산하는 예술적인 기술은 수세기 동안 발전되어 왔다. 와인의 향기와 맛의 다양성은 믿기지 않을 정도로 광범위 하고 포도가 재배되는 지형적인 위치에 따라 중요한 연관을 가지게 된다.

북서부 지역(피드몬트 Piedmonte 지역)은 주로 강한 맛의 레드와인들이 생산되고 반면에 동쪽으로 가게 되면 롬바디아(Lombardia)에서는 아주 가벼운 맛의 와인들을 발견할 수가 있다. 이탈리아 북동부 지역에서는 화이트 와인들이 생산된다.

최고의 이탈리아 화이트 와인이 생산되는 지역으로는 트리베네또(Triveneto) 지역이 있는데, 레드와인(까베르네, 멜로등)도 잘 알려져 있다. 이 지역의 대표적인 와인으로 화이트 스파클링 프로세꼬(Prosecco)가 있다. 아주 높은 품질의 화이트 디저트 와인들로는 또르꼴라토(Torcolato), 아키니 노빌리(Acini Nobili) 등이 이에 속한다.

플로렌스(Florence) 남쪽지방으로 가면 레드 와인으로 유명하다-전 세계적으로 끼안띠(Chianti)로 잘 알려져 있다.

로마지역에서는 화이트 와인 까스뗄리 로마니(Castelli Romani)와 같은 와인이 대표적으로 생산된다.

남쪽으로 갈수록 와인들은 좀더 강한 맛을 준다. 이탈리아 남부지역은 강한 레드와인과 디저트 와인들로 유명한데 마르살라(Marsala), 그레코(Greco) 등이 이에 속한다. 또한 사르디니아(Sardinia) 섬에는 그들 특유의 와인 전통이 있다. 사르디니아(Sardinia)의 가장 유명한 와인으로는 베르나치아(Vernaccia)가 있는데 강한 맛의 화이트 와인이다.

세계문화유산

■ **발카모니카 암각화(Rock Drawings of Valcamonica : 문화, 1979)**

롬바르디 평야에 자리 잡은 발카모니카에는 약 8000년에 걸친 농사, 항해, 전쟁, 마술 등의 모습을 바위에 표시하여 새긴 140,000개 이상의 선사시대 암각화가 있다.

■ **로마 역사지구(Historic Centre of Roma : 문화, 1980/1990)**

전설에 의하면 B.C. 753년 로물루스와 레무스에 의해 건설된 로마는 로마 공화정과 로마제국의 중심지였으며 이후 4세기에는 크리스찬 세계의 수도가 되었다. 1990년 우르만 8세의 벽에까지 확장된 세계유산 지역은 아우구스투스 모슬렘, 하드리안 모슬렘, 판테온, 마르쿠스아우렐리우스 석주등 주요한 기념물 들이 포함되어 있다.

■ **산타마리아의 교회와 도미니카 수도원 및 레오나르도 다빈치의 "최후의 만찬"(The church and Dominican Convent of Santa Maria delle Grazie with "The Last Supper" of Leonardo da Vinci : 문화, 1980)**

1463년 신축, 15세기 브라망테에 의해 증축됨, 세인트 마리 수도원 관사 북쪽 벽에는 1495~1497년 사이에 레오나르도 다빈치가 그려 세계미술사의 새 지평을 연 '최후의 만찬'이 있다.

■ 피사의 듀오모 광장(Piazza del Duomo, Pisa : 문화, 1987)

듀오모 광장에는 세계적 기념물이 많이 있다. 그 중 4개는 중세 건축의 걸작(대성당, 세례당, 피사의 사탑, 묘지)으로 유명하다.

■ 르네상스 도시 페라라와 포 삼각주(Ferrara, City of Renaissance and its Po Delta : 문화, 1995/ 확장 1999)

15세기, 16세기 이탈리아 르네상스의 '위대한 정신'을 이끌었던 지성과 예술의 중심지로 포강 유역에 자리잡고 있는 도시로 1492년 Biagio Rossetti가 건설한 이후 당시 인문주의자들이 이상적 도시로 생각하여 이곳에 거주하였다. 이 도시는 새로운 근대도시계획의 탄생을 의미했고 지속적 발달을 가져왔다.

■ 몬테 성(Castel del Monte : 문화, 1996)

중세 군사 건축물의 독특한 걸작이며 창건자 프레데릭 2세의 휴머니즘을 반영하였고, 북유럽, 무슬림세계, 고전적 고전시대의 문화적 요소가 완벽하게 조화를 이루고 있는 건축학적 가치가 높은 건축물이다.

■ **모데나의 토레 씨비카와 피아짜 그란데 성당(Cathedral, Toree Civica and Piazza Grande, Modena : 문화, 1997)**

로마네스크 양식의 뛰어난 건축물로서 광장과 높이 솟아오른 탑은 이 건물을 지은 위대한 건축가들의 신념과 성당건축을 의뢰한 카놋사 왕가의 힘을 보여준다.

■ **울비노 역사유적지 (Historic center of Urbino : 문화, 1998)**

15세기 화려한 문화를 꽃피웠으며 많은 예술가들과 학자들의 거주지로서 유럽 여러 지역에 문화적 영향을 끼침, 르네상스식 외관이 잘 보존되어 있다.

■ **시렌토, 발로, 디 디아노 국립공원 (Cilento and Vallo and di Diano National Park : 자연, 1998)**

선사 및 중세시대 교역, 문화, 정치적 교류의 통로, 그리스 식민지들과 이 지역 고유도시들의 경계선이 되고 있다.

축제 & 이벤트

■ **1월 에피파니아(Epifania) 전통 축제**

파도바(Padova) 지역에서 사탕이 든 스타킹을 어린이들에게 나누어 주고, 초콜릿, 향이 가미된 와인을 나누기도 하며, 말뚝에 '베파나(Befana)'를 묶어 놓고 태운다. 어린이들은 극장에서 공연을 하며 즐기는 축제이다.

■ 성 오르소(S. Orso) 축제

매년 1월 30일~31 사이에 개최되는 발레 다오스타(Valle d'Aosta) 특유의 장인 공예 페어(fair)이다. 알프스 발치지역에서 생산되는 장인 공예품과 산악공예의 진수를 보여주는 중요한 전시회이다. 이 페어는 아주 옛날부터 지속되어 왔는데, 그 기원은 약 1,000년 정도로 짐작된다. 사방으로 뻗어나 있는 도로에서 펼쳐지는 페어로, 아우베르트 가(Via Aubert), 카노욱스 광장(Piazza Chanoux), 포르타 프레토리아 가(Via Porta Pretoria), 산트 안젤모 가(Via Sant'Anselmo) 등지에서 축제를 즐길 수 있다. 목재와 돌 공예, 철 세공, 레이스, 울, 생필품, 농기구, 가구, 장난감, 가정용품, 조각품 등이 전시, 판매된다.

■ 베네치아 카니발(Venezia Carnevale)

베네치아에서는 각가지 화려하고 다양한 축제가 열린다. 우선 2~3월 사육 주간에 열리는 카니발에는 화려한 각종 가면들이 등장하고 마지막 날에는 화려한 불꽃놀이가 열린다. 부활절전 47일전에 시작되어 재의 화요일 10일전에 거대한 시민행렬을 끝으로 막을 내린다.

포르투갈
PORTUGAL

인구 : 약 1,031만명
면적 : 약 9만km^2
수도 : 리스본
주요언어 : 포르투갈어
종교 : 가톨릭교

www.visitportugal.pt

문화와 자연환경

스페인 서쪽 즉 이베리아 반도의 서쪽 끝에 우리나라 남한 정도의 영토(9만 km^2)를 가진 나라이다.

12세기 프랑스 왕족의 자손인 알폰소 1세가 기독교 회복운동을 전개하면서 이곳을 평정, 1143년에 포르투갈 왕국을 일으켰다. 1498년에 바스코다가마가 남아프리카 희망봉을 지나는 인도항로를 개척했고 1500년에는 알베레스 카브랄이 브라질 대륙을 발견하여 16세까지는 큰 기세를 떨쳤다.

포르투갈의 북쪽과 동쪽은 스페인과 접경하였고 남쪽과 서쪽은 대서양과 맞닿는다.

북부는 산악지역이며 남부는 평지로 농업지역이다. 해류의 영향으로 겨울은 따뜻하고 여름은 시원하여 좋은 휴양지가 많다.

역 사

포르투갈의 초기 역사는 기원전 700년까지 거슬러 올라간다. 그 당시 이베리아 반도에 정착하기 시작했던 켈트족은 후에 페니키아, 그리스, 로마, 서고트로부터 수없이 많은 침략을 받았다.

8세기에 무어족이 지브랄타 해협을 건너와 식민지배를 시작하면서 그들의 문화, 건축, 농경법이 이곳에 소개되었고, 12세기에는 무어족에 대한 저항운동이 성공하여 이들을 몰아내게 되었다. 15세기에는 헨리 항해법의 기초 아래 정복과 개척의 시대에 돌입하였다. 우리에게도 잘 알려진 유명한 모험가들인 바스코 다 가마, 페르디난드 마젤란이 다 이 시대의 사람들로서, 무역 루트를 개척하고, 인도, 아시아, 브라질, 아프리카에 이르는 식민제국 건설의 기초를 닦았다. 그러나 16세기 말경부터는 쇠퇴하여 국제사회의 새로운 파워로 부상하던 이웃나라 스페인에게 점령당하기에 이른다. 포르투갈은 얼마되지 않아 주권을 되찾지만, 쇠퇴를 향해 가는 국운과 시대의 흐름을 뒤집지는 못했다.

18세기에는 나폴레옹이 포르투갈 함락의 기회를 호시탐탐 엿보지만, 앵글로-포르투갈 연합군이 이를 잘 막아냄으로써 국가수호에 성공한다. 19세기 경제는 파산하고 내란이 일어나고 정치는 수렁에 빠지지만, 1910년의 전제군주제 철폐와 민주공화국 설립을 기점으로 상황은 호전되기 시작했다. 그러나 민주공화국도 잠깐이어서 1926년 안토니오 드 올리베이라 살라자르(Antonio de Oliveria Salazar)에 의해 군부 쿠데타가 일어나고, 1968년 그가 사망하기까지 어둡고 암울한 독재가 이어진다. 그의 재위기간 동안의 억압정치와 무의미한 국력 소모전인 아프리카 침략전쟁은 국민들의 불만만 가중시켜, 결국 1947년 4월 25일 군부에 의한 쿠데타 '부활의 혁명'이 일어났다.

1970년대와 80년대의 포르투갈은 정치적으로는 극좌와 극우의 대립, 경제적으로는 이어지는 파업과 정부와 사유 자본가들 간의 대립이라는 혼란의 역사로 점철되었으며, 설상가상으로 1974~75년에는 아프리카 식민지 국가들이 포르투갈로부터 독립을 선언하여, 십만명이나 되는 난민들이 본국으로 들어오는 사태가 일어났다. 최근에 들어서는 1986년 EU가입과 1992년의 유럽통화기구(EMS) 정회원 자격을 획득함으로써 안정과 번영으로의 도약을 노력 중이다.

EU가입으로 포르투갈은 굉장한 발전과 현대화를 보여왔지만, 늘어나는 실업자, 계속되는 농업과 교육면의 후퇴가 90년대의 새로운 문제점으로 드러났다. 1995년 선거에서 후보들은 10년간 보수주의로 집권한 사회민주당을 그 자리에서 물러나게 하고 사회주의를 지지하면서 그동안 행해왔던 사회민주당의 불명예스러운 처사에 대해 불만을 보여주었다. 1998년에는 Lisbon Expo가 열렸다.

종 교

포르투갈의 국교는 가톨릭이다. 하지만 헌법으로 종교의 자유를 인정하고 있다. 인구의 99%가 가톨릭 신자이고, 개신교인은 12만명 이하이다. 유태교의 수는 5천 이하이다. 포르투갈인의 대부분이 가톨릭을 믿고 있는 관계로 종교적 관습은 기타 가톨릭 국가들과 유사하나 신앙심은 매우 깊은 편이다.

종교의 자유는 헌법에 보장되어 있으나 국민의 97%가 로마 가톨릭교를 믿고 있다. 그외에 개신교가 1%, 기타 종교가 2% 정도 된다. 가톨릭 신자가 이 나라에 많은 이유는 12세기 포르투갈의 건국 후, 많은 수의 가톨릭 교회가 세워졌고 이후 수세기 동안 국민생활에 많은 영향을 끼쳐온 역사적 이유 때문이다.

전통문화 & 관습

포르투갈에는 전통있고 웅장한 성당들이 많으며 아직도 강한 가톨릭적 전통이 남아 있어서, 많은 지역사회의 활동은 다양한 종교적 행사를 중심으로 이루어지고 있다. 최대의 종교행사로는 성 요한과 성베드로의 축일인 6월 24일과 29일을 중심으로 한 주니나스축제(Festas Juninas)가 있으며, 리스본은 6월 13일에 수호 성인 Santo Antonio의 축일로 6월은 종교적 행사가 많은 달이다. 파띠마에 동정녀가 나타난 것을 기념해서 5월과 10월에는 두 개의 중요한 축제가 열리기도 한다. 4월의 성 주일에는 축하행렬이 있으며, 부활절에 맞추어 포르투갈 투우 시즌이 개막된다. 그러나 포르투갈의 투우는 스페인과는 달리 소에게 상처만 입힐 뿐 죽이지는 않는다. 어느 지방에나 있는 수호 성인의 축제일에는 그 지역의 축제일로서 성지참배와 함께 장터와 유흥마당이 펼쳐지며 모든 상점이 문을 닫는다. 그외에도 포르투갈의 종교적 행사일은 포르투갈의 중요한 공휴일이다.

밀어 닥치는 외세의 영향에도 불구하고 포르투갈인들은 고유문화에 대한 집착이 강한 편이다. 전통적인 포크 댄스는 여전히 포르투갈인의 자존심으로서 전수되고 있으면서 각 지방에서는 축제의 전통도 잘 지켜지고 있다.

주요 음식

포르투갈은 생선요리가 유명하며, 그중 Bacallhau(대구)요리가 대중적이다. 볶은 대구와 양파에 감자튀김을 곁들인 Bacalhau a Bras, 오븐에 구운 말린 대구요리인 Bacalhau noforno, 석쇠에 구운 대구요리인 Bacalhau a Grelhado가 대표적이다.

육류 요리로는 Porco(돼지), Vaca(소), Vitela(송아지) 등의 고기를 로스트, 숯불구이 등의 방법으로 요리한 것이 있는데, 특히 쇠고기보다 돼지고기를 더 선호한다.

이외에도 전통요리로 수프(Sopa), 생선 페이셰(Peixe), 카르네(Carne), 소브레메사(Sobremesa) 등이 있다.

레스토랑은 최고급인 루슈(Luxo)를 비롯하여 4~5등급으로 나뉘는데 포크수로 등급을 표시하며 포크수가 많을수록 고급이다. 또한 저렴한 대중식당으로는 타스카(Tasca), 타베르나(Taberna)가 있다. 대부분의 식당에서 간단한 주류를 즐길 수 있으며, Porto(포르투)지방의 특주인 포트와인(vino do Porto)은 특히 유명하다.

주 류

■ 포도주

포르투갈 포도주는 크게 두 가지 종류로 나누어지는데, 그것은 비뉴스 드 콘수무(Vinhos de Consumo: 알코올 도수가 낮고 주로 식사와 함께 마시는 소비 포도주)와 비뉴스 제네로주스(Vinhos Generosos: 독한 포도주)이다.

비뉴스 드 콘수무는 다시 '비뉴 베르드(Vinho Verde: 숙성되지 않은 포도주)'와 '비뉴 마두루(Vinho Maduro: 숙성시킨 포도주)'로 나뉜다. 비뉴 베르드는 적포주이건 백포도주이건 도루 강과 미뉴 사이의 지역에서 만들어진다. 일반적으로 이 포도주는 가스가 있고, 알코올 도수가 낮으며, 오래 숙성을 시키지 않는다.

알코올 도수가 비교적 높은 비뉴 마두루는 시간이 오래될수록 좋은 것이며 전국에 걸쳐서 생산된다. 알렌테쥬(Alentejo) 지방과 비제우(Vis) 지방의 '다웅(D)'이라고 이름 붙여진 적포도주와 백포도주는 '로제(Ros)'라고 불리는 포도주처럼 세계시장에서 각광받고 있는데, 트라스-우스-몬트스(Tr-os-Montes), 리바테쥬(Ribatejo), 알가르브 지방에서 생산되는 붉은빛이 도는 백포도주를 생산할 때와 유사한 공정으로 만들어진다.

세계문화유산

■ 신트라 문화경관(Cultural Landscape of Sintra : 문화, 1995)

19C 유럽 로맨틱 건축의 중심무대로서 페르디난드 2세는 폐허가 된 수도원을 고딕, 이집트풍, 무어, 르네상스 요소를 가미한 새로운 감각의 성으로 변모시켰으며 토종 및 외래종 수목을 섞어 심은 공원을 만들었다. 세라 주변 길을 따라 늘어선 귀족풍의 저택들은 공원과 정원의 독특한 결합을 창조하여 유럽 조경발달에 큰 영향을 끼쳤다.

■ 에보라 역사 지구(Historic Centre of Evora : 문화, 1986)

박물관 도시로 불리는 에보라의 역사는 로마시대까지 거슬러 올라가며 15C 에는 포르투갈왕의 거소였고 16~18C건축들은 브라질의 포르투갈 건축에 영향을 주었다.

■ 알코바샤 수도원(Monastery of Alcobaca : 문화, 1989)

리스본 북쪽에 있는 알코바샤 수도원은 12C 알폰스 1세에 의해 건립되었다. 규모 · 건축스타일의 간결함, 건축재료의 미적 감각 등으로 고딕풍 시토예술의 걸작품으로 손꼽힌다.

※ 시토 수도회(Cistercian) : 1098년 프랑스 시토에서 창설된 수도회

■ 바탈하 수도원(Monastery of Batalha : 문화, 1983)

1385년 알주바로타 전투에서 포르투갈군이 카스티아군에 승리한 것을 기념 하여 세운 수도원으로 마누엘린시대 예술의 영향을 받은 고딕풍의 건물이다.

이벤트 & 축제

Braga에서는 부활절 주간에 Holy Week Festival이 열리는데, 다양한 행렬이 벌어지며 그 중 가장 유명한 것은 맨발의 사람들이 횃불을 들고 벌이는 Ecce Homo 행렬이다.

5월 Barcelos에서 열리는 Festas Das Cruzes(십자가의 축제)에는 행진과 민속예술경연, 지방 특산물 공예품전시회가 있다.

Feira Nacional Da Agricultura(전국농경축제)는 6월 Santarem에서 열리는 축제로, 투우와 포크송, 춤 등 다채로운 이벤트들이 많이 벌어진다.

FestaDo Santo Antonio(성 안토니오 축제)는 6월 13일 Lisbon의 알파마(lfama)지구에서 벌어진다.

Festas De Sao Joao(성 요한 축제)는 6월 16일에서 24일까지 열리는 오뽀르뚜의 파티이다. 23일 밤에는 온 마을 사람들이 거리로 나와 릭(대파처럼 생긴 큰 부추)이나 플라스틱 망치로 악의없는 친근함의 일타를 교환하며 즐긴다.

아고니아(Agonia) 박람회와 축제는 8월 15일 이후 첫 번째 일요일에 열리는데, 민속예술, 행진, 불꽃놀이와 공예전이 유명하다.

전국 말 축제는 11월 3일에서 11일까지 골레강(Golega)에서 말 애호가들의 관심 속에, 온갖 종류의 말들이 모여 전시회와 경마를 벌이고, 투우도 행해진다.

헝가리
HUNGARY

인구 : 약 1,000만명

면적 : 약 9만km^2

수도 : 부다페스트

주요언어 : 헝가리어

종교 : 가톨릭교, 프로테스탄트교

www.hungarytourism.hu

문화와 자연환경

부다페스트

헝가리는 내륙국으로 지리적 여건 때문에 주변국의 침략을 많이 받아 2천년 전에는 켈트족이 거주하고 있다가 로마가 멸망한 이후에는 게르만족에게 점령되었으나 9세기에 이르러 지금의 헝가리 민족인 동양계 마쟈르족이 왕국을 건설하였다. 단일 민족 국가로서 다른 동유럽국가에 비해 단합이 잘 이루어지고 언어는 우랄알타이계의 마쟈르어를 사용한다.

헝가리의 기후는 대체로 우리나라 기후와 비슷하며 사계절이 있고 우리나라보다 겨울이 조금 길다는 것이 특징이다. 특히 남부는 지중해성 기후, 동부는 대륙성 기후, 서부는 아틀란틱 기후를 나타내는 등 3개의 기후대로 나누어진다. 연평균 기온은 10.5℃이고 강우량은 연간

600mm로 적은 편이다. 바람이 적게 불고 일조시간이 연평균 1800시간으로 길다. 여름에는 기온이 30℃를 웃돌아 리조트가 무척 붐빈다. 겨울에는 영하 10℃ 이하로 내려가는 경우도 볼 수 있어 기온의 차가 심하고 대체로 건조한 편으로 여름에도 그리 덥다고는 느껴지지 않으며 갑자기 천둥 번개와 함께 비가 내리기도 한다. 생활에 미치는 영향으로는 일교차가 크므로 여름이라도 재킷이나 스웨터를 가지고 다니는 편이 좋으며 겨울이 다소 춥기 때문에 박물관이나 관광지는 문을 닫으며 여성들 대부분이 모피코트를 겨우내 두르고 다닌다.

역 사

헝가리 지역이 고대에는 로마제국의 일부였으며 9세기경 동양에서 마자르족이 침입하여 헝가리 왕국을 건설하였다. 1526년에는 오스만투르크에게 점령당하기 전까지는 중부유럽의 강대국이었다.

1867년 오스트리아 헝가리 제국이 수립되었지만 제1차 세계대전 후인 1918년에 두 나라로 나누어 졌다. 독립 후 헝가리는 왕정을 부활하고 과거의 영화를 되찾기 위해 2차 대전에 가입하여 독일과 동맹하였다. 전쟁에서 패한 후 소련군에게 점령당하고 1948년에 '헝가리 인민공화국'이 발족된다. 1956년에는 노동자와 대학생들이 반소봉기를 들어 결국 중립을 선언하였지만 소련의 개입으로 실패한다. 공산권의 몰락으로 헝가리는 1989년 자유 민주 국가가 되었다. 유럽 속에서 가장 동양적 정서가 베어있는 국가이다.

종 교

헝가리의 종교는 전체인구의 67.5%가 가톨릭 신자이며 캘빈교 20%, 루터교 신자가 5% 있다. 1600년 헝가리의 90%가 개신교였으나 반종교 개혁과 그에 따른 차별대우의 기간동안 많은 사람들이 가톨릭으로 개종하였다고 한다. 그리고 무종교와 기타 12.5%, 유대교

0.8%, 회교 0.1%를 이루고 있으며 기독교와 가톨릭교를 합한 종교가 86.6%를 차지한다. 헝가리는 1939년과 46~50년에 개혁교회와 다른 교회를 자극시켰던 신앙부흥이 있었다. 가톨릭, 침례교, 개혁교회와 자유교회, 그리고 개혁교회 850명의 목사들 가운데 130명이 속해 있는 Pietist Bible Union에서 강한 카리스마틱과 개선운동이 일어나고 있다. 헝가리인들은 삶의 해결책을 모색하고 있다. 경제적 어려움이 스트레스, 비관, 그리고 미래에 대한 염려를 낳고 있다. 많은 사람이 죄와 복음의 의미에 무지한 채 알코올중독과 자살, 신흥 사이비 종파와 신비주의에 빠져들고 있는 경향도 짙은 편이다.

관 습

사람들의 경우 상대방에 대해 호의적이고 다소 소극적이며 수동적이지만 성격면에서는 다소 다혈질적인 면도 있다. 그리고 경로우대나 남존여비 등과 같은 동양적 사고와는 다소 거리가 있으며 여성의 존중은 일반화되어 있다. 특히 여성의 외투를 받아 준다거나 이착석시 의자를 꺼내 주는 등 여성에 대한 예절은 절대적이다. 집시나 유대인, 중국인 등 이민족에 대한 배타성이 다소 있으며 과격한 젊은층이나 노인 가운데에서 노골적인 불쾌감을 표시하기도 한다. 문학은 이 나라 역사에 있어 기념적인 사건에 의해 만들어졌는데 허세부리는 송가와 자유를 갈망하는 시, 대담한 리얼리즘 이야기, 귀에 거슬리는 논쟁 등이 만들어지게 했다. 오페라는 대중화되어 있는 문화로 공연이 자주 있다. 축구는 단연 인기있는 스포츠이며 체스 또한 인기가 있다. 헝가리의 건축물과 예술품들은 로마네스크, 고딕, 바로크, 아르누보의 영향을 받았다. 이 나라는 수려한 민속 전통을 가진 나라로 자수와 도자기, 천장화 및 벽화, 나무나 동물 뼈 조각들에 그것이 녹아있다. 음악 작품 또한 풍부해서 프란즈 리스트(Franz Lisz)의 광시곡과 페렌츠 얼켈(Ferenc Erkel)의 오페라에서 집시 및 민속음악에 이르기까지 매우 광범위하다.

주요 음식

파프리카

헝가리의 음식은 고기와 야채를 많이 사용하는 것이 특징이다. 헝가리에서는 향신료로 우리나라의 고추와 비슷한 파프리카라는 양념을 사용한다. 파프리카는 중앙아메리카가 원산지로 18세기초 세게드의 한 농부가 재배하기 시작하여 지금은 헝가리 요리에서 없어서는 안될 만큼 중요한 조미료가 되었다. 전반적으로 헝가리의 음식은 매우 짠 편이며 내륙 국가로서 소금이 귀한 향신료의 역할을 했기 때문에 지금도 많이 사용하며 다른 서유럽 국가들에 비해 비교적 우리나라 사람들의 입맛에 맞는다. 식사는 지방이 많은 돼지고기를 선호하며 양배추는 터키의 영향을 받아 걸죽한 야채스프의 원료로 쓰고 바짝 익힌 생선이나 전분가루와 보기 좋은 장식용 피클 등이다. 이런 메뉴로는 헝가리의 대표적인 음식인 굴라쉬(gulyas)라는 파프리카가 들어간 비프스튜가 있는데, 우리나라의 육개장과 맛이 비슷하다. 그리고 잉어에 칼집을 내서 파프리카로 맛을 낸 매운 생선스프인 할라쯜(halaszle)과 콩스프인 요카이 발브레즈(Jokai Bableves), 신 체리로 만든 차가운 과일 스프인 하이데그 규몰레슬레브(Hideg Gyumolcsleves)가 있고 몸에 좋은 흑빵을 여섯가지의 다른 곡물을 혼합하여 만드는데 그 위에 참깨와 해바라기씨, 눌린 귀리 등이 뿌려져 있다. 그 외에도 거위간이 들어간 샌드위치와 경단과 곁들여진 파프리카 치킨 등이 있다.

굴라시

주 류

주류로는 와인이 많은데 헝가리의 와인산지는 법률에 의해 공식적으로 22개소로 지정되어 있다. 헝가리는 북에서 남으로 흐르는 다뉴브강에 의해 국토의 한 가운데가 양분되어 있다. 강의 동쪽지역을 가리켜 〈트랜스다뉴브〉라 일컬으며 이는 다시 북부와 남부로 나눌 수 있다. 강의 서쪽지역은 대평원과 북부 산악지대가 자리잡고 있다. 헝가리의 와인산지는 바로 이들 네 개의 지역에 골고루 분포되어 있다. 헝가리는 세계에서 아홉 번째로 많은 와인을 생산하는 나라이다. 연간 3~6백만헥타르를 생산하고 이 가운데 절반이 해외로 수출되고 있다. 헝가리를 대표하는 것으로 토까이(Tokaj) 와인이 있다. 이는 노란색 와인으로 헝가리 동북쪽의 토까이 지역에서 생산되며 맛이 달콤하고 여섯 등급으로 나누어 판매한다. 숫자가 높을수록 질이 더 좋은 와인이다. 일반적인 포도주는 포도송이가 익었을 때 수확을 해서 만들지만 토까이는 눈을 맞쳐서 귀부병에 걸리도록 하면 포도는 얼어죽지 않을려고 스스로 당도를 높이는데 이 때 수확을 하여 만든 포도주이다. 그리고 토까이와 더불어 헝가리의 대표적인 주류로 폭탄이란 뜻을 가진 우니쿰(Unicum)이라는 아주 독특한 검은색 소화제용 독주가 있다. 무정부주의자들이 사용했던 사제폭탄 모양을 하고 있어서 붙여진 이름이다. 헝가리 사람들은 이 술을 아주 좋아하거나 아니면 아주 싫어한다.

토까이 와인

우니쿰 와인

세계문화유산

■ **부다페스트의 다뉴브강 연안과 부다 성지구(Budapest, banks of the Danube with the district of Buda Castle : 문화, 2002)**

부다의 고딕풍 성과 기념물은 헝가리 각 시대의 건축양식에 영향을 주었고 특히 도시조경과 헝가리 수도 역사의 각 시대를 잘 예시해 주며 2002년 6월 안드레시 에바뉴와 밀레니엄 언더그라운드에서 확장되었다.

다뉴브강 연안

■ **홀로퀘 전통마을(Holloko : 문화, 1987)**

이 마을은 지금까지 화재를 여러번 겪었다. 현존하는 가옥 126채는 20세기 초에 만들어진 것으로 택지비율은 1885년 이후 거의 변하지 않았다. 농지 분할방식도 옛날과 전혀 달라지지 않았기 때문에 이 마을에서는 제2차 세계대전 후에 공산당 정권이 강제적으로 집단 농장화를 시행하기 이전의 중유럽 농민의 생활상을 알 수 있다. 1781년에 선포된 이 지방 법령은 목조가옥 건축을 금지하고 이를 위반하는 사람에게 고액의 벌금을 부과한다는 내용이었다. 그러나 주민들은 얽매이지 않고 체르하트 산속에 있는 작은 마을이 또 불길에 휩싸이고 잿더미 위에 다시 집을 지을 때도 마을 사람들은 전통적인 팔로츠 양식에 따라 세세한 부분까지 충실하게 옛 가옥을 복원했다. 역사 깊은 이 마을의 중심부에 화재가 발생한 것은 1909년이었다. 이 화재 후에 주거지 겸 작업장인 가옥 126채가 재건되었는데 이 집들 덕분에 홀로퀘 마을은 헝가리에서 가장 아름다운 마을이라는 평판을 얻고 그 문화적 가치를 인정받아 1987년 세계문화유산으로 등록되었다.

■ **파논할마의 베네딕트 천연 왕국 수도원과 자연환경**(Millenary Benedictine Monastery of Pannonhalma and its Natura Environment : 문화, 1996)

중부유럽지역 그리스도교의 연속성과 전파를 나타내주는 초기의 유적으로 이 수도원은 1천년에 걸쳐 계속 사용된 건축물로 헝가리에서 베네딕투스회 수도원으로서는 가장 오래된 곳으로 고전적인 수도원 건물과 후기 고딕 양식의 화랑, 30만권의 책, 초기 간행물과 필사본을 소장하고 있는 도서관이 있다. 필사본 중에는 티하니 수도원의 건립문서도 있다. 이 곳은 중부유럽의 그리스도교 문화전파자 역할을 한 수도원으로서 헝가리의 그리스도회에서 중요한 의미를 지니므로 1996년 세계문화유산으로 등록되었다.

■ **호르토바기 국립공원**(Hortobagy National Park : 문화, 1999)

헝가리 동부지역의 광활한 평원과 습지로 이루어져 있는 520평방km에 이르는 이 국립공원은 유럽에서도 새를 관찰하기 아주 좋은 곳으로 과거 20년동안 310종 이상의 새가 이곳에 서식하는 것으로 알려져 있다. 습지와 늪지대 및 염분을 함유한 목초지에는 여러 종류의 백로와 해오라기, 노랑부리 저어새, 황새와 딱새, 독수리 등이 살고 있다. 이 곳은 1m의 키에 몸무게가 10kg이나 나가는 세계에서 가장 큰 새중의 하나인 느시의 서식처이기도 하다. 이 국립공원은 1999년 세계문화유산으로 등록되었다.

■ **소피아나 초기 기독교 묘지**(Sopianae Early Christian Cemetery : 문화, 2000)

4세기 로마제국에 속했던 소피아나(지금의 페츠) 마을이 형성되었고 지하무덤과 함께 장례식을 치르는 지상의 예배소등에서 뛰어난 건축술을 볼 수 있으며 구조적으로나 건축적으로 모두 중요한 곳이며 로마제국의 힘과 그리스도교 사회의 신앙을 묘사해 놓은 기독교적인 벽화는 예술적이고 화려하게 장식하여 수준높은 예술성을 발견할 수 있다. 이곳은 2000년에 세계문화유산으로 등록되었다.

이벤트 & 축제

부다페스트 영화제(2월)

새로운 헝가리 영화를 선보인다.

부쇼아라슈(2월 중순)

헝가리 남부도시 모하치에서 열리는 축제로서 축제 때가 되면 수많은 사람이 모하치로 모여들며 10시 정도가 되면 자유의 거리, 세체니 광장 주변에서 가면을 쓰고 양의 털가죽을 입은 Buso가 행진을 시작하여 축제가 본격적으로 시작되며 거리마다 과자와 민예품 등을 파는 노점이 들어서고 곳곳에서 폭죽이 터져 온 시전체가 축제의 도가니속으로 빠져든다. 축제는 밤이 되면 더욱 열기를 더해 광장에서는 캠프파이어를 하고 헝가리의 민속 무용인 차르디슈도 공연되는 등 많은 사람들이 축제를 즐긴다.

부다페스트 봄축제(3월 15일~2주간)

국내외의 유명 음악가가 공연을 하고 민속춤과 발레, 오페라 등이 열리며 회의와 전시가 열린다.

부활절

부다페스트에서는 부활절에 남자가 여자에게 향수를 뿌려주는 풍습이 있는 반면 부다페스트에서 100km 정도 떨어진 산악지방의 부야크라는 마을에서는 부활절이 되면 마을 사람들이 민속신앙을 입고 양동이로 물을 쏟아 붓는다. 특히 이 민속의상은 화려한 무늬에 가느다란 주름이 많은 치마를 몇 벌씩 겹쳐입은 매우 귀여운 의상이다.

■ 노동절(5월 1일)

매년 이날이 되면 헝가리는 전국적으로 퍼레이드가 행해지며 영웅광장 앞과 인민공화국 거리는 활기가 넘친다. 거리는 호화스러운 플래카드 장식을 한 자동차들로 온통 축제분위기가 된다.

■ 승마의 날(7월의 첫째 토요일)

호르토바지란 초원국립공원에서 열리는 축제로 유럽 각국에서 참가해온 마장 마술 국제경기가 열리고 그 뒤로 헝가리 목동들의 승마곡예가 열리게 된다. 이 때 100마리 정도의 말을 한꺼번에 풀어놓고 자유롭게 만든 다음 목동들이 뒤따라와 뛰어 다니는 말들을 순식간에 몰아서 다시 데리고 들어가게 된다. 이어서 목동 1명이 나와 4마리의 말 위에서 선채로 달리는 곡예를 하는 아주 이색적인 행사이다.

■ 이슈트반의 날(8월 20일)

이슈트반 왕이 최초의 헝가리 기독교 왕으로 국가를 공인받은 특별한 건국기념일로 거리와 부다왕궁에서 여러 행사와 임시 가게들을 만들어 갖가지 기념품을 판매하며 특히 밤 9시에 겔레르트 언덕에서 벌어지는 불꽃놀이는 볼만하다.

노르웨이
NORWAY

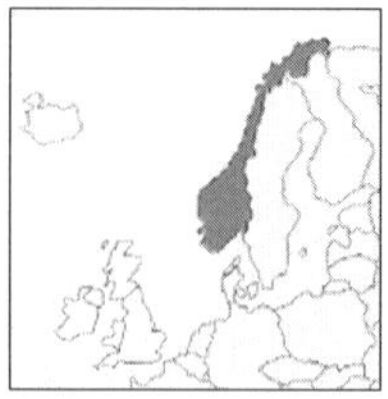

인구 : 약 456만명
면적 : 약 38만km²
수도 : 오슬로(Oslo)
언어 : 노르웨이어 관광지에선 영어가 많이 통용
종교 : 루터파

www.visitnorway.com

문화와 자연환경

바이킹의 후예로서 9세기부터 통일 국가를 이루고 바다로 진출하여 13세기에는 아이슬란드를 정복하였으나 14세기에는 덴마크에 점령당하기도 하였다. 한때는 스웨덴과 연합왕국을 유지하였으나 1905년에 해제하고 독립하였다. 노르웨이(Norway)란 말은 '북으로 난길'이란 의미이다. 거의가 산악지대이며 경지 면적은 전국토의 3%에 불과하다. 피요르드식의 구불구불한 해안선을 타고 기암절벽이 이어지며 여기에 호수와 폭포가 어우러져 뛰어난 경관을 자랑하고 있다. 노르웨이는 국토의 70% 이상이 빙하와 산, 협만으로 이루어져 있다. 겨울은 눈과 바람만 있을 뿐, 한 낮이 되어야 겨우 태양을 볼 수 있으며 그것도 겨우 구름에 가려 희미하게 내리쬐는 빛을 볼 수 있을 정도이다. 그리고 곧 이 빛마저도 하루 3시간 정도 후 면 지평선 쪽으로 모습을 감춰버린다. 하지만 6~7월에는 거의 하루 종일 해가 지지 않는 백야의 반대 현상도 보이고 있다.

겨울은-1~-2℃로 온난한 편이며, 여름은 9~14℃로 대체적으로 한랭하다. 겨울이 길며(10월~4월), 여름이 짧다(6월~8월).

여행 시즌인 6~8월에 오슬로의 경우 한낮의 기온이 30℃이상 치솟지만, 내륙의 산림지역은 꽤 서늘하다. 특히 북부지역은 두툼한 스웨터가 필요할 정도다.

겨울에는 바다와 접한 곳은 멕시코 난류의 영향으로 북극권 지역으로서는 따뜻한 편이지만, 내륙은 상당히 춥다. 연평균 강우량은 서쪽이 2,052mm, 동쪽이 750mm 미만이다.

역 사

■ B.C. 1만년~1380년

노르웨이 최초의 주민은 B.C. 1만년 무렵의 남방으로부터의 이주자였으며, B.C. 15~B.C. 3세기에 스웨덴, 덴마크의 영향을 방아 B.C. 1세기 무렵부터 로마의 문화가 흘러 들어왔다. 8세기 무렵까지는 공동체들이 형성되어 여러 부족으로 나누어졌다.

890년 무렵 하랄 왕이 통일하였으나 다시 분열했고 그리스도교 포교에 열심이었던 올라프 2세(재위 1015~1028)가 재통일하였다. 1028~1035년 노르웨이 왕권은 덴마크의 크누그 대왕 등의 지배하에 예속하였으나 마르누스왕은 국권을 회복하였다.

스베레왕이 장차 상속제를 확립한 후 손자 호콘 호콘손 때에 중세 노르웨이 왕권은 전성기를 누렸다. 마르누수왕은 법전을 제정하였으나 이때부터 독일 상인이 곡물공급을 장악하며 진출이 두드러졌고 스웨덴 덴마크 양왕국 간의 관계는 긴밀해졌다. 마침내 스웨덴과 동부 연합을 맺고 호콘 6세의 아들 울라프는 1376년 덴마크 왕이 되고 부왕이 죽은 뒤 노르웨이 왕위를 계승

(1380)하여 이후 434년간 덴마크와 동군 연합을 하였다.

■ 1397년~1687년

1397년 올라프왕의 모친인 마르그레테는 올라프가 죽은 뒤 통치자로 군림했고 덴마크, 스웨덴, 노르웨이 3개국 동군연합인 '칼마르 연합'을 조직한 뒤 노르웨이는 덴마크의 영향아래 편입되어 크리스티안 3세 때에는 법적으로 덴마크의 한 지방으로 전락하였다.

1536년의 종교개혁은 덴마크에 의한 지배신장 수단이 되고 니다로스의 가톨릭 대주교의 망명으로 노르웨이의 구교세력은 힘을 잃었다. 한편, 한자 무역의 쇠퇴로 영국, 네덜란드 등을 상대로 하는 무역은 경제적 번영을 촉진시켰고 1687년 크리스티안 5세의 '노르웨이법'은 노르웨이에 중앙 집권화를 가져왔다. 또 유럽에서의 전쟁에서 해운국 노르웨이는 중립을 지켜 번영하고 덴마크로부터의 독립기운은 높아졌다.

덴마크가 나폴레옹 전쟁에서 패배한 것을 계기로 킬조약에 의하여 노르웨이는 덴마크로부터 해방되었으나, 조문에서는 스웨덴 왕에게 할양되어 스웨덴과의 동군연합으로 옮겨졌다. 노르웨이는 자유주의적 헌법과 연합법을 근거로 외교, 방위이외의 자치권만 획득하였다.

■ 1700년대~현재

지식계급과 농민층의 대립은 문화적으로는 덴마크문화의 계승자와 노르웨이 문화 지건자의 대립이며 정치적으로는 우파와 좌파의 대립으로 표출되었다. 좌익정권이 1884년에 성립되고 의회주의가 확립되어 1898년엔 보통선거, 1913년엔 여성 참정권이 인정되었다.

1880년 노르웨이는 세계 제3위의 상선 보유국이 되면서 독자적인 영사관 설치를 요구했으며 이문제의 해결을 추구하여 1905년 독립국이 되었다. 제2차 세계대전 중 중립정책이 나치독일에 의하여 파기되었으므로 전후에는 중립지향을 유지하면서도 1945년 국제연합, 1949

년 북대서양조약기구(NATO)에 가입하였고 경제적으로는 1959년 유럽 자유무역연합(EFTA)에 가맹하였다.

종 교

국민의 95%이상이 루터파를 믿으며 이를 국교로 하고 있으며 그 외에 유대교, 감리파 등의 소수 종교가 있다. 신앙의 자유는 완전히 보장되어 있다. 기독교는 10세기경 해외에서 세례를 받고 귀국한 왕족들에 의해 전래, 포교되었으며 유럽 국가들 가운데서 가장 늦게 기독교를 받아들인 나라 가운데 하나다.

전통 문화 & 관습

고립되기 쉬운 지형 때문에 지역주의의 전통이 강하며, 문화・스포츠・사회 등 여러 가지 활동이 지역 내 민간의 여러 조직을 통해서 실시된다. 특히 스키・스케이트・축구로 대표되는 스포츠활동이 활발하며, 노르웨이 스포츠협회에는 2700개의 클럽 밑에 약 33만명이 참가하여, 노동조합과 비견되는 대조직을 이루고 있다. 또한 노벨상은 스웨덴을 중심으로 전형되는 상이지만, 노벨평화상은 노르웨이국회가 선출한 5인위원회가 매년 선정하여 시상하고 있다.

인구의 약 70%가 도시지역에 거주하며 인구증가율은 해마다 감소하는 추세이다. 60세 이상의 노인비율은 최근 100년 동안에 두 배로 늘어나 전체 인구의 20%를 차지하기에 이르고 있다. 노르웨이인들은 다른 북구 국가들과 마찬가지로 결혼 전에 동거를 많이 선호하고 있으며, 성 생활에 있어서는 상당히 개방적인 편이고, 이는 프로그너 공원에 있는 비겔란의 작품에서도 잘 나타나 있다. 노르웨이 사람들은 옥외의 생활에 대해 매우 열광적이다.

스키는 노르웨이의 국가적인 스포츠라 할 수 있으며, 오슬로 교외 홀멘콜렌의 세계 스키 점프대회는 국민적 행사의 하나가 되고 있다.

숲에서나 산 속에서나 즐길 수 있는 크로스컨트리 스키는 특히 인기가 있으며, 또한 탐험을 좋아하는 국민성으로 인해 난센(F. Nansen), R. 아문센 등 탐험가를 많이 배출하였다. 별장의 나라라 말할 수 있을 만큼 노르웨이인들은 산장이나 해변에 별장을 갖고서 주말이나 휴가를 별장에서 보낸다. 모든 고용인들은 4주일 동안 유급휴가를 가질 수 있도록 법적으로 보장되어 있다.

주요 음식

해안선이 긴 지리적 특징으로 바다에서 나는 자연산 혹은 양식 수산물이 풍부하며 과일의 숙성기간이 길고 과일, 야채, 신선한 풀을 먹고 자란 육류가 풍부한 나라가 노르웨이이다. 노르웨이뿐만 아니라 북유럽의 대표적 음식은 바이킹요리이다. 바이킹시대 굶주림으로부터 터득한 식량 보존법이 이제는 훌륭한 음식이 되고 있다.

최북단에서 잡히는 대구는 자연 그대로의 찬 바람을 맞으며 건조시키는데 지난 1000년 동안 노르웨이 대구는 유럽의 각 국으로 수출되고 있는 상품으로 퇴르피스크(Torrfisk)라고 하는 말린 대구가 유명하다.

100%산양의 젖으로 만든 야이토스트(Geitost)는 갈색 치즈로 그 맛이 매우 독특하다. 스페케마트(Spekemat)라고 하는 소금에 절인 양고기가 있다.

요리로는 북유럽 다른 나라와 같이 바이킹 요리로 알려진 콜보르(Koldbord)가 유명하다. 생선요리로는 삶은 연어와 장어 훈제요리, 가재 요리 등이 식탁에 자주 오르며 고기류는 양고기를 이용하는 것이 노르웨이 전통음식이다.

이 밖에 다이어트 붐을 타고 전 세계로 퍼진 호밀로 만든 빵도 노르웨이 전통음식의 하나이다.

주 류

노르웨이의 주류로 맥주가 유명하다. 맥주역사에 대해서는 별로 알려진 바는 없으나 잔치나 축제에는 항시 맥주를 즐겼다고 하고, 그들은 맥주 빚는 양조기술을 북유럽 최고의 신 오딘(Odin)에게서 배웠다는 전설이 있기도 하다. 또한 800년에 씌어진 법전에는 규정된 법대로 맥주를 빚지 않으면 엄한 처벌을 받게 되어있는데 내용은 이렇다.

'만약 농부가 3년 동안 교회가 요구하는 맥주를 빚지 않으면 그의 재산의 반은 주교에게 바쳐야 하고 반은 왕에게 바쳐야 한다. 그가 따르지 않으면 추방한다.'

이벤트 & 축제

1월 1일 설날(New year's day)
4월 4일 성 목요일(Maundy Thursday) : 부활절 전 목요일
4월 5일 성 금요일(Good Friday) : 부활절 전 금요일
4월 8일 성 월요일(Easter Monday) : 부활절 후 월요일
5월 1일 노동절(May Day)
5월 16일 그리스도 승천일(Asension Day)
5월 17일 National Day
5월 26일 성령강림절(Whitsun)
5월 27일 성령강림절 월요일(Whit Monday)
12월 25일 크리스마스
12월 26일 복싱데이(Boxing Day)

■ 노르웨이의 5월 17일 헌법 제정일 축제

매년 5월 17일에 열리는 노르웨이의 헌법 제정 기념일 축제는 노

르웨이의 축제 중 가장 성대하게 거행하는 축제이다.

1905년 5월 17일 노르웨이가 독립을 선포하고 제헌정부를 수립한 역사적인 기념일로써, 이날 중심가인 '칼 요한스' 거리 일대는 노르웨이 각 지방의 전통의상을 입은 어린이와 많은 노르웨이인들로 가득 메운다.

이날 전국에서 올라온 어린이와 각 지역단체에서 국기와 교기, 그리고 그 지방을 대표하는 깃발을 들고 왕궁까지 행진하는 행사가 열린다. 노르웨이인들에게는 이날의 축제가 길고 긴 겨울에서 벗어나 봄을 맞이한 기쁨을 함께 하는 '봄의 축제'이기도 하다.

■ 바이킹 축제

노르웨이 국민의 94%는 크리스찬이므로 기독교 행사가 많다. 그러나 바이킹 축제는 비종교적이면서도 유명한 봄축제이다. 매년 5월 17일이면 오슬로에서 어린이들을 위한 행사가 열린다. 전국에서 온 수만명의 어린이들이 자기 학교의 악대와 교기를 앞세우고 행진하는 중에 왕과 왕족들에게 경의를 표하기 위해 왕궁을 지난다. 이 날의 긴 행렬에는 다양한 형태의 악기가 연주되고, 빨간색의 십자무늬가 새겨진 노르웨이 국기, 학교 깃발 등이 현란하게 휘날린다. 노르웨이는 용맹무쌍한 바이킹 족 후예가 세운 나라로, 유럽 각국에 영향을 미쳤다. 바이킹은 해적, 침략자와 같은 나쁜 인상을 남겼지만, 뛰어난 항해술로 후세에 남긴 공헌은 무시할 수 없다. 이들의 축제는 스키장으로도 유명한 홀멘콜렌에서 성대하게 열린다. 바이킹시대의 복장을 한 남녀들이 호수 위에 띄워 놓은 배 위에서 벌이는 연기는, 바다를 무대로 세계를 개척한 바이킹들의 굳센 저항력이 그대로 배어있다.

세계문화유산

■ 베르겐의 브리겐지역(Bryggen area in Bergen : 문화, 1979)

브리겐은 베르겐의 오래된 항구로 14~16세기 한자동맹의 무역활동 중심지이다. 중세 시대의 목조건물이 15채 가량 남아 있는데, 이는 한자동맹 시대에 독일 상인들이 살던 집으로 주거와 일터인 창고가 한 지붕 밑에 있다. 현재 건물 안에는 당시의 생활모습을 보여주는 박물관이 있다.

■ 우르네스 목조교회(Urnes Stave Church : 문화, 1979)

12~13세기 건립된 목조교회로 바이킹의 전통과 켈트풍의 건축예술을 보여준다. 노르웨이에서 가장 오래되고 보존상태가 좋은 성당으로서 12세기 초에 세웠다. 기본구조는 직사각 모양의 평면 구도를 한 바실리카 양식이며 전체적으로는 각뿔 모양이다.

■ 로로스 광산 도시
(Roros Mining Town : 문화, 1980)

노르웨이 중부, 스웨덴과의 국경에 가까운 산기슭에 위치하는 로로스는 17세기에 발견된 동산으로 번영한 도시이다. 로로스라는 이 지역은 구리광업이 1644년 시작되었다. 이곳에서 일하는 직원들은 독일과 덴마크 등 주변 지역에서 일하기 위하여 왔다. 도시는 기본적으로 광업도시이고 지역안의 농부조차 광산직원이었다. 마지막 광산은 1986년에 닫았다. 오늘 나무로 만들어진 집 등 도시는 광부가 살아가는 모습 그대로 사실상 세계에서의 박물관이다. 이 곳의 건물의 대부분은 지붕에 시멘트 대신 진흙을 이용했다. 도시의 한가운데에 있는 호텔에서도 오래되는 건물의 몇 부분이 이용되어져 있다.

■ 알타의 암석화(Rock Drawings of Alta : 문화, 1985)

B.C. 4200년~B.C. 500년 사이에 원주민들이 그린 수많은 벽화, 조각들은 북유럽 선사시대 인간생활과 환경이해에 도움을 준다.

덴마크
DENMARK

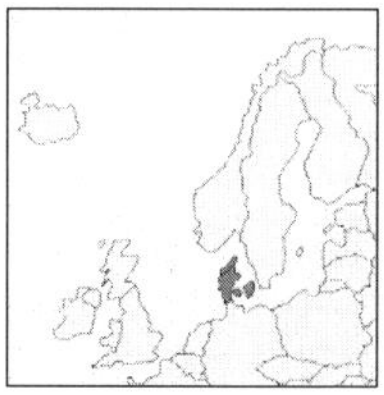

인구 : 약 538만명
면적 : 약 4만km²
수도 : 코펜하겐
주요언어 : 덴마크어
종교 : 루터교(프로테스탄트교 95%)

www.dt.dk

문화와 자연환경

덴마크는 북부 유럽 유틀란트반도와 오덴사 섬 등 크고 작은 400여개의 섬으로 이루어졌다. 9세기 바이킹시대에 군주제가 성립하여 14세기에는 북부유럽 전역을 호령하는 강국이었다.

16세기 이후에는 전쟁에 거듭 패하여 스웨덴과 노르웨이가 독립해 나가고 19세기 후반에는 북부유럽의 속국까지 되었다가 1944년에는 독일점령으로부터 벗어나 독립하고 1949년에 중립국을 포기 NATO에 가입 하였다.

덴마크 지형은 전반적으로 평형하게 173m 높이가 최고 지점이다. 서부와 북부는 모래를 동반한 서풍이 심하게 불어 예부터 사방림을 잘 가꾸어 왔다.

겨울은 춥고 길며 일조시간은 짧아 해를 볼 수 있는 시간이 많지 않다. 북유럽은 꼭 여름철에 여행해야 한다.

덴마크의 기후는 북유럽과 중부유럽의 중간지대의 기후 특색이 나타난다. 그러나 높은 위도에 위치한 것에 비해서 멕시코만 난류의 영향을 받은 남풍이 불어서 비교적 온화한 기온을 보이며 대신 연중

바람이 많고 겨울에는 기후 변화가 많다. 가장 추운 달은 2월로 평균 영하 0.4℃이고 가장 더운 달은 7월로 평균 16.6℃의 기온을 보인다. 한편, 위도상 북극권에서 약간 내려온 곳에 위치하고 있어 여름의 일조시간이 상당히 길고, 백야는 없지만 겨울의 일조시간이 짧다.

강우량은 비교적 적은 편인데 연평균 강우량은 664mm이다. 가장 건조한 달은 3월로 평균 강우가 32mm이고 가장 습한 달은 7월로 평균 강우가 71mm 정도이다. 연중 비가 내리는 날은 약 160일 정도이다.

역 사

1900년까지의 역사

8세기까지 무인지역이였던 이 지역에 1262년 노르웨이 주민들이 상륙해 살기 시작했다. 1380년에는 덴마크령으로 있었다고 전해진다. 9세기 초까지 아이슬란드의 지배권은 아일랜드의 선교사들이 장악하고 있었지만 아이슬란드의 첫 번째 거주자들은 870~930년 사이에 스칸디나비아 반도로부터 정치적 망명을 해 온 노르웨이인들이었다. 그들 가운데는 과거에 영국에서 활약하던 바이킹들도 상당수 있었다. 그들은 노르웨이에서 정치적인 투쟁으로 축출된 인물들이었기 때문에 군주제에 반대하였고 민주적인 의회제도를 도입하였다.

그러나 13세기 초에 이르자 아이슬란드에서 200여년 동안 계속되던 평화의 시기는 끝나게 되었고 쇠퇴기로 접어들게 되었다. 정치인들 간의 분쟁과 바이킹들의 약탈이 국가체제를 흔들기 시작했던 것이다. 그 때 노르웨이 왕 하콘 하코나르손(Hakon Hakonarsson)은 이를 호기라 생각하고 아이슬란드에 압력을 가하기 시작해 1281년에 아이슬란드를 흡수 통합하였다.

5세기 동안의 억압 통치하에서 수많은 아이슬란드인이 희생당하였지만 아이슬란드의 독립 움직임은 꾸준히 증가하였고 정치적인 로비 활동도 벌여 1874년에는 덴마크 왕국으로부터의 간섭 없이도 자국내 문제를 처리할 수 있게 되었다.

▪ 1919년부터 현재까지의 역사

그 후 1918년에 아이슬란드는 독립을 성취하였으나 1944년에 공화국이 될 때까지 덴마크 왕을 아이슬란드의 지배자로 계속 인정해야만 하였다. 이 나라는 1918년 덴마크 주권 하의 자치왕국이 되었고, 1941년에 독립을 선언, 이어 3년 뒤인 1944년 공화국으로 독립한 나라다. 제2차 세계대전이 발발하여 독일이 덴마크를 점령하자 덴마크 왕국은 아이슬란드의 방위와 외교문제를 더 이상 책임질 수 없게 되었고 1년 후인 1941년 5월에 아이슬란드 국민들은 완전한 독립을 요구하기에 이르렀다. 그 결과 아이슬란드 공화국의 설립은 1944년 6월에 이루어졌다.

종 교

9세기에 그리스도교를 받아들이고 뒤에 신교로 바꾸었다가, 1536년 이후 복음 루터교회가 국교가 되었다. 현재는 헌법으로 신앙의 자유가 보장되어 있어 국교인 루터 복음교를 88%가 믿으며 그 외 천주교, 침례교, 유태교, 이슬람교 등을 믿는다.

전통문화 & 관습

덴마크인은 농업사회의 역사를 가졌기 때문에 근면하고 협동심이 강하며, 바다와 접해있는 지리적 여건에 따라 모험을 즐기는 성향을 가지고 있다. 한편, 덴마크의 생활수준이 높은 만큼 국민들의 양식도 이를 반영하고 있다. 그래서 덴마크인 들은 교양을 중시하고 과학, 예술, 문학, 건축과 같은 분야의 업적을 높이 평가하고 있다. 또한 타인의 견해나 다른 관점의 견해에 대해서 관심을 표명하는 등 매사에 여유를 가진다.

주요 음식

낙농국가인 덴마크는 육류와 우유로 만든 요리가 다양하다. 특히 돼지고기, 베이컨, 치즈가 맛있다. 또한 바다에 둘러싸여 있어 생선요리도 풍부한데, 연어와 캐비어가 유명하다. 특히 덴마크의 명물인 오픈 샌드위치 '스모브로'는 한 번 먹어 볼 만하다. 얇게 자른 빵 위에 버터를 듬뿍 바르고 야채 · 치즈 · 햄 · 미트 볼 · 캐비어 · 훈제 연어 · 새우 등을 얹어 먹는 이 요리는 샌드위치라 해서 우리가 생각하는 간식 정도가 아니라 나이프와 포크를 사용해 먹는 메인 디쉬이다.

세계문화유산

■ 옐링의 흙으로 쌓은 보루, 비석, 성당
(Jelling Mounds, Runic Stones & Church : 문화, 1994)

옐링 분구와 루닉 스톤(룬체의 비문)은 이교적 노르딕(북유럽) 문화의 두드러진 사례로 10세기 중엽 덴마크인 들의 그리스도교 교화를 나타내 주는 유적이다. 루닉(runic)은 고대 북유럽지역의 문자체로 장식적이고 몸체가 굵어 주로 비문 등에 사용하였다.

■ **로스킬드 대성당(Roskilde Cathedral : 문화, 1995)**

12~13세기경 벽돌로 만든 스칸디나비아 반도 최초의 고딕식 성당으로 북유럽의 건축 양식 변화에 영향을 끼쳤다. 15세기 이후에는 덴마크 왕가의 능묘가 되었으며 유럽 종교 건축 발달의 가시적 단면을 잘 보여주는 유적이다.

■ **크론보르그 성 (Kronborg Castle : 문화, 2000)**

로마네스크 양식의 성으로 북부유럽지역 역사에 있어 큰 역할을 수행한다.

이벤트 & 축제

■ **덴마크 축제의 날(Danish Days)**

전통의상을 차려입은 마을 사람들이 이웃 주민들을 초대해 덴마크의 문화를 소개하고 즐기는 날. 덴마크 마을이 자리 잡은 지 25년이 지난 1936년부터 출발했다.

솔뱅시 건립 25주년을 맞아 이곳을 방문한 덴마크 왕과 왕비를 환영하고 지역문화와 전통문화를 알리자는 취지로 시작된 이 행사는 매년 9월 셋째 주 주말마다 열리며 전통을 이어오고 있다.

솔뱅의 대표적 거리인 미션 로드에서 출발하는 퍼레이드를 시작으로 길거리 곳곳에서 민요와 포크댄스, 먹을거리 등을 행사기간 동안 보고 만날 수 있다. 또 솔뱅 아가씨 콘테스트, 에블스키버 먹기대회, 목각인형 전시회, 뮤직 콘서트 등 풍성하고 다양한 이벤트가 아침부터 저녁까지 진행된다.

■ 코펜하겐 재즈 페스티벌

코펜하겐은 유럽에 재즈 열풍을 일으킨 주역이라고 할 정도로 재즈에 관한 역사가 깊은 곳이다. 미국 뉴올리언스와 함께 국제적인 재즈 도시로 알려져 있으며 매년 여름 재즈 축제가 열려 도시 전체를 한껏 들뜨게 한다.

찰리 파커, 마일스 데이비스 등 재즈 거장들의 처음 활동무대이기도 하였던 코펜하겐의 바에서는 평소에도 밤이면 아름다운 재즈 선율이 들려오곤 한다.

1979년 처음 시작된 코펜하겐 재즈 페스티벌의 개최시기는 매년 7월 초 첫 번째 금요일부터 열흘간이다. 올해는 7월 5일부터 14일까지 열릴 예정이다. 주요 행사장은 스트로이에의 카페, 티볼리공원, 니하븐 운하 등이며 각국에서 몰려온 쟁쟁한 뮤지션들이 수준 높은 연주를 선보인다.

제6장 지중해 · 아프리카

- 터　키 / TURKEY
- 남아프리카공화국 / SOUTH AFRICA

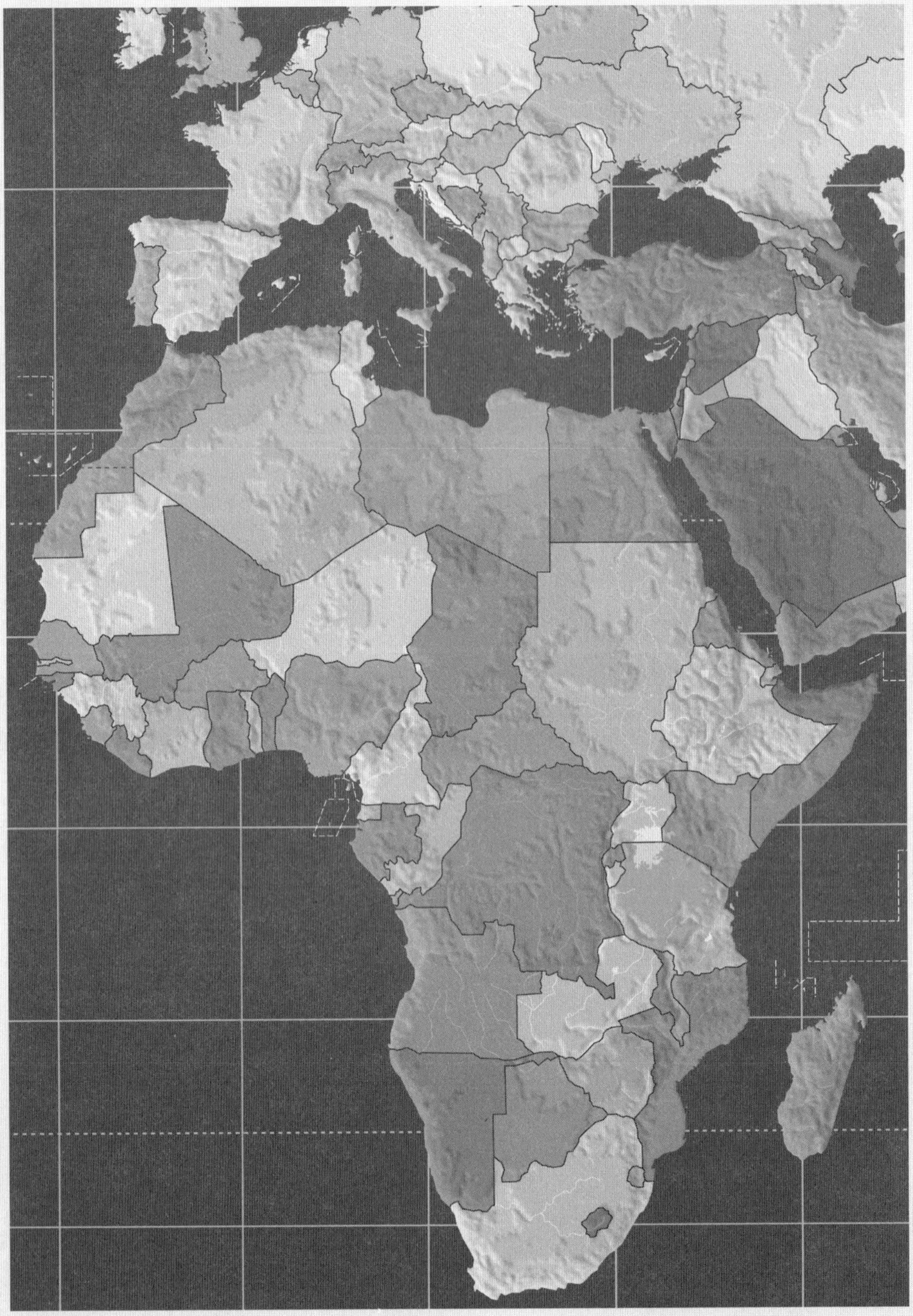

世界文化觀光

터키
TURKEY

인구 : 약 7071만명

면적 : 약 78만km^2

수도 : 앙카라

주요언어 : 터키어

종교 : 이슬람교

www.tourismturkey.org

문화와 자연환경

수십 개의 제국과 문명이 세워지고 넘어졌던 동서양의 교차지역이다. 터키 록(돌궐인)이 중앙아시아 동북부에서 시작하여 현재의 소아시아 반도에 정착하게 된 것은 서기 10세기 경이었다. 이 반도는 흑해와 에게 해, 지중해를 둘러싸인 지역으로 유럽과 아시아를 연결하는 관문이다. 이곳이 과거에는 아시아에서 서쪽으로, 유럽에서 동쪽으로 오는 문화적 교차지로서 실크로드의 종착점이기도 하다. 지금의 터키 내륙에는 낙타를 이용한 대상(隊商)들의 숙소인 캐라반 사라이가 남아있다.

터키는 기원전 1900년에 힛타이트 제국이 자리를 잡은 후 끊임없는 동서간의 세력다툼 지역이자 힘센 국가의 중심지였다. 그래서 동서양 문화와 종교적으로는 이슬람과 기독교의 교차 지역으로 오늘날 세계적인 수많은 문화유적들이 남아 있다. 터키는 인접국인 그리스·이집트와 함께 패키지 문화유적 관광코스 상품이 개발되어 많은 외국 관광객이 찾아오고 있다.

터키는 다양한 지형적 특성, 특히 해안과 평행으로 뻗은 산맥의 영향으로 지역마다 심한 기후의 차이를 보인다. 지중해지역의 기후는 일반적인 지중해성 기후와 비슷하지만, 여름에는 무덥고 건조하며 겨울에는 온난 다습하고 비가 많이 내린다. 에게해와 마르마라해 남부 역시 지중해와 비슷하나, 마르마라 해 북쪽으로 갈수록 기온이 약간 떨어지고 흑해 기후의 특성이 나타난다.

흑해 연안은 온화한 해양성 기후가 뚜렷하며, 기온의 월교차가 매우 작다. 아나톨리아 내륙지방은 여름에는 고온 건조하고 거의 비가 내리지 않으나, 겨울에는 눈이 많이 내려 한랭 다습한 전형적인 고원지대의 기후이다.

중부 아나톨리아는 봄에, 지중해 · 에게 해 · 마르마라 해 지역에서는 가을에 우기가 시작하여 봄까지 계속되며 흑해지역에서는 연중 비가 내린다.

역 사

■ 터키의 기원

기원전 2000년 중앙아시아 남부에서 기원한 터키민족의 조상은 중국 고전에 나오는 '훈'족(혹은 돌궐족)이며, 기원전 220년에 수립된 터키의 Teoman Yabgu 왕국을 중국인들은 '흉노'라고 불렀다. 터키민족은 중세기에 아랍지역을 횡단하여 서쪽으로 이동하는 과정에서 대부분이 이슬람교로 개종하고, 아랍문자를 도입하여 사용하였다.

■ 고대국가 시대

터키 국토의 대부분을 구성하고 있는 아나톨리아 반도는 유라시아 대륙을 동서남북으로 연계하는 교통과 문화의 중심 역할을 하여 왔다.

- B.C. 5000～1500년 : 청동기 시대로 도시국가 생성, 발전
- B.C. 1500～1200년 : 히타이트(Hittite) 시대
- B.C. 1200～220년 : 동부 Urartus 왕조와 서부 Phrygia 왕조가 융합, 중

부에는 히타이트 도시국가 잔존

- 4세기부터 동로마제국(비잔틴 제국) 융성

튀르크(돌궐)족은 기원전 220년 이후 수많은 국가를 이룩하였는데, 이 중에는 그 영토가 1,800만km^2 이상에 걸친 경우도 있었다. 10~11세기경 현재의 아나톨리아 반도에 정착하여, 셀주크제국을 건설하였다.

■ 오스만제국 시대(1281~1922)

오스만제국은 1281년 성립된 이후 1354년 유럽에 진출, 여러 나라를 정복하였으며, Sultan Mehmet이 1453년 콘스탄티노플(현재의 이스탄불)을 정복함으로써 오스만제국의 팽창정책은 절정기에 달했다. 16세기에는 에게해와 흑해가 오스만제국의 내해로, 이디오피아, 중앙아프리카, 예멘, 크리미아가 국경으로 되었고, 유럽의 비엔나까지 그 영토가 확장되었다.

오스만제국은 17세기부터 쇠퇴하기 시작, 1912~1913년 발칸전쟁으로 영토가 그리스의 Maritsa강 지역까지 축소되었다.

제1차 세계대전시에는 패전국인 독일 측에 가담, 1920. 8 연합국 측과 체결한 Sevre 강화조약에 의해 콘스탄티노플의 背後地와 아나톨리아 고원만을 보유하게 되어 있었으나, Mustafa Kemal의 영도로 실지회복 전쟁을 성공적으로 완수한 후 1923. 7 연합국 측과 Lausanne 조약을 체결함에 따라 현재의 영토를 보유하게 되었다.

■ 공화국시대(1923~현재)

터키공화국 수립과 케말파샤의 개혁정치 실시(1923. 10~1938. 11)

제1차 세계대전 이후 유발된 오스만제국의 분열로 인해 터키의 정치권력은 국민당 당수 케말파샤가 이끄는 민족독립운동에 귀속하게 되었다. 케말파샤는 1920. 4 임시정부를 수립하고 1920~22년 그리스와 해방전쟁으로 그리스군을 이즈밀과 트레이스반도에서 축출한 후 1922. 11 군주제를 폐지하고 1923. 10. 29 터키공화국을 선포하였다.

케말파샤는 공화국 선포 후 초대 대통령으로 추대되어(총리에는 이스멧 이뇌뉴가 임명됨) 해방전쟁에 참가한 2개의 항쟁조직을 결합하여 공화인민당을 창설하고 공화제, 민주주의, 다원주의 등 종래의 회교전통을 크게 탈피한 서구식 근대화 개혁을 수행하였다. 국가의 세속화, 즉 종교에서 탈피한 공화제실시, 이슬람식 재판 및 종교교육 폐지, 정교 분리와 여성해방, 일부다처제 금지와 서양력 채택, 라틴 철자법 도입, 산업개발 등 서구제도를 도입하였다. 세속주의를 근간으로 한 서구화정책을 추구하였다.

터키공화국은 헌법에서 명시하고 있는 바와 같이 종교와 정치를 분리하는 세속주의(Secularism)를 추구하고 있으며, 터키정치의 근간이 되는 세속주의는 오랫동안 터키사회를 지배해 온 이슬람의 영향력을 정치에서 배제하고 있다. 이슬람의 색채를 약화시키는 세속주의는 사회 각 분야의 제도를 서구화함에 따라, 터키는 이슬람국가 중에서 가장 서구화된 정치제도를 유지하고 있다.

종 교

▪ 세속주의 이슬람교

터키는 정치와 종교가 분리된 세속 국가로서 1923년 헌법에서 이를 선언한 바 있다. 터키는 헌법상 국교를 명시하고 있지는 않지만 전체 국민의 약 99%가 이슬람교 수니파이기 때문에 이슬람 국가라고 할 수 있다. 따라서 터키의 법률이나 사회기구가 이슬람 원칙을 따르고 있는 것은 아니지만 이슬람의 전통과 관행이 매우 중요시되고 있기 때문에 법의 해석 및 적용에 있어서 종교적 영향을 무시하기는 어려운 실정이다. 그러나 터키는 비수니파 교도에게도 종교의 자유를 보장하고 있는데 다만 이들은 정부의 재정 원조를 받을 수는 없다. 1924년에 제정된 최초의 공화국 헌법은 이슬람을 국교로 지정하였으나 1928년에 삽입된 헌법 수정안에 의해서 이슬람은 국교의 지위를 상실하게 되었다. 또한 1961년 개정된 헌법수정안에 의해서 이슬람은 국교의 지위를 상실하게 되었다. 또 1961년 개정된 헌법 제19조에 의해서 터기 국민이라면 누구나 종교의 자유를 누릴 수 있게 되었다.

■ 비 이슬람 종교

터키내 비 이슬람 소수민족들은 기독교인과 유태인으로 구분되는데 기독교인은 주로 그리스 정교도와 아르메니아인, 가톨릭교인으로 구성 된다. 이들은 조상 대대로 믿어왔던 종교를 신봉하며 자신들의 고유한 종교행사에 자유로이 참석할 수 있는 권리를 부여받고 있다. 이러한 소수 민족들은 그 대부분이 이스탄불 및 이즈미르 등의 대도시에 거주하고 있었는데 최근 들어서 유럽으로의 이민을 선호하고 있기 때문에 이들의 인구는 갈수록 감소하고 있는 추세이다.

전통문화 & 관습

터키는 종교 공휴일로서 쉐케르 바이람(Seker Bayram : Sweet Festival)과 쿠르반 바이람(Kurban Bayram : Sacrifice Festival)이 있으며, 매년 날짜가 다르다. 바이람 전 한 달 동안은 라마단(Ramadan)으로 일출부터 일몰시간까지 금식하는데, 가장 큰 종교축제인 바이람 기간 중에는 새 옷을 입고 친척 방문 등을 하며, 가까운 사람들에게는 카드를 보낸다. 터키인들은 친족과 가족의 유대관계를 매우 중시하고 있으며, 가족 구성원은 가장의 권위를 존중한다.

터키국민은 오스만 제국의 영광에 대해 자부심이 대단히 크며, 한국동란시 참전으로 맺은 인연으로 인하여, 한국인을 '코렐리'(Koreli)라고 부르고 우호적인 태도를 보이며, 문제발생시 적극 도와주려 한다. 전통적으로 체면과 무예를 존중하며, 매우 정열적이고 다혈질이나 서두르지 않으며, 신앙의 전사(戰士)라고 불리는 가지(Gazi)의 정신을 윤리의 주요 덕목으로 생각하고 있다.

터키인들은 민족의식이 매우 강하며, 지정학적인 특성으로 동서양의 사고방식이나 생활양식을 갖고 있다. 터키관습을 한마디로 표현하자면 정중함 그 자체이다. 심지어 터키사람들조차 문밖에서 5분 동안이나 인사하는 건 참을 수 없다고 할 정도로 예의를 중요시하며 이러한 예의 바름은 초대한 집주인을 기쁘게 해 줄 수 있을 것이다. 또한 어떠한 사람에게도 손가락으로 바로 누군가를 가르친다거나 누군가에게 신발 한 쪽을 보여주거나 공공장소에서 코를 풀거나 키스를 하거나 누군가를 끌어안는 일은 굉장히 무례한 행동이므로 주의하도록 해야 한다.

주요 음식

■ 케밥

케밥은 길다란 쇠꼬챙이에 얇게 썬 양고기나 쇠고기, 닭고기를 긴 꼬치에 꿰어서 숯불에서 돌리면서 굽는 요리로 익은 부분을 길다란 칼로 잘라낸 후 토마토, 양배추 등 여러 가지 채 썬 야채와 함께 피데에 싸 먹는답니다. 고기가 구워지면서 기름기가 쫙 빠지기 때문에 건강식으로 좋고, 간편해서 다른 나라에서도 꽤 인기를 얻고 있으며, 최근 우리나라에도 전문 체인점들이 하나 둘씩 생기고 있다. 양고기 외에도 닭고기나 생선을 넣는 등 내용물과 소스에 따라 100가지 이상의 케밥이 있다.

■ 돌마(dolma)

포도나무 잎, 양배추 잎, 피망 등의 야채 안에 각종 양념을 한 쌀이나 파스타를 넣어 만든 음식으로 그 종류가 수십 가지에 이른다.

■ 필라프(pilav)

처음 요리를 하는 사람에게는 무척 까다로울 수 있는 쌀을 이용한 음식으로 특히 기름을 섞은 흰밥인 베야즈 필라프(beyaz pilav)를 즐겨 먹는다.

주 류

■ 터키식 커피

오스만 시대부터 오늘날에 이르기까지 커피는 터키인들의 생활과 아주 밀접하게 연관되어 애용되어 왔다. 1955년 두 명의 시리아 무역업자들로 인해 처음으로 이스탄불에 소개된 커피는 17세기 중순, 술탄에게 제공되는 의식의 한 부분으로 여겨질 만큼 중요한 기호식품으로 취급되었다.

터키식 커피는 아라비아산 원두를 아주 고운 가루처럼 갈아 사용한다. 카더몬(cardamom)이라는 향신료를 커피를 갈 때 첨가하기도 하는데, 간혹 그 향신료 씨앗을 통째로 커피에 띄워 내기도 한다.

커피의 종류는 당도에 따라 설탕이 많이 첨가된 아주 단 커피부터 블랙커피까지 6단계로 나뉜다. 그러나 일단 커피가 나오고 난 다음에는 설탕을 첨가하지 않기 때문에 스푼은 같이 나오지 않는다. 커피와 함께 나오는 물로 입을 한번 행군 다음 커피는 한 모금씩 천천히 마시도록 한다. 아침식사 후를 제외하고는 아무 때나 마셔도 상관없다.

■ 차(cay)

일반인들이 커피보다 더 널리, 대중적으로 애용하는 음료이다. 일반적인 경우와는 달리 터키에서는 차를 낼 때 정교하고 작은 투명한 유리잔을 사용하는데, 이는 차가 지니고 있는 검붉은 색을 확실하게 보여줄 수 있을 뿐만 아니라 차의 온도를 오랫동안 유지하는데도 더 효과적이기 때문이다.

■ 와인

오스만제국 시대부터 생산되어 현재 세계 각국으로 수출되고 있는 터키산 포도주는 지역에 따라 약 34종의 다양한 종류로 시판되고 있다. 특히 유명한 포도주 상표로는 돌루자(Doluca)와 카박클르데레

(Kavaklidere)를 꼽을 수 있다.

■ 그외 음료류

살렙(salep)

난초 향을 첨가하여 끓인 우유로 맛이 좋을 뿐 아니라 감기치료에도 효과적이다.

보자(boza)

옥수수나 보리를 발효시켜 만든 걸쭉한 음료로 겨울 밤, 길거리의 가판대에서도 흔히 볼 수 있다. 이 음료는 시나몬을 첨가해서 구운 병아리콩과 함께 먹으면 더욱 그 맛이 좋다.

아이란(ayran)

요구르트, 물, 소금을 같이 저어서 만든 쓴 맛이 나는 음료

라키(laki)

'사자의 젖'이라고 불리는 라키는 아니스 열매향이 나는 터키의 토속주로 라키에다 물을 타면 우유빛으로 변하게 된다. 전채인 메제(meze)를 곁들여 먹는 라키는 일반적으로 얼음을 넣어 차게 해서 마시는데, 보통 한 사람에게 적당한 양은 2~4잔 정도라고 한다.

세계문화유산

■ 이스탄불 역사지구 (Historic areas of Istanbul : 문화, 1985)

발칸과 아나톨리아 사이에 위치한 보스포러스 반도에 위치한다. 이스탄불은 2000년 이상 동안 주요 정치,

종교, 예술적 사건과 관련을 맺어왔다. 고대 콘스탄틴 경기장을 비롯하여 16C 술레이만 모스크 등 유적이 현존하고 있으며 현재는 인구과잉, 산업오염, 무계획적 도시화 등으로 유적들이 위험에 처해 있다.

■ 大모스크와 디브리지 병원 (Great mosque and hospital of Divrigi : 문화, 1985)

1228~1229년경 에미르 아멧이 지붕에 2개의 돔을 씌운 기도실이 있는 모스크와 근처의 병원을 세웠다. 천장구조의 정교한 기술과 장식조각의 창조성은 이슬람 건축의 백미라고 할 수 있다.

■ 궤레메 국립공원과 카파도키아 바위유적(Goreme National Park and the Rock Sites of Cappadocia : 복합, 1985)

궤레메(Goreme)계곡의 침식으로 인한 조각지형과 바위를 깎아 들어간 신전이 장관인 곳이다. 혈거인들의 주거지, 마을, 지하도시 등은 전통적인 인간 주거형태를 나타내 주는 사례이다.

■ 트로이 고고유적지(Archaeological site of Troy : 문화, 1998)

세계에서 가장 유명한 고고학적 유적지의 하나로 1871년부터 유명한 고고학자 하인리히 슐레이만에 의해 발굴이 시작되었다. 호모의 대서사시 '일리어드'에서 묘사된 B.C. 13~B.C. 12C의 트로이에 대한 그리스의 공격은 세계의 많은 창조적 예술가에게 영감을 불러일으켰다.

축 제

■ 아스펜도스 오페라, 발레 축제 (Aspendos Opera and Ballet Festival)

이 공연에는 이스탄불 국립 오페라 & 발레단과 이즈미르 국립 오페라&발레단, 앙카라 국립 오페라 & 발레단이 참여한다. 이 공연은 인기가 높아서 매년 많은 사람들이 이 공연을 보기 위해 이곳을 찾는

다. 아스펜도스 극장은 터키에서 가장 큰 극장 중의 하나로, 앞쪽으로 지중해가 내려다보인다. 약 2만명을 수용할 수 있는 고대 극장인 안탈랴 근교의 아스펜도스 극장에서 매년 6월부터 8월 사이(주말에만 열림)에 열리는 행사이다. 베르디의 오페라 '아이다'와 '나부코', '라 트라비아타'를 비롯해 챠이코프스키의 '호두까지 인형' 등 유명한 발레가 공연된다.

■ 훨링 더비시 페스티벌(Whirling Dervishes Festival)

해마다 12월 10일에서 17일 사이에 위대한 이슬람 신비주의의 성자인 메블라나를 기념하는 훨링 더비시 페스티벌이 고대 셀주크의 수도였던 터키의 콘야(Konya)에서 펼쳐진다.

12월 17일은 메블라나 교단의 창시자인 제랄제딘 루우미가 신과의 결합을 이룬 날(사망)로, 이날을 기려 퍼포먼스와 의식으로 진행되는 터키의 가장 유명한 국제행사이다. 이 행사를 보기 위해 세계 각국에서 관광객들이 몰려든다.

남아프리카공화국
SOUTH AFRICA

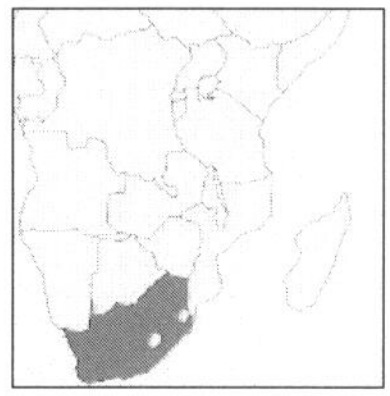

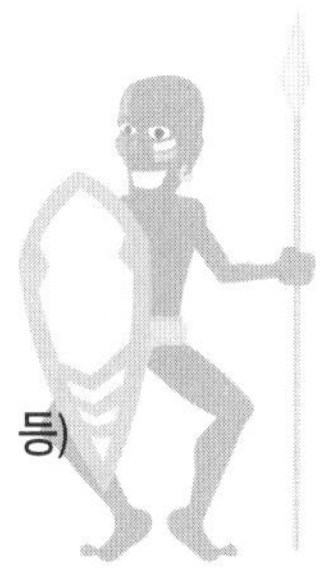

인구 : 약 4,482만명

면적 : 약 122만km^2

수도 : 프리토리아

주요언어 : 영어, 아프리칸즈어, 기타 9개 흑인 부족어(Zulu, Xhos, Sotho어 등)

종교 : 신교(65%), 가톨릭(10%), 유태교, 회교, 힌두교

www.environment.gov.za

문화와 자연환경

아프리카 최남단에 위치하지만 문화적으로는 유럽이주민에 의한 서부유럽의 게르만 민족 문화권이다.

1652년부터 네덜란드(보어인)들이 처음으로 이곳을 찾았으며 1795년에는 영국 해군이 점령을 시도하여 두차례 전쟁을 치루었다. 이를 보아 전쟁이라 하는데 결과는 영국군의 승리로 끝나 1910년 영국령 남아프리카로 영국의 지배를 받아오다 1948년 보아인 중심의 국민당이 정권을 얻어 1961년에는 영연방으로부터 탈퇴하였다.

남아프리카 공화국은 지형적으로 드라켄스버그 산맥이 중앙에 위치하여 동부산악지대와 서부 평야지대로 나누어진다.

1년은 크게 여름(11월~3월)과 겨울(6월~9월)로 나눠지며, 여름과 겨울 사이에 봄, 가을이 짧게 지속된다. 여름은 우기로 비가 많이 내리며, 겨울은 건기로서 강우량이 극히 소량에 불가하다(연평균 강우량 : 드라켄스버그지역 1,500mm로부터 칼라하리 지역의 100mm까지 분포). 지역에 따라 기후가 많이 다르나 수도권은 대체로 청량한 기후로 일조 시간이 길며 여름은 20~30℃, 겨울은 0~20℃이다. 남단

Cape Town은 지중해성 기후로서 연중 10~25℃의 쾌적한 상태를 유지하고 있으며 아열대성 기후로 동부지역이 서부보다 온난다습(연평균 기온 17도)하다.

역 사

■ 백인 정착 이전

수렵 및 채취경제를 한 부쉬맨(Bushman)족과 가축사육을 하던 호텐토트족(Khoi-khoi)이 오렌지 강까지 진출, 17세기경까지 거주하였다.

잠베지 강과 탕가니카호수 및 말라위호수 주변에 주로 거주하던 Bantu족의 선조들은 철기 및 금속문화를 보유하고 3세기경 림포포 강 이남으로 진출, 18세기 후반까지 오렌지 강 이북 및 칼라하리 동부지역 등을 포함한 남아 전역에 퍼졌으며, 동부해안까지 진출하였다.

■ 백인 이주 시작

1488년에 포르투갈의 Bartholomu Dias가 희망봉 발견을 찾은 후 네덜란드 선박이 케이프에 정박하였다. 1652년에는 네덜란드 동인도회사가 자국선박의 보급기지 및 노예, 천연자원, 귀금속 등 상품취득을 위해 케이프타운에 정박소를 설립, 이것이 최초의 백인 거주로 기록된다. 네덜란드인 및 종교적 박해를 피해 이주해 온 백인들은 스스로를 보어(Boer)인이라 불렀으며, 이들은 케이프타운 주변으로부터 내륙으로 이주하기 시작했다.

18세기경에는 동부해안으로 진출한 보어인들과 Great Fish강 근처에서 동케이프 지역으로 진출하던 반투족의 충돌이 시작되어 약 100년간의 분쟁 끝에 19세기 후반 반투족은 백인에게 굴복하게 된다.

■ 영국의 진출

1806년에 영국은 케이프타운을 다시 점령하였으며 1814년 정식으로 영국령 케이프로 편입하고 1820년부터 이민을 시작하여 보어인을 내륙오지로 몰아 넣게 되었으며 이로 인해 영국인과 보어인 간에 관계가 악화된다.

■ 남아연방의 수립

1909년에 영국의회는 남아프리카 법(South Africa Act)을 통과시켜 마침내 오렌지 자치국, 트란스발 공화국, Cape Province, Natal등 4개 주로 된 남아프리카 연방을 수립하고 영연방 내의 자치정부라는 지위를 갖도록 하고 1910년 영연방국가로 독립한다.

그 후 국내적으로 심한 정치적 혼란과 흑백 차별 문제가 많았으나 드디어 1994년 최초의 흑백 다 인종 자유총선이 실시되고 ANC가 63%의 지지로 승리, 320여 년간의 인종차별에 의한 백인정권이 종말을 고하고 1994. 5. 10 ANC 만델라 의장을 대통령으로 하는 흑인다수정부(사실상 흑백연합정부)가 수립되었다.

종 교

기독교 68%, 무슬림 2%, 힌두교 1.5%(인디언의 60%), 전통종교와 정령신앙(animists) 28.5%로 구성되어 있다.

최대 종교는 독립적인 아프리카 그리스도교회인데 신자의 규모는 소집단에서 수백만에 이르기까지 다양하다. 기성 그리스도교 종파 가운데 감리교, 로마 가톨릭교, 성공회, 네덜란드 개혁교회가 여러 인종의 신도를 가장 많이 거느리고 있다. 기타 주요 종교로는 인도인 신자가 대부분인 힌두교와 많은 인도인과 말레인들이 신봉하는 이슬람교, 그리고 소수의 백인이 신봉하는 유대교가 있다.

전통 문화 & 관습

국민성은 대체로 보수적, 배타적이고 인종적 편견이 심한 경우도 있으며 시간이나 약속을 잘 지키지 않는 경우가 많다. 반면에 친절하고 정이 많다. 흑인들은 절대 빈곤층이며 문맹률, 실업률이 극히 높다. 흑인들의 전통적인 생활과 도시생활의 차이점은 백인사회의 그것보다 심각하다. 시골지역에 살고 있는 대부분의 흑인들은 어느 정도 전통적인 가치관을 가지고 있으며 집단의 중요성이 강조되고 개인주의는 서구사회에서처럼 가치 있는 것이 아니다.

최근 흑인 부족사회의 가장 큰 이슈는 일부다처제와 신부 값이다. 과거에는 수많은 전쟁 등으로 인한 성비 불균형으로 일부다처제가 타당성이 있었지만, 오늘날에는 상황이 달라져서 단혼제가 일반적인 추세이다. 신부 값도 현재 일부 전통부족들 사이에는 아직까지 존재하고 있지만 급격한 도시화로 인해 점차 사라지고 있는 추세이다.

주요 음식

■ 야생동물로 만든 별미

100여 년에 걸친 혁신적인 야생동물 관리경험을 바탕으로 야생동물에 관한 한 세계 최고가 된 남아공에는 다른 곳에서는 경험할 수 없는 특별한 야생동물 요리를 맛 볼 수 있다. 악어 스테이크, 타조 스튜, 엘란 또는 영양요리 등이 미각을 섬세하고 맛있는 이국적인 정취로 물들인다.

■ 케이프 해산물 부케

건강을 챙기는 미식가들을 위한 깨끗한 근해와 두 대양이 있어 해산물요리를 즐기는 사람은 선택의 자유를 만끽할 수 있다. 전복에서부터 바다가재, 왕새우, 조개에 이르기까지 신선한 맛의 진미를 경험할 수 있다.

■ 킹클립(Kingklip)

남아공 사람들만큼 킹클립(남반구의 다른 지역에서는 콩그리오나

링 또는 로클링이라고 불린다)을 많이 즐기는 나라도 없을 것이다. 먹음직한 조각으로 분리되는 살이 꽉 들어찬 생선으로 양념이 잘 배며 해산물의 참맛을 보여주는 요리이다.

■ 크런치, 페퍼민트 크리스프, 프레이크스, 키트케츠 (Crunchies, Peppermint Crisps, Flakes, Kit Kats)

남아공은 엄청난 양의 초콜릿바를 수출한다. 한 번 위의 제품을 맛보면 왜 해외에 거주하고 있는 남아공 사람들에게 소포를 부칠 때 이것들 중 한두 가지를 넣어 보내는지 이해할 수 있다. 이 초콜릿바들은 전국의 슈퍼마켓과 편의점 어디에서나 구할 수 있고 좋은 선물도 된다.

■ 난도스(Nando's)

건강에도 좋을 뿐만 아니라 맛도 뛰어난 패스트푸드이다. 난도스는 포르투갈과 남아공 풍으로 불에 구운 닭고기 프랜차이즈로써 난도스 레스토랑은 포르투갈, 호주, 뉴질랜드에서 크게 번창하고 있으며 그 수가 증가하고 있다. 남아공의 명물 페리페리 치킨으로 만든 난도스는 마리네이드에 절여서 칠리(고추), 마늘, 신선한 레몬 주스, 허브, 후추를 넣어 만든 소스로 양념하여 구워서 단백한 닭고기를 매콤하게 해준다.

■ 빌통(Biltong)과 보러워즈(Boerewors)

남아공의 대표적인 식품이라 할 수 있다. 사람들은 냉장고가 있기 전에는 사냥으로 잡은 고기 중 남은 고기를 보관하기 위하여 소금, 후추, 고수풀, 식초, 초석을 넣어 문지른 다음 밖에 걸어 말렸다. 이런 방법으로 만들어진 고기는 건조한 곳에 보관하는 한 무한정 저장할 수 있었다. 보러워즈는 농부들의 소시지로 확고한 자리매김을 하고 있으며 감겨진 리본 형태로 판매되고 있다. 고기는 향긋하며 석탄 브라이나 프라이팬에 넣으면 고수풀의 향과 어우러져 지글거리며 잘 튀겨진다.

■ 밀리(Mielies)와 팝(Pap)

메이즈라 불리는 옥수수는 오래 전부터 남아공 요리에서 기본적인 재료였다. 메이즈는 야외에서 볶은 다음 곱게 갈아서 남아공 사람들이 좋아하는 옥수수 죽을 만든다. 아침 식사에 사워밀크와 설탕을 곁들이거나 고기에 토마토와 양파로 만든 소스를 얹어서 먹는 이 음식은 국보급 음식이라 할 수 있다.

■ 사모사(Samoosas)

삼각형으로 된 향긋하고 맛있는 이 패스트리는 인디안계 남아공 사람들이 맛의 세계에 소개한 음식이다. 사모사의 속재료로는 다진 고기에 칠리를 넣거나 야채를 향긋하게 혼합해서 만든다.

주 류

■ 리퀴후르트와 세레스(Liquifruit and Ceres)

100% 과일주스로 찾는 사람이 많아서 뉴욕, 파리와 베이징에서 많은 주문을 받고 있다. 현재 중국에서도 이 주스가 생산되고 있다. 무방부제, 무설탕으로 진짜 과일 맛을 내는 건강에 좋은 과일주스를 만드는데 중점을 두고 있다.

■ 애플타이저와 그레이프타이저(Appletizer and Grapetizer)

역시 100% 순수 과일주스에 기포와 거품을 내기위해 탄산가스를 가미한 음료이다. 외식할 때 와인을 대체할 수 있는 훌륭한 음료이기도 하다.

■ 록셴디(Rock Shandy)

운동선수들의 갈증 해소 음료지만 레스토랑에서도 인기가 많은 음료다. 클럽소다, 탄산 레모네이드, 앙고스투라(나무) 껍질로 쓴맛을 내고 얼음과 레몬 한 조각을 혼합하여 만든 음료이다.

세계문화유산

■ 성 루시아 습지공원 (Greater St. Lucia Wetland Park : 자연, 1999)

줄룰란드(Zululand) 동쪽 끝에 있는 공원으로 남아프리카공화국 3대 도시의 하나인 더반에서 버스로 4시간 거리에 위치한다. 세인트루시아호를 중심으로 인도양을 따라 남북 80km에 걸쳐 있다. 넓이는 2,345.6km^{2}이다. 폴스만공원(False Bay Park)과 세인트루시아공원(St. Lucia Park) 등 모두 13개 지역으로 이루어져 있다.

각 지역은 1935년부터 1997년까지 각각 자연보호구역으로 지정되었으며, 이를 통합하여 1999년에 유네스코 세계문화유산으로 지정되었다. 연간 100만명의 관광객이 찾는 세계적인 명소이다.

■ 로벤섬(Robben Inland : 문화, 1999)

17~20세기까지 병원·군사기지, 최고의 보안장치를 갖춘 감옥 등으로 사용하였다. 이곳에 세워진 건물들은 남아프리카공화국의 암울한 역사, 압제에 대한 민주주의와 자유의 승리를 상징적으로 보여준다.

이 섬은 케이프타운에서 배로 30~40분 정도 걸리며 길이 4.5km,

너비1.5km의 직사각 모양이다. 돌섬으로서 곳곳에 타조와 키 작은 아프리카펭귄들이 서식하고 있으며 500여년 동안 백인에게 저항하는 흑인들의 유배지가 되었다.

17세기 초에는 앙골라 · 서부아프리카에서 잡아온 흑인노예들을 가두어두는 장소로 썼고, 19세기 초 영국의 식민지가 된 뒤에는 식민통치에 저항하는 흑인 추장들을 감금하였다. 1960년대부터는 감옥을 세워 백인통치와 아파르트헤이트에 반대하는 넬슨 만델라(Nelson Mandela) 등의 흑인지도자들을 가두어 노역시켰다.

■ 스텍폰테인, 스와트크란, 그롬드라이 화석 호미니드 지역 (Fossil Hominid Sites of Sterkfontein, Swartkrans, Kromdraai : 문화, 1999)

오스트랄로피테쿠스의 화석이 무더기로 발견된 곳으로 오스트랄로피테쿠스는 알다시피 인간의 처음 조상이라고 할 수 있다. 이 화석 발견으로 아프리카가 우리의 고향이라는 것을 알게 해주었다. 무려 3백 5십만 년 전으로 거슬러 올라간 것이라고 한다. 1947년에 완전한 두개골이 발견되었다. 이러해서 인류의 첫 조상은 오스트랄로피테쿠스로 밝혀지게 됐다.

■ 우카람바 / 드라켄스버그 공원(Ukhahlamba / Drakensberg Park : 복합, 2000)

이곳은 자연이 만들어낸 모든 것을 볼 수 있는 곳이다. 게다가 고대의 동굴 벽화가 있는 곳이기도 하다.

우카람바/드라켄스버그 공원에는 그것의 급상승하는 현무암 부벽, 예리한 극

적인 삭감, 및 황금 사암 누벽등 훌륭한 자연적인 아름다움이 있다. 고도의 목초지는 강 골짜기를 아름답게 해주고 바위 같은 협곡은 또 다른 아름다움에 공헌하고 있다.

이곳은 동물 서식지 또한 다양해서 세계적으로 멸종위기 동물과 새 및 식물을 보호하고 있다. 이곳에는 4천년 전 사람이 살았던 많은 굴 바위대피소를 포함한다. 바위 회하는 주제가 다양하고 동물과 인간의 묘사가 훌륭하다.

■ 마푼구베 문화경관
(Mapungubwe Cultural Landscape : 문화 ii, iii, iv, v, 2003)

이곳은 2개의 언덕이 가운데에 골짜기에 의하여 분리 되어진다. 1932년 그란 이란 농부가 이 언덕정상에서 도기와 금으로 만든 장식물 을 발견하게 된다. 특히 금이나 나무로 만든 코뿔소 및 코끼리 조각물은 그 당시에 남아프리카인들의 금 제련의 기술을 알 수 있게 하며 또한 부유층이 있었다는 것 역시 알게 된다. 후에 프리토리아의 대학에 보고되어지면서 극비에 이곳을 발굴하기 시작하였다. 그리고 처음으로 흑인들에게도 왕국이 있었다는 것을 알아내게 되었으며, 이것은 그 당시의 인종차별 즉 흑인은 항상 원주민 상태로만 남아있었다는 기록을 뒤엎게 되었다.

이벤트 & 축제

■ 북해 재즈 페스티벌-케이프타운

네덜란드 헤이그에서 열리는 '북해재즈 페스티벌'과 함께 열리는 재즈 페스티벌로 큰 성공을 거두고 있는 '남아공 북해재즈페스티벌'은 매년 4월 케이프타운 도심에서 열린다. 재즈 페스티벌에는 항상 세계적으로 명성을 얻고 있는 아프리카 스타들과 남아공의 스타들이 대거 참석하여 전통 재즈는 물론 현대 재즈, 아프리카의 재즈와 실험 재즈음악을 연주한다. 재즈를 사랑하는 사람들의 축제인 재즈 페스티벌은 이틀 동안 계속되며 4개 무대에서 40회가 넘는 공연이 진행된다.

■ 클레인카루 쿤스테피스(Klein Karoo Kunste Fees)

클레인카루 쿤스트피스(Klein Karoo Kunste Fees)는 아프리칸스 문화와 언어의 모든 면을 축하하기 위해 매년 열리는 축제이다. 이 축제를 후원하는 사람들은 매년 4월이면 자신들이 경험하게 될 아프리칸스 음악, 공연, 시 등의 문화활동을 기대한다. 물론 여기에 덧붙여 아프리칸스 전통음식인 브레코스(boere-kos)도 함께 즐길 수 있다. 매년 오우츠후른(Oudtshoorn)에서 열리는 이 축제는 아프리칸스 음악가들이 자신을 알리는 좋은 기회가 되고 있다.

■ 오피코피(Oppi Koppi)

오피코피(Oppi Koppi)축제는 단순한 록페스티벌을 넘어서 남아공에서 창작된 모든 음악을 보여주는 장이자 이제는 세계 스타들도 참여하는 축제로까지 발전했다. 오피코피(Oppi Koppi) 축제에서 남아공 내의 음악적 다양성을 확인할 수 있다.

■ **우드스톡(Woodstock)**

얼터너티브 록페스티벌은 남아공 최고의 얼터너티브 밴드, 펑크 밴드, 메탈 밴드가 소개되는 장인 동시에 스케이트보드, BMX, 모터크로스 등의 익스트림 스포츠가 소개되는 축제이기도 하다.

■ **스플래시펜(Splashy Fen)**

콰줄루나탈(Kwa Zulu Natal)에서 열리는 음악축제로 포크음악, 어쿠스틱 음악, 팝 음악을 아우르는 축제이다. 스플래시펜 역시 오랜 기간 동안 계속된 권위 있는 축제로 멋진 풍경을 자랑하는 드라켄스버그 산에서 매년 4월에 열린다. 다른 축제보다 가족중심적인 성격이 강한 페스티벌로서 조용하고 어쿠스틱한 음악을 사랑하는 사람들이 선호하는 축제이다. 또한 음악과 함께 멋진 경치를 즐기거나 자연 속을 거닐 수도 있다.

세계문화관광

제7장 ...

아메리카

- 미　국 / United States of America
- 캐나다 / CANADA
- 멕시코 / MEXICO
- 페　루 / PERU

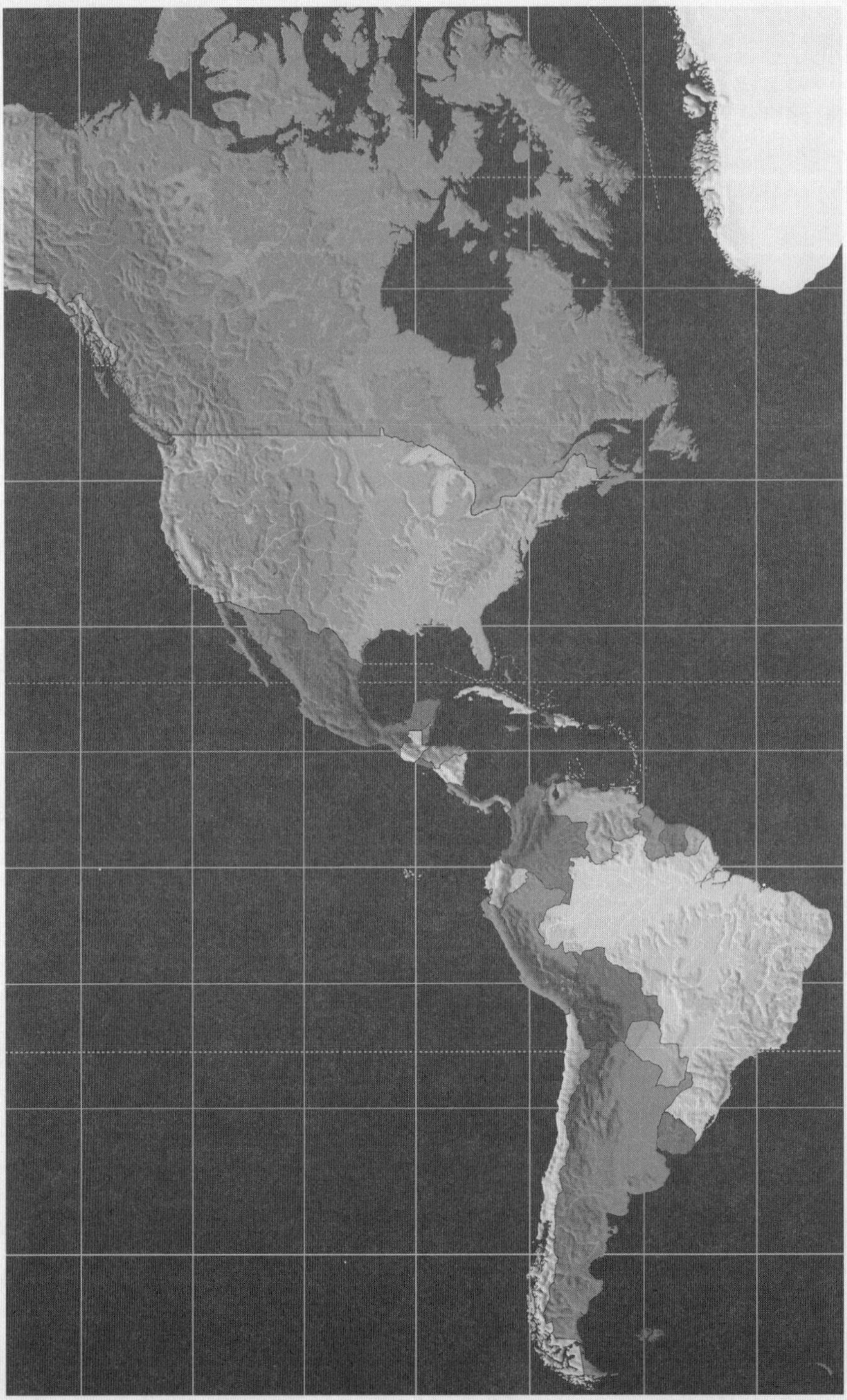

世界文化觀光

미국
United States of America

인구 : 약 2억 9,400만명

면적 : 약 963만km^2

수도 : 워싱턴

주요언어 : 영어

종교 : 개신교 · 가톨릭 · 유대교

www.city.net

문화와 자연환경

세계 각국의 인종과 민족이 모인 복합민족 국가이다.

1492년 콜럼버스가 아메리카 대륙에 상륙할 때는 여러 인디언 부족이 살았으나 1500년대부터 스페인 · 네덜란드 · 프랑스 · 영국 국민들의 이주가 계속되었다.

미국은 각 국의 이민자로 구성되었으나 백인계가 전 인구의 80% 이상이고 그 중 영국계가 30%를 넘고 있다. 흑인 인구는 15%를 차지하는데 초기 면화 재배 등 노동력을 확보하고자 아프리카에서 강제로 이주 시켰다. 1861년 노예 해방이후 현재는 법적으로 백인과 동등한 권리를 인정받고 있다.

미국은 200년이 조금 넘는 짧은 역사 속에서 오늘날 세계 최대의 부강국이 되었다. 개척이민들의 프론티어 정신, 평등과 자유애, 그리고 풍부한 자원이 밑거름이 되어 정치 · 경제 · 군사 · 과학 등 거의 전 분야에서 절대적인 영향력을 세계도처에 행사하고 있다.

미국의 영토는 50개주에 본토만 9백36만km^2에 이르고 있다. 서부는 로키산맥으로 높은 지형을 이루고 동부는 길이 6300km의 미시시피강을 중심으로 대평원이 펼쳐져 밀 · 옥수수 · 면화 등 세계적 곡창지대가 바로 이곳이다.

미국서부 캘리포니아, 오레곤, 워싱턴 주 등 서부 태평양 연안지역은 지중해성 기후로 일년 내내 따뜻하며 겨울에는 비가 자주 내리지만, 여름에는 거의 오지 않는 것이 특징이다. 뉴욕, 보스톤, 필라델피아 등 대도시가 밀집해 있는 북동부 지역은 습도가 높은 대륙성 기후지역으로 봄, 가을이 짧고 여름은 더우며 겨울에는 눈이 많고 춥다.

애리조나, 뉴멕시코 등 서남부지역은 1년 내내 비가 거의 오지 않고 건조하며 낮과 밤의 일교차가 큰 사막지역이다. 텍사스, 플로리다, 조지아 주를 비롯한 동남부 지역은 습도가 높고 일년 내내 비가 많이 오는 지역이다.

열대성 기후인 하와이는 따뜻한 날씨와 강우량이 높은 지역이고, 태평양 해안지역과 그 외 바다에 근접한 알래스카는 길고 추운 겨울과 짧고 시원한 여름으로 유명하다. 남부지역에는 무더운 여름이 오래 지속되며 겨울이 춥지 않다. 중서부 지역은 따뜻한 여름과 눈이 내리는 겨울을 즐길 수 있다.

역 사

미국이 이른바 서양사에 등장하기 시작한 것은 1492년 세계일주를 하다가 카리브해의 히스파놀라(Hispaniola)라는 섬에 콜럼버스가 상륙할 때부터다. 콜럼버스는 그곳이 인도 부근이라고 착각했고 원주민들을 '인디언'이라 부르기 시작했다.

▪ 식민지시대

콜럼버스 이후 많은 유럽인들이 일확천금을 노리며 아메리카대륙으로 속속 이주했지만 대부분 실패하고 말았다. 이들 다음의 두 번째 이주민들이 목적은 '식민화'였다. 유럽에서 '신세계'를 향한 열정이 가장 컸던 국가는 영국으로, 스페인과 프랑스에 뒤를 이어 1607년 제임스타운(Jamestown)에 첫 번째 식민지를 설립했다. 노동력이 부족해지자 이들은 곧 노예무역의 수익성을 깨닫게 되고, 1619년 처음으로 흑인노예들이 수입되기 시작했다.

영국인들이 모두 부를 좇아 신대륙에 온 것만은 아니었다. 1620년 메이플라워(Mayflower)호로 도착한 청교도(Pilgrim)들은 종교의 자유를 찾아 신대륙으로 몰려들었다. 영국왕실은 이들 청교도들을 무시해 왔으나, 18세기 초 이들에게서 세금을 받기로 결정한 이후, 총독을 파견해 왔다.

■ 독립전쟁과 미합중국의 탄생

18세기 초가 되자 신대륙에는 더 많은 사람들이 이주했다. 그들이 자리를 잡고 밖으로 퍼져 나가서 경작할 땅을 찾게 됨에 따라 영국 식민통치는 점점 번창해 갔다. 1756~1763년의 7년전쟁에서 프랑스 인디언 동맹과 싸워 승리를 거둔 영국은 프랑스령이던 캐나다를 인도받았다.

그러나 영국의 승리에는 엄청난 양의 부채가 뒤따랐다. 안전을 지켜 주었다는 명목으로 영국정부는 식민지에 그 부담을 지우기로 하고 1760~1770년대초까지 갖가지 세금을 부과했다. 이에 식민지인들은 '대표 없이는 세금도 없다'는 납세거부운동을 곧 일으켰지만, 영국정부는 세금을 더 많이 매기는 무관심으로 대응했다.

식민지사람들이 1774년 12월 선박 몇 대분의 차를 항구에 던져 버린 '보스턴 티파티(tea Party)사건'이 폭발하자, 영국은 즉시 강경한 보복조치를 취했다. 곧 이어 독립전쟁에 돌입하게 되었고, 1776년 7월 4일 대륙회의에서는 13개 주가 영국식민통치로부터의 독립선언을 공식적으로 발표해 미합중국이 탄생했다. 조지 워싱턴이 이끈 독립군은 세계최강의 군대였던 영국군과 오랜 동안 싸운 끝에 승리를 거두어, 1783년 파리강화조약에서 국제적인 승인을 받았다. 이 조약에서 미시시피강부터 동쪽의 토지가 미국 영토가 되고 워싱턴은 초대대통령이 되었다.

1787년까지는 독립된 13개 주들이 한연방에 소속되었지만, 연방 자체가 불안정했으므로 필라델피아에서 헌법제정회의가 구성되었다.

■ 영토확장과 서부개척

미국 최초의 13개 주들이 안정되고 단결되자 국토는 서쪽으로 뻗어나가기 시작했다. 1803년 현재 미국영토의 1/4을 차지하는 루이지애나 지방을 프랑스로부터 1에이커당 3¢라는 싼 값에 사들였다. 이 지역에 대한 호기심과 모피무역에 대한 열정으로 탐험가들은 서쪽으로 향해 마침내 서해안에 도착을 했다.

이후 사람들은 값싸고 비옥한 땅과 새로운 인생을 찾아서 서쪽으로 꼬리를 물고 이주를 시작했다. 이들 서부이주자들과 멕시코 정부간의 갈등은 전쟁으로까지 발전되어, 멕시코가 텍사스와 미국 남서부의 방대한 땅을 헐값에 파는 것으로 마무리되어, 미국의 영토는 더 넓어졌다.

1848년 캘리포니아에서 금이 발견되고, 골드러시시대로 돌입하자 많은 사람들이 서부로 이동했다. 결과적으로 골드러시는 단기간에 동부의 사람들을 서부로 끌어 들여 서해안 발전에 큰 요인이 되었다.

■ 남북전쟁

급속하게 영토가 확장되면서 국내에는 분열문제가 생겼다. 바로 노예제도문제였다. 산업화가 진전된 북부에서는 많은 지역이 18세기 중반까지 노예의 독립을 보장해 주고, 노예제도 자체를 폐지하자는 주장이 높았다. 반면 남부는 노예제도에 기반을 둔 농업경제를 고수했다

1860년 노예제도를 반대하는 링컨이 대통령에 선출되고, 곧이어 남부의 11개주들은 연방을 탈퇴해 미국연방이라는 새로운 동맹을 조직했다. 1863년 1월 링컨은 남부노예의 해방을 선언했으나, 사우스캐롤라이나주에서 전쟁의 도화선이 당겨지고 1861~1865년까지 4년간

전쟁은 계속되었다. 1865년 북부의 승리로 미국의 통일은 실현되었지만, 남북전쟁은 독립전쟁에서 베트남전에 이르기까지 미국이 치른 그 어떤 전쟁보다도 사상자를 많이 남긴(북군 36만명, 남군 26만명) 참혹한 전쟁으로 기록되었다.

■ 자본주의국가로서의 발전

남북전쟁 후 단일국가로서의 통일이 이루어지고 또 대륙횡단철도의 완성에 의해 광대한 국내의 교통이 정비되자 이후 미국은 괄목할 만큼 산업성장과 기술혁명을 이루어냈다. 벨의 전화발명이나 에디슨의 전등, 축음기, 영화 등의 대발명의 시대가 있었고, 카네기와 록펠러와 같은 사회진화론자들의 투자에 힘입어 미국경제는 번창했다. 영토의 확장에도 힘을 써 1867년에는 하와이를 병합하고 그해에 스페인 전쟁에 승리해 필리핀과 괌을 병합하면서 국가영향력을 키워갔다. 19세기가 되자 '자유시장' 원칙에 따른 자본주의는 그 자신의 무게에 눌려 무너지기 시작하면서 1870년대, 1890년대, 그리고 가장 큰 1930년대의 대공황을 파생시켰다. 그럼에도 불구하고 이시기에 파급된 거품경제는 20세기 초 미국을 '황금시대'라고 부를 만한 것이었다.

제1차 세계대전에는 연합국에 참전했으나 거의 전화를 입지 않고 전쟁은 끝났다. 그 이후 10여년간은 미국사회가 변화의 물결에 휩싸였던 시대였다.

■ 냉전과 프론티어 시대

유럽과 일본이 전쟁에 의해 황폐해짐에 따라 미국은 전후 국내외적으로 경제발전을 이룩해서 세계최강의 경제력과 군사력을 갖추게 되었다. 동시에 옛 소련의 성장에 지나친 경계를 하게 되었다. 공산주의 에 대한 혐오는 1917년 러시아 혁명 이후 생겼지만, 한국전쟁과 베트남전에 미국이 참전함으로써 발발된 이른바 냉전시대에는 더욱 극심했다. 제2차 세계대전 이후에는 미국과 소련의 핵무기의 비축으로 긴장은 고조되어, 소련이 쿠바에 미사일을 배치함으로써 세계를 전쟁 직전의 벼랑으로 몰아갈 상황은 최고조에 달했다.

핵문제를 제외하면, 1950년대 초의 미국은 국내적으로는 대통령이 만들어 낸 낙관론의 시대였다. 케네디 대통령은 기술을 개발도상국들에게 전달해 주기도 하고, 나사(NASA)는 미국인을 달에 착륙시켰으며, 뉴 프론티어 정책으로 가난과 인종차별주의가 다소나마 해소되기도 했다.

■ 최근

1960년대 말은 사회적 혼란기로, 베트남전 개입과 흑인차별을 반대하는 격렬한 인권운동과 시위가 이어졌다. 1960년대의 극적인 사회변화에 대해 가장 혐오감을 나타낸 세대는 1970년대 말과 1980년대의 젊은이들이었다. 대학교정은 조용해지고 보수적이 되었으며, 물질만능주의와 소비주의가 부활했다.

1980년대에는 로널드 레이건이 대통령에 선출되어 보수주의를 표방하는 정치를 선언했고, 1988년 당시 부통령이었던 조지부시가 대통령이 되자 보수주의는 정점을 이룬다. 그러나 1990년대의 새로운 시대가 열려 낙태 · AIDS · 환경 · 여권 · 동성연애 · 주택정책 · 인종차별 등에 대한 새로운 변화를 선언하는 운동들이 다시 활발히 시작되고 있다.

종 교

미국에서 정기적으로 교회에 가는 인구는 약 40% 이하이다. 그럼에도 불구하고 미국인들은 근본적으로 종교적 국민이라고 말할 수 있다. 비록 40%만 교회에 정기적으로 다닌다 하더라도 미국인 90%는 신을 믿고, 70%는 종교단체에 자발적으로 가입하고 있기 때문이다.

미국 내에는 약 200 종류가 넘는 종교 교단들이 존재한다. 작은 사교집단 같은 종교단체까지 합친다면 그 숫자는 1,200개도 넘을 정도로 늘어난다. 이 등록된 종교단체들 중에서 가장 큰 신도수를 갖고 있는 교단은 가톨릭교회이다. 그것은 가톨릭은 로마교황을 중점으로 해서 단일교단을 형성하기 때문이다. 그 다음에 큰 교단은 침례교회이고, 뒤를 이어 감리교, 장로교, 유태교, 루터교, 오순절교의 순서를 나타내는데, 이들 중 개신교회 들을 합치면 개신교도의 숫자는 압도적이다. 각 개신교단들은 나름대로의 독특한 교리와 조직을 갖고 독립적으로 운영되고 있으나, 그들에게는 복음주의적이라는 기본적 공통성이 있어서, 복음주의적 개신교는 미국에 종교적 일체감을 주는 기본 틀을 이룬다고 볼 수 있다.

주요 음식

맥도날드와 같은 패스트푸드가 유명하지만 미국에도 자연과 역사의 영향에 의한 전통적인 음식이 발달해 왔다.

초기에는 토착민인 인디언의 영향으로 멕시코와 마찬가지로 옥수수를 많이 사용했다. 그냥 먹는 것 외에도 옥수수 가루로 쑨 죽, 빵 등을 만들었고, 이외에 콩, 호박이 중요한 재료가 되었다. 그리고 노예로 데려온 아프리카인들은 여러 가지 곡물의 씨앗을 가져와 식탁을 더욱 풍성하게 하는데 일조했으며, 잡은 고기를 바베큐로 조리하는 방법, 연기에 그을려 훈제하는 방법을 알려주었다.

그리고 빼놓을 수 없는 것이 케이준 요리인데 이 말은 우리에게도 상당히 친숙하게 들린다. 1620년대에 캐나다의 아카디아(현재의 노바 스코티아)에 이주해와서 살던 프랑스인들이 1755년 이곳을 점령한 영국인들에 의해서 미국 남부의 루이지애나로 강제 이주되었는데, 그곳에서 프랑스인들이 발전시킨 요리가 바로 케이준이다. 케이준 요리는 그들의 고향인 프랑스와 새로운 지방에서의 요리법이 합쳐진 형태가 주가 되고 인디언과 스페인의 영향도 더해져서 형성되었다. 이들은 갑자기 쫓겨왔기 때문에 처음에는 상당히 궁핍한 생활을 했다. 그래서 구하기 어려운 버터 대신 돼지의 지방을 쓰고, 고기는 날짐승이나 물고기를 잡아서 보충했는데, 이것들을 한 냄비에 몰아넣고 조리를 했다. 당연히 고향인 프랑스식의 예쁘고 우아한 요리보다는 좀 거칠고 양으로 승부하며, 거친 재료의 맛을 보완하기 위해 양념을 많이 쓰는 요리가 된 것이다. 이 양념믹스인 케이준 스파이스의 매콤한 맛 때문에 우리나라 사람들 입맛에도 잘 맞아서 패밀리 레스토랑의 인기메뉴가 되어 있기도 하다. 대표적인 케이준 요리로는 여러 가지 야채와 닭고기, 햄 등을 넣고 만든 볶음밥인 잠발라야와 역시 여러 가지 재료를 넣고 만드는 되직한 스튜 검보가 있다.

인접한 멕시코의 영향을 받아 만들어진 요리로 텍스-멕스가 있다. 이것은 멕시코와 인접한 텍사스 지역에서 발달하게 된 것으로, 옥수수로 만든 또띨라, 또띨라에 여러 가지 재료를 얹어 만든 타코 등 멕시코 요리와 다른 점이 없어 보이지만, 원래 요리보다 고추를 덜 사용해서 상당히 매운 맛을 많이 약화시킨 반면 재료의 원맛을 많이 살려 원래의 맛을 많이 바꾸었다. 그리고 또띨라에 볶은 밥을 넣고 말아서 만드는 부리또는 멕시코의 재료로 미국에서 자체 개발해낸 요리이다.

전통 문화 & 관습

서로 모르는 남성이 소개를 할 경우 미국에서는 우선 자기 이름을 대면서 악수한다. 이때 우리나라 사람은 악수하면서 허리를 굽히기 쉬운데 그들은 악수만으로 족하다. 우리나라 사람들은 명함을 건네면서 자기 이름을 말하는데 미국에서는 우리나라처럼 명함을 건네는 일이 습관이 되어 있지 않으므로 상대방으로부터 명함을 건네받는 것은 별로 기대할 수 없다. 이때 상대방이 남성일 경우는 바로 악수하지만, 상대방이 여성일 경우는 저쪽이 먼저 악수를 청하지 않는 한 이쪽에서 악수를 하지 않는다. 또 여성은 의자에 앉은 채 인사를 해도 무방하다.

식사를 초대받을 경우 특히 신경을 써야 하는 것은 수프나 커피를 마실 때 소리를 내지 않는 일이다. 식사중에는 함부로 자리에서 일어서지 않는 것이 관습이다. 미국에서는 식사가 하나의 사교장이며 식사를 하면서 많은 얘기를 나눈다. 우리나라 사람은 묵묵히 식사만 하기 쉬운데 되도록이면 얘기에 참여 하도록 해야 한다. 또한 식사중이나 식후에 초대해준 사람에게 식사가 맛있었다고 칭찬해 주어야 한다.

미국은 레이디 퍼스트의 나라로 인식하고 행동하면 잘못이 없다. 엘리베이터, 버스, 택시의 승차시는 반드시 여성이 우선해야 하고 또 레스토랑에 들어갈 때도 남성은 반드시 도어를 열어 여성을 먼저 들여보내고 자기는 나중에 들어간다.

세계문화유산

■ **그랜드 캐년(Grand Canyon National Park : 자연, 1979)**

미국 애리조나주의 북부에 있는 거대한 협곡이다. 길이 350 km(리틀콜로라도강의 합류점에서 미드호까지)에 너비 6~30km, 깊이 약 1,600m로 세계적으로 유명한 이 협곡은 콜로라도강(江)이 콜로라도 고원을 가로질러 흐르는 곳에 형성되었다. 계곡 벽에는 많은 단구가 계단 모양을 이루며, 계곡 저지에는 콜로라도강이 곡류한다. 그랜드캐니언의 상·하류에도 협곡이 이어진다. 원래 콜로라도강이 흐르던 곳에 콜로라도 고원의 일부가 융기하여 깊이 약 1,600m의 협곡이 생긴 것인데, 계곡벽에는 시생대 이후 7억년 동안의 많은 지층이 나타난다. 지층의 빛깔은 여러 가지이나 적색 또는 주황색이 많다. 협곡의 북쪽은 카이바브 고원이고 남쪽은 코코니노 고원인데, 이들 고원은 평탄하다.

반건조지역이기 때문에 계곡 벽에는 수목이 간간이 있을 뿐이지만, 고원에는 수목이 무성하다. 그랜드캐니언의 단구에는 하바수파이 인디언 보호지구가 있으며, 소규모의 농경이 이루어진다. 고원에는 나바호 · 카이바브 · 후아르파이 등 인디언 부족의 보호지구가 있다. 그랜드캐니언의 중심부는 1919년 국립공원(면적 2,600km^2)으로 지정되어 세계적인 관광지가 되었다.

■ 옐로우스톤 국립공원(Yellowstone : 자연, 1978)

미국 최대 · 최고(最古)의 국립공원. 면적 약 9,000km^2. 와이오밍주(州) 북서부와, 몬태나주 · 아이다호주에 걸쳐 있으며, 1807년 탐험가 J. 콜터가 답사하였다. 서부에 있는 경이로운 대자연으로서 동부 주민들의 주목을 끌었으며, 1872년 미국 최초의 국립공원으로 지정되었다. 공원에는 1만 개가 넘는 간헐천 · 온천 · 이화산(泥火山) 등이 있으며, 특히 올드페이스풀 간헐천(약 1시간에 4분씩 40～50 m 높이의 뜨거운 물이 솟아오른다)과 매머드온천(황이 부착된 거대한 계단 모양의 바위 위를 분출한 물이 흐른다. 옐로스톤이라는 지명은 이 바위에서 비롯된 것이다)가 유명하다. 옐로스톤강은 약 38km에 걸쳐 평균 300m 깊이의 협곡(그랜드캐니언)을 만들고, 몇 군데 폭포를 이룬다. 옐로스톤호(湖)는 면적 약 360mm, 수면 고도 약 2,400 m이다. 공원 내에서는 수렵이 금지되어 있기 때문에 야생동물의 천국이며, 곰 · 여우 · 말코손바닥사슴 · 사슴 · 영양 · 들소 · 로키양(羊) 등과 각종 조류 등이 서식한다. 큰 숲이 많으며, 화석이 된 채 아직도 서 있는 나무[石化木]도 있다. 개원(開園) 기간은 5월 1일부터 10월 31

일까지이지만, 대부분의 시설은 6월 15일부터 9월 15일까지만 운영된다.

■ 올림픽 국립공원(Olympic National Park : 자연, 1981)

미국 워싱턴주(州) 북서부에 있는 국립공원. 면적 약 3,400km^2. 1988년에 국립공원으로 지정되었으며, 산악과 해안 및 산림으로 유명하다. 최고봉인 올림푸스산(2,428m)을 비롯하여 빙하가 있는 높은 산들이 늘어서 있다. 미국에서 비가 가장 많은 곳(연강수량 3,430mm)이며 고산식물이 풍부하다. 중턱 이하에는 전나무·솔송나무 등의 아름다운 숲이 우거져 있고 양치류와 이끼가 무성하다. 또 숲속에는 큰 사슴이 살고 있다. 태평양 연안에는 암석해안이 이어져 있으며, 해안의 아름다운 낚시터가 유명하다.

■ 자유의 여신상(The Statue of Liberty : 문화, 1984)

미국 뉴욕항의 리버티섬에 세워진 거대한 여신상이다. 원래는 '자유는 세계를 비친다(Liberty Enlightening the World)'로 불렸다. 프랑스 국민이 미국독립 100주년을 기념해서 기증한 것으로, 1875년에 조직되었던 프랑스·아메리카연맹이 기금을 모금하고, F. A. 바르토르디가 동상의 고안을 맡았다. 두꺼운 동(銅)을 늘여서 만든 연판제(延板製) 동상으로 1884년 프랑스에서 완성하여 해체해서 미국으로 옮겨졌고, 86년 10월 28일 미국 대통령 클리블랜드의 주재로 헌정식을 하였다. 대좌석 위에 세워진 이 여신은 오른손에 횃불을 쳐들고, 왼손에는 '1776년 7월 4일'의 날짜가 적힌 독립선언서를 들고 있다. 무게 225 t, 횃불까지의 높이 약

46m, 대좌 높이 약 47.5m이다. 내부에는 엘리베이터가 설치되어 머리 부분 가까이까지 오를 수 있다.

축 제

■ 부활절(Easter, 3월 22일~4월 25일 사이의 하루)

그리스도의 죽음과 부활을 기념하는 날, 유대교의 Passover(유월절, 이스라엘 민족의 이집트 탈출 기념일)가 기독교에 도입되어 현재의 부활절이 되었으므로 유태교의 춘분절의 풍습을 많이 남기고 있다. 예를 들면 부활과 다산의 상징인 계란에 그림을 그려 선물하거나 아이들이 집집마다 돌아다니며 계란을 얻어 모으는 것도 그 하나이다.

축제의 전날 밤에 계란을 먹으며(가톨릭교회에서는 당일 계란을 제물로 바치는 곳도 있다), 여러 가지 색칠을 하여 뜰에 숨긴 계란을 찾는 'Easter Egg Hunt'는 아이들의 인기있는 행사이다. 부활절 아침에는 빨리 밖으로 나가 해돋이를 맞이한다. 그때는 말을 하지 않으며, 강에서 떠낸 물은 아름다움과 건강을 주는데 질병, 특히 눈병을 고친다고 일컬어진다.

부활절은 춘분(3월 21일) 후의 보름달 뒤에 오는 일요일로 되어 있으므로 해에 따라 다르며 3월 22일에서 4월 25일 사이에 오게 된다. 셋째 목요일 'Monday Friday'는 그리스도의 수난일이며 교회에서는 예배가 있다.

■ 벚꽃축제(Cherry Blossom Festival, 3월말에서 4월말)

초대 대통령 워싱턴과 벚나무의 전설은 유명하다. 그가 살고 있던 버지니아주는 벚나무가 많고 지금도 4월이면 집집마다 아름다운 벚꽃이 핀다. 4월 상순에 만발하고 성대한 축제가 열린다. 이 시기의 호텔예약은 어렵다.

■ 메이데이(May Day, 5월 1일)

노동자의 제전이다. 1886년 5월 1일 미국 36만 노동자가 행한 8시간 노동을 요구하는 스트라이크(strike)와 시위운동이 발단이 되어 1889년 파리에서 개최된 인터내셔널 대회에서 5월 1일을 노동자계급의 국제적 축제일로 정했다.

■ 할로윈(Halloween, 10월 31일 밤)

이 날은 어린이들이 크리스마스 못지않게 자유로이 즐겁게 놀 수 있는 날이다. 학교에서 돌아오면 1주일 전부터 요괴의 탈과 옷으로 변장하고 해가 지는 것을 기다렸다가 'Trick or Treat(먹을 것을 주지 않으면 혼내줄 테야)'라고 말하면서 각 가정을 돌며 캔디를 얻는다.

기원은 매우 오래되었으며 아일랜드와 스코틀랜드에 살고 있던 켈트족의 만성절, 즉 신년(11월 1일)의 전야 All Hallows Eve로 거슬러 올라간다.

이날은 전년도에 죽은 사람의 공양을 하는 날인 동시에 요정이나 마녀가 고양이로 둔갑하여 출몰하는 날이기도 했다. 그런데 이 전통이 미국 대륙에 전해지자 악마의 얼굴이 호박으로 바뀌어 무서운 만성절이 아이들의 즐거운 날이 된 것이다.

호박을 사람얼굴 모양으로 파낸 등을 만드는 습관이 이렇게 이루어진 것이다. 각 가정에서는 아이들의 방문에 대비하여 캔디 봉지를 몇 십 개 준비한다.

■ 추수감사절(Thanksgiving Day, 11월 네째주 목요일)

매년 하나님의 은혜가 있었음을 감사하는 날이다. 이축일은 종교적, 역사적 의미를 지닌 것이며 1620년 신교의 자유를 찾아 영국에서 메이플라워 호로 건너온 청교도들(The Pilgrim Fathers)은 거친 자연과 싸우면서 이듬해 결실의 가을을 맞이할 수 있었다. 그들의 식민지 플리머스의 당시 지사 윌리엄 브레드포드는 이 수확을 하나님께 감사하자는 성명을 발표하였고 청교도들은 인디언까지 초대하여 야생의 칠면조와 사슴고기로 음식을 장만하고 3일간에 걸쳐 감사제를 벌였다.

1789년 워싱턴 대통령은 그때까지 가끔 거행된 이 축제를 국민 전체가 매년 축하하도록 했고, 1863년 링컨 대통령 때 정식으로 국민의 축일로 정해졌다. 당시는 11월 마지막 목요일이었으나 1939년 루즈벨트 대통령 때 넷째 목요일로 변경되었다. 그날 화이트 하우스를 비롯하여 미국국민은 칠면조와 펌프킨 파이라는 전통적인 저녁을 들며 하나님께 감사드린다.

캐나다
CANADA

인구 : 약 3,149만명

면적 : 약 997만km^2

수도 : 오타와(ottawa)

주요언어 : 영어, 프랑스어

종교 : 가톨릭교, 그리스도교

www.canadatourism.com

문화와 자연환경

다민족으로 구성되어 있다. 따라서 각 민족마다 고유의 풍속과 관습을 가지고 있어 캐나다인들은 조국애보다 민족애가 더 강하다는 평을 받기도 한다. 예를 들어 프랑스인이 많이 살고 있는 퀘백주는 프랑스어를 사용하고 프랑스 문화를 고집하고 있다. 한때는 독립이 논의되기도 했다. 그러나 캐나다 정부는 각 민족간의 문화적 융화를 위해 노력하고 있다. 정부안에 복합문화부를 설치하여 각 민족 고유의 풍습과 언어를 보존하도록 정부가 지원하고 있다.

캐나다는 10개주와 2개의 준주(準州)로 약 9백 9십만km^{2}의 광대한 면적에 인구는 3천만 명이 약간 넘는다. 엄청난 자원과 우수한 인재가 많은 무한한 잠재력을 가진 선진국이다.

캐나다의 상징인 백곰과 에스키모인들은 캐나다의 유콘주와 북부 경계 지역에 극소수가 남아있다.

캐나다의 기후는 남쪽의 온난한 기후부터, 북쪽의 아(亞)북극성 또는 북극성 기후까지 매우 다양한데, 크게 12기후구로 나뉜다. 툰드라 지역 서부는 삼림지대의 북쪽에 있으며 건조한 툰드라 지역이다.

7월 평균기온 10℃ 이하, 연강수량 250mm 이하의 지역이 많다.

내륙 북부는 침엽수림대 북부에 해당되며, 생육기는 5개월 이하로 겨울이 길다. 연강수량은 적고 북쪽으로 갈수록 적어진다. 로렌시아 북부는 침엽수림대의 동부에 해당되며 생육기는 5개월 이하로 겨울이 길고, 6개월 이상 눈에 덮여 있다. 로렌시아 남부는 침엽수림대 남동부에 해당되며 연평균기온 6℃ 이상으로 겨울은 추우나 로렌시아 북부보다는 짧다.

오대호 남쪽 연안에서는 겨울이 상대적으로 온난하고 짧다. 생육기가 6개월 이상으로 여름이 길고 때로 습윤하고 덥다. 7월 평균기온은 15℃를 넘는다. 대서양 연안에서는 겨울에 상대적으로 온난하고 늦가을에서 겨울에 걸쳐 강수가 많다. 7월 평균기온은 15℃를 넘는다.

태평양 연안은 캐나다에서 가장 온난한 지역으로 가장 추운 달의 평균기온이 0℃ 이상, 7월의 평균기온은 15℃ 이상이며 생육기는 6개월 이상이다. 연강수량은 1,000mm 이상으로 충분하며 겨울에 많다. 프레리(대초원) 지역은 따뜻한 여름과 추운 겨울의 교차(較差)가 크며 생육기는 5개월 이상이다.

역 사

캐나다의 첫 번째 거주자들은 수천년전에 시베리아와 알래스카를 연결하는 육로를 경유하여 아시아에서 왔다고 추정되는 토착민들이었다. 토착민은 30,000년 전 아시아에서 시베리아와 알래스카 간의 육로를 통하여 도착했다고 여겨진다. 그들 중 일부는 캐나다에 정착했지만 다른 사람들은 계속 남쪽을 선택했다. 원주민과 유럽인 간의 최초의 접촉은 아이슬란드의 노르웨이인이 뉴펀들랜드 섬에 잠깐 정착했던 1000년 전에 일어난 것 같다. 그러나 유럽인 탐험이 최동부에서 시작되기 600년 전에 그런 일이 있었다는 설도 있다.

■ 첫 식민 전초지

400년 전에 동양의 풍요로운 시장으로 통하는 새 루트를 찾던 프랑스와 영국 탐험가들은 북미 바다를 끊임없이 공략하였다. 그들은 주로 세인트 로렌스 강 주변 프랑스령, 5대호, 미시시피, 허드슨 만과 대 서양 해양 주변의 영국령 등에서 수많은 기지를 건설하였다.

프랑스와 영국의 영구 정착지는 1600년대 초기에 시작되어 17세기에 걸쳐 계속 증가하였다. 정착지에 경제활동이 시작되었지만, 뉴 프랑스와 뉴 잉글랜드의 식민지들은 경제적으로 모피 무역에, 정치 및 군사적으로는 자신의 모국에 여전히 의존하고 있었다.

북미는 불가피하게도 영국과 프랑스 간의 경쟁관계의 초점이 되었다. 1759년에 퀘벡 시가 함락된 후 파리조약에 따라 생 삐에르(St. Pierre)와 미끌롱(Miquelon), 그리고 뉴 펀들랜드 섬 연안을 제외한 미시시피 동부의 모든 프랑스 영토가 영국에 할당되었다.

현재 영국령에서 불어를 사용하는 거주자들은 자신들의 전통, 언어 및 문화를 고수하려는 한 가지 목표를 가지고 있다. 영국은 1774년 퀘벡 조례를 통과시켜 프랑스 시민법을 공식적으로 인정하고 종교 및 언어의 자유를 보장하였다. 영어를 사용하는 수많은 식민주의자들은 대영제국에의 충성을 여전히 희망했기 때문에 영국정부 지지자라고 하며, 미합중국이 1776년에 독립함에 따라 캐나다를 피난처로 삼았다. 그들은 주로 노바 스코셔, 뉴 브런즈윅, 5대호 주변에 정착하였다.

■ 서부로의 팽창

캐나다는 연방이 되자마자 서쪽으로 팽창하기 시작했다. 캐나다는 영국의 찰스 왕이 1670년에 거대한 영토를 하사했던 루퍼의 땅을 허드슨 베이 컴퍼니에서 샀다.

서쪽으로 확장하는데 억압이 없었던 것은 아니다. 루이 릴은 땅에 대한 조상 전래의 권리를 방어하기 위하여 1869년에 메티스 족의 반란을 주도하였으나 1870년에 타협이 이루어졌고, 새로운 주 매니토바가 탄생되었다.

1858년부터 이미 국왕의 식민지가 된 브리티시 컬럼비아는 캐나다의 나머지 지역과 철도 연결을 약속받고 1871년에 캐나다 자치령에 동참하기로 결정했다.

■ 국가의 성숙기

제1차 세계대전에서 캐나다의 실제적인 역할은 전후 국제연맹에서 영국과는 다른 대표자를 얻어내도록 만들었다. 독립의 목소리가 점차 커져 1931년 웨스트민스터 법의 통과로 영국으로부터 캐나다의 헌법 자율성을 비준받았다.

제2차 세계대전 이후 캐나다 경제는 성장 일로에 있었다. 이러한 성장은 가족수당, 연금보장, 일반적인 의료 및 실직보험 등의 정부사회프로그램과 결합하여 캐나다인들에게 높은 생활수준과 바람직한 삶의 질을 제공하였다. 캐나다의 이민 정책에도 주목할 만한 변화가 일어났다. 제2차 세계대전 전 대부분의 이민자들은 영국이나 동유럽에서 왔다. 1945년 이후 서유럽, 아시아, 남미, 카리브 연안 섬에서 온 많은 이민자들은 캐나다의 다문화란 모자이크를 더 윤택하게 만들었다.

종 교

종교는 로마 가톨릭과 영국의 프로테스탄트교가 주종을 이루고 있다.

전통문화 & 관습

캐나다는 자연의 혜택이 풍부한 나라이지만, 풍토의 영향으로 도시에 거주하는 사람이 훨씬 많다. 국민의 3/4 이상이 미국과의 국경에서 160km 이내인 최남부에 살고 있으며 생활수준은 매우 높은 편이다.

1971년 각 인종들의 다양성을 인정하는 다문화주의 정책을 세계에서 처음으로 채택하였는데 이는 인종의 모자이크라고 불리는 캐나다 사회를 잘 나타내주는 예이다.

영국계, 프랑스계, 캐나다인을 하나로 융합할 수 없었던 역사가 만들에 낸 원칙이라고 보는데, 이들은 독자적이고 특색있는 문화형태를 만들어 내고 있다.

인디언과 에스키모를 위한 학교가 따로 설치되어 있고, 소수민족에 대한 모국어 교육을 장려하고 있는 것도 그 단적인 예이다. 이 원칙은 캐나다 문화의 또하나의 특징, 즉 미국화로부터 캐나다 독자의 것을 구별하는데 필연적 요소가 되어 왔다. 남쪽에 인접하는 미국과 언어를 같이하는 캐나다에는 미국의 TV · 라디오 · 영화 출판물이 장애 없이 자유로이 유입되고 있는데 세계각지 출신의 국민들이 고유의 전통을 캐나다 땅에서 지키고 있기 때문에 미국과의 문화적 통합을 막을 수 있었다.

주요 음식

이민자들의 구성이 다양한 캐나다는 요리에서도 그 색깔이 드러난다. 토론토나 몬트리올 등의 대도시에는 특히 많은 나라의 사람들이 모여 살기 때문에 각국의 음식을 정통으로 즐길 수 있다.

요리의 천국이라고 할 정도여서 프랑스 요리, 이탈리아 요리, 멕시코 요리, 그리스 요리 등은 물론이고 중국요리에서부터 일본요리, 베트남 요리, 한국요리 등 동양요리도 풍부하게 만날 수 있다. 게다가 많은 국적의 요리들이 접한 콤비네이션 형식의 복합적인 요리들도 가끔 만날 수 있는 것도 캐나다 음식의 특징

중 하나다. 굳이 캐나다 요리라고 한다면 밴쿠버, 빅토리아, 핼리팩스 등 해안가에 위치한 도시에서 값싸고 맛있게 즐길 수 있는 연어나 가재 등의 시푸드(Seafood) 요리와 캘거리를 중심으로 한 앨버타 주의 대평원에서 많이 사육되는 양질의 소를 재료로 해서 만든 스테이크가 세계적으로 유명한 캐나다 요리이다.

▪ 메이플 시럽

늦겨울에서 초봄에 걸쳐 나무에 박아둔 수도꼭지에서 뚝뚝 떨어져 내린 수액은 오랜 시간 고온으로 가열하면 달콤한 시럽으로 변하는데 단풍잎 마크가 붙은 예쁜 병에 담아 '메이플 시럽'이라는 이름을 달고 세계로 수출된다. 이 시럽의 주산지라고 할 수 있는 퀘벡주에는 봄이 되면 단풍나무 시럽축제가 벌어지는데 무려 400여곳 이상에서 시럽 만들기 이벤트가 있다. 다 만들어진 시럽을 차가운 눈위에 부어주면 나무 막대기에 눈과 함께 돌돌 뭉쳐 한입에 속 넣어 먹는 맛이 일품이다. 달콤하고 차가운 그 맛은 어른이나 아이나 할 것 없이 긴 줄을 서서 기다리는 일을 감수하게 한다. 그래서 메이플 시럽은 이제 캐나다의 맛이고 즐거움이 되었다.

▪ 바닷가재

캐나다의 대표 음식으로 세계 여러 곳에서 바닷가재가 잡히지만, 캐나다와 미국 대서양 연안에서 잡히는 것을 최고로 친다. 캐나다 인들은 이 바닷가재를 야생쌀과 함께 먹는다. 캐나다 특산품인 야생쌀은 기르는 것이 아니라 들에서 자생하는 품종이다. 캐나다 야생쌀을 요리하자면 먼저 쌀을 3시간 정도 물에 불린다. 물에 불린 뒤에는 그냥 밥하듯이 하면 된다. 밥이 완성되면 프라이팬에 버터 한 테이블스푼을 넣고 녹인 뒤 잘게 썬 피망과 양파를 볶는다. 이 재료가 적당히 익으면 파슬리 분말을 넣고 볶다가 소금 후추를 넣고 간을 한다. 맨 마지막에 캐나다 야생쌀밥을 넣고 뒤적이며 볶다가 불을 끈다. 캐나다 야생쌀요리가 준비되지 않으면 감자요리를 곁들이기도 한다.

주 류

■ 캐나다의 맥주

캐나다에서는 알코올 도수가 높은 위스키나 코냑 등의 술 대신 맥주를 즐긴다. 다른 종류의 술처럼 제약이 없는 맥주는 어느 음식점에서든지 부담없이 즐길 수 있다. 슈퍼마켓에서도 다른 종류의 술은 팔지 않지만 맥주는 쉽게 살 수 있다.

맥주중 일반적으로 라거(Lager)는 저장용 맥주이고, 에일(Ale)은 약 6%의 알코올을 함유하고 있는 맥주이며, 라이트(Light)는 알코올이 약 4% 정도인 맥주이다. 그밖에 포터(Porter)은 흑맥주 종류이며, 스타우트(Stout)는 독한 흑맥주이다. 물이 좋은 캐나다에서는 특히 맥주가 맛있기로 유명한데, 위와 같은 종류의 맥주들이 풍부하다.

이벤트 & 축제

■ 월 아이스 와인 페스티발 Okanagan Wine Festival

온화한 기후와 아름다운 호수들로 현지에서 유명한 오카나간에서 행해지는 겨울 와인 축제이다. 선픽스 리조트에서 열리며 1월 외에도 5월, 10월 세 차례에 걸쳐 행해진다.

■ 튤립 축제-오타와

매년 5월 하순경에 메이저스 힐 공원에서 개최는 튤립축제는 캐나다와 네덜란드의 교류를 축하하는 축제로 네덜란드 민예품 전시나 댄스, 음악과 같은 행사가 열리며, 네덜란드의 음식을 실은 포장마차가 나와 어린이도 어른도 즐거운 축제이다.

일하는 사람은 모두 자원봉사자로 희망하면 누구라도 환영하다. 제2차 세계대전 중 캐나다에 망명한 율리아나 여왕으로부터 튤립 구근을 선물받은 것이 계기로 지금은 400만 송이의 튤립이 오타와를 장식하고 있다.

리하 운하에서는 보트 퍼레이드가 열리는데 독특하게 정식된 보트들이 리도 운하에서 앞서거나 뒤서거나 나아가는 광경도 볼만하다.

■ 눈 축제

캐나다의 수도 오타와에서 펼쳐지는 겨울 축제로 겨울이면 세계에서 가장 긴 천연 스케이트장으로 변하는 리도 운하에서 매년 2월에 약 2주간 개최되고 있는 축제로 리도 운하를 중심으로 얼음 조각전, 빙상 결혼식, 스케이트 레이스 등 재미있는 행사가 많이 열리며 관광객도 참가할 수 있다.

■ 토론토 국제영화제(Toronto International Film Festival)

세계에서 2번째의 규모를 자랑하는 국제영화제. 10여일 동안 250여 편의 영화가 곳곳에서 상영된다. 매년 9월 중순에 열리는 것으로, 화제가 되고 있는 영화들을 각 영화관에서 상영하고 있다.

■ 메트로 토론토 국제 캐러밴 (Metro Toronto International Caravan)

토론토 최대의 이벤트라고 할 수 있는 축제로 매년 6월 중순에서 하순에 걸쳐 펼쳐진다.

각 50여 개 국의 이민자들이 시내의 도처에 마련된 코너에서 춤, 요리, 공예품 등 그 나라의 전통문화를 느낄 수 있는 내용으로 전시나 판매를 하고 있다.

세계문화유산

▪ 나하니 국립공원(Nahanni National Park : 자연, 1978)

나하니강을 따라 위치해 있는 북아메리카에서 가장 뛰어난 자연 경관중의 하나이며 야생동물의 서식, 대협곡, 폭포 등이 장관을 이루고 있다.

▪ 란세오 메도스 국립역사공원 (L'Anse aux Meadows National History Park : 문화, 1978)

11세기 바이킹의 정주지가 있는 북아메리카에 유럽인들이 출현한 첫 역사적 흔적이다. 노르웨이에서 발견되는 것과 유사한 지상 목조 가옥 등이 남아 있다.

▪ 알버타주 공룡공원(Dinosaur Provincial Park : 자연, 1979)

뛰어난 자연경관과 함께 파충류시대에 형성된 매우 중요한 화석들이 발견되고 있으며, 7,500만년 전까지 거슬러 올라가는 60여종의 공룡의 화석이 남아 있다.

▪ 헤드-스매쉬드 버팔로 지대 (Head-Smashed-in Buffalo Jump Complex : 문화, 1981)

알버타주 남서쪽에 위치한 많은 양의 들소 해골이 발견된 원주민 부락과 무덤들이 발견된 유적, 거의 6000천년 동안 북아메리카 원주민들에 의해 행해진 의식을 엿볼 수 있다, 원주민들은 지형과 들소의 행태를 잘 알고 있어서 그들은 절벽으로 들소를 몰아서 죽이고 부락 아래 폭포에 그림을 새겼다.

▪ 앤소니 섬(Anthony Island : 문화, 1981)

토템 및 원주민 마을로서 예전 북태평양 연안에 살았던 어부, 인디언 사냥꾼들의 활동흔적을 엿볼 수 있다.

■ 우드 버팔로 국립공원
(Wood Buffalo National Park : 자연, 1983)

캐나다 북중부지역의 평원에 위치해 있으며 아메리카 최대의 들소 집단거주지이다.

■ 캐나디언 록키산맥공원
(Canadian Rocky Mountains Parks : 자연, 1984)

협곡, 빙하, 동굴, 호수 등이 뛰어난 산악경관을 형성하고 있고 해양 연체동물의 화석지로 유명한 Burgess Shale 화석유적지도 공원내에 위치하고 있다.

■ 퀘벡 역사지구(Quebec Historic Area : 문화, 1985)

17세기 프랑스 개척자가 건설한 곳으로 절벽위에 건설된 윗 마을에는 교회, 수도원, 성채, 의사당 같은 종교적, 행정적 건물들이 남아있고 아랫마을과 인근 지구에는 요새화된 식민지 도시의 최고의 예를 보여주는 도시의 상징물들이 만들어져 있다.

■ 루넨버그 구시가지(Lunenburg Old Town : 문화, 1995)

1753년에 건설되었으며 북미대륙에서의 영국식민도시의 훌륭한 사례를 보여 주고 있는 곳으로 직사각형 격자구조에 기초한 오리지날 설계와 외관이 원형대로 남아있다. 주민들은 목조가옥을 잘 보존함으로써 도시의 정체성을 보호하려 노력하였다.

멕시코
MEXICO

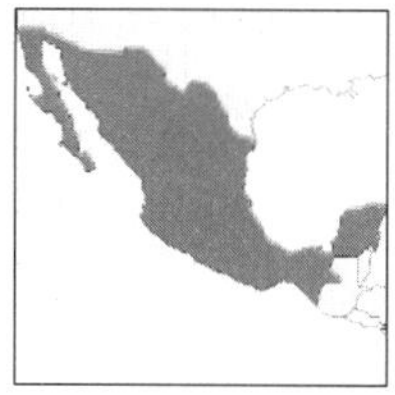

인구 : 약 1억 4백만명

면적 : 약 197만km^2

수도 : 멕시코시

주요언어 : 에스파냐어

종교 : 가톨릭 등

www.sectourismo.gob.mx

문화와 자연환경

고대와 현대, 미개와 개화가 공존하고 앵글로 문화와 라틴문화, 그리고 인디언 문화가 혼합된 독특한 지역이다.

멕시코에는 일부 마야 문명의 후예들인 50여 인디언 종족들이 자신들만의 언어와 전통, 그리고 문화를 고수하며 살아가고 있다. 마야 문명은 2100년 전으로 거슬러 올라가 농경생활을 기초로 독특한 태양력을 비롯하여 천문 · 건축 · 미술 · 수학 등 다방면에서 원주민 문화를 일으켰으나 후세까지 많이 전해지지는 않았다.

1519년 에르난 코스테스가 스페인 군대를 이끌고 멕시코를 침공하여 많은 유적이 멸실되었고 1823년 독립할 때 까지 혹독한 식민 통치를 받았다.

최근에는 마야인이 건설한 수백 개의 도시가 발굴됨에 따라 성루가 발견되고 회화 · 스케치 · 조각 · 성서의 사본도 나오고 있다.

멕시코 자연환경은 국토의 대부분이 해발 1000m 이상의 고원지대이며 이 중 3/4이 황무지이다.

지형에 따라 다양한 기후를 나타내는데 전반적으로 11월부터 5월 중순까지는 건기이며, 5월 말부터 10월말까지는 우기이다. 특히 6월에서 9월 사이에는 계속되는 무더위와 많은 비가 내린다. 12월에서 2월까지는 선선한 날이 이어지며 북쪽지역의 경우는 북쪽에서 불어오는 찬바람으로 간혹 섭씨 0℃ 가까이 기온이 떨어지기도 한다.

지역적으로는 남부해안은 습윤한 기후로 고원지역에 비해 비도 많이 오고 기온도 높은 편이다. 내륙의 고원지대는 멕시코에서 가장 건조한 지역으로 사람이 거주를 하기에 적합하지 않은 기후를 보인다. 남부 및 동부의 유카탄 반도는 열대성의 고온 다습한 기후이다.

역 사

■ B.C. 이전 역사 개요

B.C. 2000년경부터 농경사회가 형성되었으며, B.C. 1200년경에 성립된 올메카 문화를 비롯하여 테오티와칸 문명, 마야문명, 톨테카왕국, 아즈텍 제국 등이 흥망성쇠를 거듭해 왔다.

■ A.D. 이후

수준 높은 고대 문명을 이룩했던 멕시코는 1521년 스페인의 침입으로 식민지로 전락해 고유문화가 거의 사라졌다. 18세기 초 나폴레옹이 스페인을 점령함에 따라 스페인의 강력한 식민통치가 완화되었으며, 계몽사상의 유입으로 멕시코태생 백인 주도로 독립운동이 시작되었다. 멕시코 독립의 아버지인 미겔 이달고 신부의 주도로 1810년 독립을 선포(1810)하고, 1821년 스페인 총독이 멕시코 독립을 인정하는 꼬르도바협정에 서명함으로써 완전한 독립을 쟁취하였다.

1835년 멕시코영토이었던 텍사스가 미국에서 이주해온 백인주도로 독립을 선언하자 군대를 파견하여 평정했으나 미국과의 전쟁으로 확대되어 멕시코시티가 점령되고 캘리포니아와 텍사스를 미국에 할양하는 조건으로 강화조약을 체결하였다. 1848년에는 정치적 혼란의 와중에서 미국에 뉴멕시코와 애리조나를 1천만 달러에 팔아넘겨 현재와 같은 영토로 축소되게 되었다.

종 교

국민의 90% 이상이 가톨릭을 믿고 있으며 나머지는 기독교, 샤머니즘 등을 신봉하고 있다. 엄격한 정치, 종교분리 원칙이며 성직자들은 투표 등 정치활동에 참여할 수 없다. 1992년 헌법개정으로 소수 종교인들에게도 차별이 없어졌다. 기독교인 비율은 90% 이상이며 선교사에 대한 개방 정도는 제한적이다. 종교와 양심의 자유는 인정하나 공식적으로 외국 선교사는 불허한다.

전통문화 & 관습

멕시코 사회는 혈연, 언어, 종교, 전통, 그리고 변화에 대한 철저한 저항으로 결속되어 있다. 한 가정이 하기에는 너무 벅찬 일이 있을 때 이웃들이 항상 서로 도움을 준다. 그들은 이렇게 일을 마친 후 항상 맥주를 마신다. 또한 그들의 사회에는 '부족 복지제도'라는 것이 있는데 만일 한 가정이 다른 가정보다 유복하다면 이 가정은 필요시에 덜 유복한 가정을 돌보도록 되어 있다.

또한 일년에 90회 정도 '테스퀴나다스라'라는 모임을 갖는다. 이들은 이런 모임에서 육체적인 고역과 일상생활의 가난으로부터의 해방감을 느낀다.

고산지대에 사는 타라후마라족은 문화적 변화를 별로 받지 않는다. 그들은 주로 산맥에 거주하면서 소외된 생활을 해왔기 때문에 스페인의 문화가 그들속에서 변형되어 생긴 독특한 문화를 가지고 있으며 종교 또한 귀신들을 달래는 그들의 토속신앙과 결합한 가톨릭을 믿고 있다.

주요 음식

멕시코 요리의 제3대 재료는 옥수수와 콩, 수십 가지의 고추이다. 옥수수는 고대 마야인들이 자신들이 옥수수에서 생겨났다고 믿을 정도로 기본적이고 역사가 오래된 작물이다. 그냥 구워 먹기도 하지만 물에 불린 후 으깨서 얇고 넓적하게 편 다음 구워서 또르띠야를 만든다.

■ **따꼬(taco)**

멕시코에서 가장 유명한 음식은 바로 '따꼬(taco)'라는 음식이다. 옥수수가루로 만든 또르띠야(만두피 모양으로 만들어 구운 것)에다 어떤 음식이든지 다 싸서 먹는다. 따꼬 요리는 또르띠야에 싸서 먹는 방법에 따라서 수십 가지로 불릴 수 있지만 넓게 말해서 또르띠야에 싸먹는 모든 형태의 요리를 따꼬라 할 수 있다.

약간의 변형을 주어서 이 또르띠야에 음식을 넣고 기름에 튀긴다면 이것은 퀘사디야(quesadilla)이고 기름에 튀기지 않고 단지 약간의 기름에 데친다면 소페(sope) 혹은 플라우타(flauta)라 하고, 튀긴 또르띠야 조각은 토토포(totopo)라고 말하는데 이 조각을 구아카몰레(guacamole : 아보카도를 고추, 양파를 잘게 썰어 넣어 소금과 과즙으로 섞어 만든 일종의 소스)에 찍어 먹기도 하고, 또한 그 조각에 노란 치즈를 녹여 부어 먹는 것을 나초(nacho)라 한다. 한 마디로 말하면 옥수수 가루로 만든 이 '또르띠야'말로 멕시코 식탁에서 없어서는 안 될 밥과 같은 것이라 할 수 있다.

■ 퀘사디야(Quesadillas)

넓은 밀가루 또르띠야를 반으로 접어 치즈를 비롯한 내용물을 넣고 구워낸 후 부채꼴 모양으로 3~4등분하여 내오는 것이다.

주 류

■ 데킬라

알코올 도수가 38~40도로 독한 데킬라는 사막에서 나는 식물인 용설란의 줄기 즙을 발효시켜서 만드는데 마시는 방법이 특이하여 많이 알려져 있다. 이것을 마시기 위해서는 소금과 라임이 필요한데 소금은 잔의 입부분에 묻혀서 마신 다음 라임을 물고 즙을 빨아들이는 것이다.

이것은 짠맛과 신맛과 데킬라의 쓴맛을 중화시킨다는 등의 민간요법에서 내려온 것일 수도 있다.

■ 코로나

라임을 병안에 빠뜨린 후 새콤함으로 마시는 맥주이다.

■ 마르가리타

멕시코가 원산지인 칵테일로 데킬라에 라임 즙을 넣고 만든 칵테일이다.

세계문화유산

■ 시에라 데 샌프란시스코 암벽화
(Rock Paintings of the Sierra de San Francisco : 문화, 1993)

샌프란시스코 시에라는 바자 캘리포니아, 엘 비즈카이노 등과 더불어 B.C. 100년부터 A.D. 1300년까지 지금은 사라진 인류의 보금자리였으며 이들은 세계적으로 뛰어난 암벽화 컬렉션을 남겼다. 이 건조한 기후와 인간이 접근하기 어려운 조건 때문에 유적의 보존상태가 양호하며 암벽화는 당시의 사람들이 매우 다양한 색상과 테크닉을 사용하여 그림을 그렸다는 사실과 많은 동물종(포유류, 어류, 파충류, 조류 등)들의 모습을 사실적으로 묘사하고 있음을 보여준다.

■ **자카테카스 역사 지구(Historic Centre of Zacatecas : 문화, 1993)**

자카테카스는 은광의 발견이후 1546년에 건설되어 16~17세기에 번영을 구가한 도시이다. 좁은 계곡의 가파른 경사면에 자리 잡은 이 도시는 살아 숨쉬는 하나의 대 파노라마라고 할 수 있다. 종교적 또는 시민생활을 위한 많은 오래된 건물과 1730~1760년에 세워진 성당이 도시의 중앙을 차지하고 있으며 이 지역 고유의 스타일에 유럽풍을 가미한 디자인과 외관장식은 건축의 뛰어난 감각미를 느끼게 한다.

■ **엘 비즈카이노 고래보호 지역(Whale Sanctuary of El Vizcaino : 자연, 1993)**

바자 캘리포니아 반도 중앙부에 위치해 있으며 특출난 생태계지역으로 유명, Ojo de Liebre 및 San lagacio 연안의 초호(礁湖)는 회색고래, 바다표범, 캘리포니아 바다사자, 푸른 고래 등의 중요한 번식지이며 겨울을 보내는 장소이다. 또한 초호는 위험에 처한 바다거북의 은신처이기도 하다.

■ **포포카테페틀의 16C 수도원(Earliest 16th Century Monasteries on the Slopes of Popocatepetl : 문화, 1994)**

포포카테페틀은 멕시코시티의 동남쪽에 있는 도시로 14개의 수도원이 밀집되어 있다. 이들 유적은 16세기 초 토착민들에게 그리스도교를 전파했던 초기 선교단(프란체스카회, 도미니크회, 어거스틴회)에 의해 수용된 건축모델들로서 보존상태가 양호하고 그 시기 건축양식을 잘 대변해 주고 있다.

■ **과달라하라의 호스피시오 카바나스 (Hospicio Cabanas, Guadalajara : 문화, 1997)**

고아, 노인, 심신장애자, 만성병자들을 돌보기 위해 19세기 초에 세워졌다. 수용자들을 돌보기 위한 복합적 구조를 가진 당시로서는 거의 유일한 시설이며 20세기 초 이곳 교회당은 당시 멕시코의 유명 벽화가의 그림으로 장식되었다.

■ **소치칼코 고고학 기념지역 (Archaeological Monuments Zone of Xochicalco : 문화, 1999)**

중앙아메리카 고전시대 이전의 요새화된 정착지로서 완벽에 가까운 보존 상태를 유지하고 있다. 이 지역 건축물과 예술작품들은 중앙아메리카의 여러 지역으로부터 받아들인 문화요소들이 서로 융합되어진 결과물이다.

축 제

■ '죽은 자의 날'

멕시코의 전통 명절로 아스테카 문명 이전부터 시작됐다. 이 명절은 500년에 걸친 스페인 식민지 시절에도 살아남아 오늘날 메소아메리카 지역에서 가장 성대한 축제가 되었다.

꽃으로 장식된 무덤들

고인의 무덤 앞에, 또는 성묘 가지 못한 가족들은 집안에 고인을 위한 제단을 만든다. 제단은 고인의 명복을 비는 무거운 의미가 아니다. 먼 여행 끝에 가족을 찾아온 죽은 자의 영혼에게 힘과 용기를 북돋아주기 위한 것이다.

제단은 일정한 형식과 철학적 의미를 담고 있는데, 지역에 따라 조금 차이는 있으나 붉은색, 노란색 꽃과 더불어 물 불 땅 바람을 뜻하는 제물들로 꾸민다. 멕시코 전통 술인 폴케, 메스칼, 테킬라 등이 영혼의 갈증을 달래주는 물의 의미로 놓이고, 빛 희망 믿음을 의미하는 불을 대신해 초가 어둠을 밝힌다. 그리고 바람의 의미로 전통 향을 피우며, 땅을 상징하는 해골 모양의 '죽은 자의 빵'이 장식된다. 또한 아스테카 문명의 영향이 좀더 많이 남아 있는 지역에서는 피를 상징하는 붉은색의 설탕과자를 제단에 올린다. 그밖에 고인이 좋아하던 음식이나 사진, 해골 모양의 인형 등이 자유롭게 장식되어 죽은 자의 영혼을 반긴다.

멕시코 대부분 지역에서는 '죽은 아이들의 영혼'이 돌아오는 11월 1일과 '어른의 영혼'이 찾아오는 2일 이틀에 걸쳐 축제를 벌이지만, 일부 지방은 11월 한 달 내내 축제를 열기도 한다.

■ **마야축제**

추수가 끝나고 편안한 휴식을 즐기는 시즌이 시작되면서 멕시코시티를 비롯한 크고 작은 도시와 마을에서는 작지만 볼거리 많은 축제가 열린다. 어떤 마을에서는 마야족이 착용했던 복장에 우스꽝스러운 전투모자와 칼을 차고 행진하고, 다른 곳에서는 광장에 모여 마야족과 스페인 군대와 싸우는 모습을 재현하는 행사가 펼쳐진다. 매년 비슷한 모습을 연출하는 이러한 행사는 과거 스페인의 침략에 대항한 마야인들의 저항을 상징하는 축제로 원주민들에게는 매우 큰 의미를 내포하고 있다. 도시와 마을단위로 열리는 축제답게 특별히 내세울 큰 이벤트는 없지만 사라진 왕국 마야를 만날 수 있는 전통 축제이다.

페루
PERU

www.mincetur.gob.pe

인구 : 약 2,630만명

면적 : 약 128만km^2

수도 : 리마

주요언어 : 스페인어, 케츄아어

종교 : 90% 이상이 가톨릭, 소수의 개신교

문화와 자연환경

페루는 기원전 1000년경부터 발달하여 잉카문화가 꽃을 피웠던 곳이다. 1200년대에는 잉카족이 쿠스코지역을 중심으로 대제국을 건설하여 에콰도르에서 칠레 중부까지 차지하였으나 1531년 스페인에 멸망하여 식민지가 된 후 1823년에야 독립하였다.

페루는 웅대한 안데스산맥을 중심으로 산악지대와 태평양 연안지역, 그리고 동부산림지역으로 구분한다.

산악지역은 5000m가 넘고 산중에는 광할한 고원과 호수가 산재해 있다.

페루의 기후는 10월~4월까지 우기와 5월~9월까지의 건기로 구분된다. 페루의 전 국토가 크게는 열대기후 지역에 속하지만 한류와 고도의 영향으로 지역마다 다르게 나타난다. 페루의 지역을 크게 코스타(Costs), 시에라(Sierra), 셀바(Selva)로 나누어 볼 수 있다.

코스타 : 태평양 쪽의 해안지대로 폭 40~50km, 길이 약 2,200km의 지역을 가리키는 말로 연평균기온이 20℃로 일년 내내 거의 비가 내리지 않는 해안 사막 기후를 보인다.

시에라 : 해안 사막지대를 벗어나 케브라다 지대를 지나 4,000m에 달하는 녹지대이다.

셀바 : 페루 국토의 60%를 차지하고 있는 아마존 열대 밀림지역으로 연평균 기온은 28℃이나 7~11월에 걸친 건기에는 한낮의 기온이 40℃를 넘는 때도 많고, 12~3월의 우기에는 매일 비가 내려 고온다습하다.

보통 우기와 건기로 나뉘는데 여름에는 아열대 기후를 보이지만 겨울에는 한랭하다. 페루안데스의 최고봉인 우아스카란산(6,768m)을 비롯해 안데스의 빙하지대에서 온난한 기 후대까지가 이 지역에 포함된다.

동절기 및 조석의 기온차로 긴팔 티셔츠나 스웨터가 필수적으로 필요하다. 동절기 습도가 높으므로 전기담요 및 전기히터가 있어야 한다.

역 사

페루의 역사는 B.C. 2만 년에서 B.C. 10세기까지 안데스 산악지대를 중심으로 몽골계 원주민이 거주하였고, 이후 이들이 고대 토착문화를 형성하였다. 그러다 1세기까지 정착 농경문화를 형성해 이들이 만든 토기 · 피라미드 등의 신전이 아직까지 남아 있는데 이 시기를 차빈문화로 부른다. 이어 B.C. 3세기~A.D. 8세기의 제1기 지역문화 시기를 거쳐 8~12세기의 통일국가 형성기를 티아우아나코 문화로 부르며, 이후 15세기까지를 제2기 지역문화시기로 부른다.

15세기에 이르러 망고 카파크가 나타나 잉카(태양의 아들)가 페루 전역을 지배함으로써 케추아족의 잉카제국이 탄생하였는데, 전성기에는 콜롬비아 남부에서 칠레 중부에 이르기까지 1200만명에 달하는 백성과 광대한 지역을 다스렸다. 그들은 정비된 정치조직을 바탕으로 관개농업을 발전시켜 서 유럽을 능가하는 문명을 이룩하였고, 특히 거석을 이용한 건축술, 도시계획·의술 등에 뛰어났다.

1532년, 에스파냐의 F. 피사로에게 정복된 후 300년 동안 에스파냐의 식민지로서 그들의 지배를 받았다. 에스파냐는 1535년 리마에 부왕청을 설치, 인디오를 노예로 삼아 금과 은을 채굴함으로써 남아메리카에서 가장 큰 부를 누렸다. 그러나 에스파냐 귀족들의 영화도 1781년 콘도르캉기(두파크 아마르)가 이끄는 인디오들의 대규모 반란을 계기로 서서히 내리막길을 걷기 시작한다.

1845년부터 1862년까지는 세 차례나 대통령을 역임한 카스틸랴의 지도 아래 약간의 진보정책이 실시되고 자유주의 헌법이 제정되는 한편, 구아노 판매에 따른 호황으로 근대국가의 기초를 확립하였다. 1879년 영국과 미국의 이해대립을 배경으로 한 대 칠레전에 휩쓸려 크게 패함으로써 1883년 초석과 구아노 산지(아리카·타크나)를 칠레에 할양하였는데, 이 지역은 그 후에도 계속해서 분쟁 대상이 되어 오다가 1929년 리마조약에 따라 칠레는 아리카를 차지하는 대신 타크나는 페루에 반환되었다.

그후 레기아 독재정권, 산체스 세로와 오스카르 베나비데스 군사정권(1930~1939)을 거쳐 1939년 마누엘 프라도의 민간정부가 들어서면서 제2차 세계대전 동안 미국과 공동보조를 취하였으나, 1948년 장군 오드리아가 군사혁명을 일으켜 1956년까지 다시 독재정치가 계속되었다.

1956년 제2차 프라도 정권 때도 국민 억압정책이 실행되었고, 1962년 쿠데타를 거쳐 이듬해 7월 인민행동당의 벨라운데가 대통령으로 선출되었으나 종래의 정권과 다를 바 없어 1965년부터 산악지대를 중심으로 게릴라전이 일어나기 시작해 급속히 확산되었다. 1968년 10월 쿠데타를 거쳐 집권한 벨라스코알바라도 군사정권은 미국계 석유회사(IPC)를 국유화하고, 농지개혁법을 실시하는 등 민족주의 정책을 펼쳤으나 지나친 급진정책과 석유파동으로 경제적 위기에 직면하였다.

1975년 베루무데스 장군이 이끄는 군부 온건파가 쿠데타에 성공한 뒤 1980년 5월, 벨라운데테리가 대통령에 당선됨으로써 12년간 계속된 군정에 종지부를 찍었고, 1985년에는 알란 가르시아 페레즈가 대통령에 당선되었다. 그러다 1990년 7월 선거에서 후지모리가 당선되어 임기 5년의 대통령에 취임한 이후, 초인플레이션 진정과 재정적자 해소에 주력하는 한편, 200억 달러에 달하는 외채 해결에 역점을 두고 긴축경제 개혁 조치를 발표하는 등 많은 성과를 거두었다.

1995년 재선에 성공했으나, 이듬해 일본대사관저 인질사건이 일어나 전세계의 이목을 집중시킨 뒤, 1997년 아시아태평양경제협력체(APEC) 가입을 거쳐 1998년에는 에콰도르와 평화협정을 조인함으로써 170여 년 간 지속된 적대관계를 종식시키기도 하였다.

그러나 2000년 11월, 쿠리 야당의원 매수사건 파문으로 사임한 뒤 2001년 6월 3일, 원주민 출신으로는 최초로 톨레도가 대통령에 당선됨으로써 새로운 국면을 맞게 되었다.

종 교

주요 종교는 로마 가톨릭으로 전체 인구의 90%이상이 믿고 있으며 소수의 인구가 개신교를 믿는다. 길거리 어디를 가도 가톨릭의 광경을 볼 수있다. 집집마다 마리아나 예수님 상을 두고 기도하도록 해 놓았다. 나라의 축제에는 각각의 성인들이 있으며 모두 가톨릭 분위기이다. 어디를 가도 성당이 제일 크게 있고 모두들 성호를 긋지만 국민 모두가 진실한 신자는 아니다.

개신교와 버금가게 이곳에서는 몰몬교 및 여호와의 증인들이 많다. 교회나 성당 모두 이 나라 사람들의 성격과 같이 시끄럽고 노래와 춤을 많이 한다.

전통문화 & 관습

가톨릭 의식을 존중하면서도 원주민의 전통과 혼합된 가족 중심의 생활을 영위하는데 아직까지도 대가족제도의 풍습이 남아 있고 주거 형태는 도시가 비교적 서구적인 반면 산악지대나 밀림지대는 토막집이 대부분이다. 라틴아메리카 특유의 정열적이면서도 온화한 국민성을 가진 나라로 평가받는다.

유심히 보면 페루 타킬레의 남자들은 모두 모자를 쓰고 있는데, 모자의 무늬 또는 색깔 하나하나에도 다 의미가 있다. 즉, 총각은 밑에는 빨간 계열 무늬에 흰색 모자를, 유부남은 전체가 빨간 무늬의 모자를 쓴다. 남자가 결혼할 즈음에는 손수 이 빨간 문양의 모자를 뜨개질해서 준비해야 한다.

주요 음식

■ 메뉴 데 디아

스페인어로 '오늘의 메뉴'라는 뜻으로 리마의 대부분의 레스토랑에는 그날의 대표식단으로 저렴한 가격에 메뉴 데 디아를 선보이고 있다.

구성은 에피타이저, 메인요리, 디저트로 되어 있다.

■ 세비체

정말 독특한 페루 전통요리 중 하나로 일종의 생선회 종류와 유사하다.

흰살 생선과 소라, 문어 등을 레몬즙에 담가서 만든 요리로, 독특한 신맛과 씹기에 느낌이 좋은 생선살이 일품이다. 처음에는 신맛 때문에 입에 맞지 않다고 느낄 수가 있는데 한번 그 맛이 빠지면 헤어나올 수가 없다.

■ **치차론**

오징어, 조개, 생선 등 다양한 해산물을 튀긴 것으로 함께 나온 마요네즈 소스에 찍어 먹으면 아주 맛있는 요리이다.

■ **치체로니스**

치체론이란 뜻은 튀김이란 뜻인데 '치체로니스'라는 음식은 돼지고기를 스테이크처럼 썰어 튀긴 음식이다. 리마에서 유명한 요리이다.

돼지고기와 고구마, 양파 마늘 또는 토마토와 샐러드가 곁들여지기도 한다.

■ **꾸이(Cuy : 기니어피그)**

기니어피그를 구운 요리로 약간 질긴 듯하면서 쫄깃쫄깃하다. 감자와 샐러드, 마늘 또는 토마토 등과 함께 나오는데 생긴 모양 때문에 기피하는 사람들도 있다.

가격은 상당히 비싼 편이고 주로 쿠스코나 푸노 쪽에 많이 있다.

주 류

■ **삐스꼬 사워**

MATE DE MUNA-해발 4,000m 안데스 고지대에서 자라는 '무냐'차를 우려낸 허브향 차이다. 현지 인디오들은 고산증을 없애기 위해 '꼬까차'와 함께 차로 우려 마시며 혈액에 산소공급을 수월하게 하여 혈액순환 기능을 향상시키는 효능이 있다고 한다.

세계문화유산

마추피추 역사 보호지구
(Historic Sanctuary of Machu Picchu : 복합, 1983)

깎아지른 절벽과 하늘을 찌를 듯한 봉우리로 둘러싸인 우르밤바 계곡. 마추피추는 이 우르밤바 계곡지대의 해발 2,280m 정상에 자리 잡고 있다. 마추피추는 '나이 든 봉우리'라는 뜻인데, 산자락에서는 그 모습을 볼 수 없어 '공중도시'라고도 불린다.

잉카인들이 스페인 인들의 공격을 피해 산 속 깊숙이 세운 것이라고도 하고, 군사를 훈련해서 후일 스페인에 복수하기 위해 건설한 비밀도시라고도 한다. 또한 자연재해, 특히 홍수를 피해 고지대에 만든 피난용 도시라고도 한다.

도시의 총면적은 5km^2, 그 절반에 해당하는 비탈면은 계단식 밭이다. 서쪽의 시가지에는 신전과 궁전, 주민 거주지 구역이고 주위를 성벽으로 둘러쌌다.

16세기 후반, 잉카인들은 무슨 이유에서인지 문명이 고도로 발달한 이곳 마추피추를 버리고 더 깊숙한 오지로 떠났다. 그 뒤 약 400년 동안 사람 눈에 띄지 않다가 1911년 미국의 역사학자 하이람 빙엄이 발견했다.

마추피추의 시공간은 수수께끼로 가득하다. 그 유적에는 3대의 시간이 흐른다. 200톤이 넘는 거석, 정교한 다면체로 쌓아올린 '태양의 신전', 주신전 등은 건축기술이 고도로 발달한 선사시대 사람들의 작품이다. 후대의 잉카인들도 고대인들만은 못하지만 나름대로의 기술로 고유의 건조물을 세웠고, 유적 붕괴 후에는 살아남은 생존자들이 조잡하게나마 유적을 재건하고자 석축을 쌓았다. 이 3대에 걸친 건조물을 보노라면 문명의 영고성쇠가 고스란히 느껴진다.

■ **쿠스코市**(Old city of cuzco : **문화**, 1983)

안데스 산맥에 위치한 잉카의 파차쿠텍 왕때 번영했던 잉카의 수도로서 바로크풍 교회와 궁전 등의 유적이 산재해 있다.

■ **후아스카란 국립공원**
(Huascaran National Park : **자연**, 1985)

세계 제일 높은 고도의 열대산맥, 해발 6,768m로 빙하, 호수 등의 절경이 유명하다.

■ **차빈 고고유적지**(Chavin Archaeological Site : **문화**, 1985)

B.C. 1500년～B.C. 300년 사이 안데스인에 의해 건설된 고대 건축물군이다.

■ **찬찬 고고 유적지대**(Chan Chan Archaeological Zone : **문화**, 1986)

치무왕국의 수도로서 잉카의 성채와 궁전 등이 존재한다.

■ **마누 국립공원**(Manu National Park : **자연**, 1987)

850여종의 조류, 표범 등 다양한 동식물종이 서식한다.

■ **리오 아비세오 국립공원**
(Rio Abiseo National Park : **복합**, 1990/1992)

안데스 습윤산림지대의 동식물을 보호하기 위하여 1983년에 조성된 공원, 공원에 서식하고 있는 동식물종에는 그곳 토종이 많은데 멸종된 것으로 알려진 노랑꼬리털을 가진 원숭이가 살고 있는 것으로 확인되었다. 1985년 조사결과 그때까지 알려지지 않았던 2,500~4,000m 고원지대의 先 잉카시대 고고 유적이 발굴되었다.

▪ 나스카와 후마나 평원(Lines and Geoglyph of Nasca and Pampas de Jumana : 문화, 1994)

리마 남쪽 400km 떨어진 페루연안에 있는 평원으로 총면적 450km^2 이들 線은 B.C. 500년부터 A.D. 500년 사이에 그어진 것으로 그 연속성뿐 아니라 양과 규모 등으로 볼 때 고고학적 수수께끼중의 하나로, 地文字(Geoglyphs)에는 생물, 식물 또는 상상적인 형체, 지형 등이 수킬로미터에 걸쳐 묘사되어 있으며 이것은 고대 점성술과 관련된 종교적 의식 기능을 한 것으로 보여진다.

축 제

▪ 6월 : 태양제-인티라이미

태양신전에 태양이 밝으면 왕은 엄숙하면서도 웅장한 목소리로 인티라이미의 시작을 알린다. 왕을 중심으로 각종 깃발을 앞세운 거대한 행렬은 잉카의 성벽 삭사와망으로 향한다.

쿠스코에서 도보로 40여 분 거리에 위치한 삭사와망은 해발 3,540미터에 위치한 잉카의 대표적 유적지인데 예전 쿠스코를 지켰던 성곽으로 쓰였다. 성곽 한가운데 임시로 세워진 제단에서 황제가 그해 수확한 농작물을 신께 바침으로써 의식이 시작된다.

왕 주변에서 농민과 평민, 군인 그리고 멀리 아마존 정글에서 온 노예 등이 이 엄숙한 의식을 지켜보며, 잉카의 왕은 태양을 향해 절을 하고 금 지팡이를 바친다. 차츰 제례가 무르익는 시간 때쯤 산양의 일종인 라마의 심장을 태양신께 바치며 마지막 의식을 치르는데, 전국 각지에서 엄선한 라마를 골라 잉카의 칼 투미로 배를 가른다. 배에서 꺼낸 심장의 혈관이 빨간색 일수록 풍요가 온다고 믿었다. 잉카인들은 붉은 색을 그만큼 선호한다는 증거이다.

비록 태양제가 가슴 아픈 역사를 간직하고 있는 잉카의 축제지만 현재에도 잉카의 찬란함은 엄연히 살아 숨쉬고 있다. 평상시 온순할 것 같은 인디오들은 이날 하루만큼은 예전으로 돌아가 신명나는 춤판을 벌인다.

목차에 없는 주요 관광국 홈페이지

■ 동아시아 · 태평양 지역

피지 : www.bulafiji.com

인도네시아 : www.budpar.go.id

몽고 : www.travelmonglia.org

필리핀 : www.tourism.gov.ph

베트남 : www.vietnamtourism.com

홍콩 : www.tourism.gov.hk

마카오 : www.macautourism.gov.mo

■ 남아시아 · 중동

몰디브 : www.visitmaldives.com

네팔 : www.welcomnepal.com

스리랑카 : www.srilankatourism.org

바레인 : www.bahraintourism.com

이집트 : www.visitegypt.gov.eg

사우디아라비아 : www.sct.gov.sa

■ 유럽

불가리아 : www.bulgariatravel.org

크로아티아 : www.croatia.hr

키프러스 : www.visitcyprus.org.cy

체코 : www.mmr.cz

그리스 : www.gnto.gr

말타 : www.visitmalta.com

모나코 : www.monaco-tourism.com

루마니아 : www.romaniatourism.com

우크라이나 : www.tourism.gov.ua

우즈베키스탄 : www.uzbektourism.uz

■ **아프리카**

콩고 : www.congo-site.cg

에티오피아 : www.tourismethiopia.org

케냐 : www.ktdc.co.ke

모로코 : www.tourism.gov.ma

■ **아메리카**

아르헨티나 : www.turismo.gov.ar

브라질 : www.turismo.gov.br

쿠바 : www.cubatravel.cu

하이티 : www.haititourism.org

칠레 : www.sernatur.cl

참고문헌

권삼윤, 「세계문화유산」, 서울, 청아출판사, 2003.

마빈해리스, 박종열 역, 「문화의 수수께끼」, 서울, 한길사, 1994.

삼성물산주식회사, 「세계의 풍물」, 서울, 고려원미디어, 1991.

안종수, 「세계관광」, 서울, 백산출판사, 2007.

안종수, 「한국관광지리」, 서울, 백산출판사, 2002.

이미재, 「세계문화여행」, 서울, 경진문화사, 2005.

이응규 외, 「세계의 민속문화」, 서울, 대왕사, 2003.

이정우 외, 「지구촌 생활문화와 국제매너」, 서울, 양서원, 2001.

임영상 외, 「음식으로 본 서양문화」, 서울, 대한교과서, 1997.

학원출판사, 「세계백과사전」, 1993.

한국외국어대학교 출판부, 「세계의 혼인문화」, 2005.

현대평론집단, 「지구촌 모든나라 정보」, 1995.

〈저자소개〉

■ **안종수**

• 호남대학교 교수

[저서]

세계관광
한국관광지리

[연구]

전남 섬관광자원 기본계획 외 다수

세계문화관광

2007년 9월 10일 초판발행
2009년 2월 18일 재판발행

著 者 안 종 수
發行人 (寅製) 秦 旭 相
發行處 白山出版社
서울시 성북구 정릉3동 653-40
등록 : 1974. 1. 9. 제1-72호
전화 : 914-1621, 917-6240
FAX: 912-4438
http://www.baek-san.com
edit@baek-san.com

값 15,000원
ISBN 978-89-7739-974-7